KB274304

수업전문성의 재개념화를 위한 실천적 탐색

KSI 한국학술정보㈜

수업전문성의 재개념화를 위한 실천적 탐색

함영기 지음

머리말

　수업은 교사가 수행해야 할 직무 중 가장 핵심적인 영역이다. 따라서 어떤 교사가 '수업을 잘한다.'라고 함은 그 교사의 직무 전문성이 높다는 것을 뜻한다. 지금까지 교사의 수업전문성을 신장하기 위하여 행해진 방법은 효과적인 수업에 초점을 두고 교사 개인의 자질을 키우는 것이었다. 현재 학교현장에서 진행되고 있는 '교원능력개발평가' 역시 사전에 정해진 지표를 제시하고 이행 정도에 따라 5단계의 척도로 평가하는 방법을 택하고 있다. 2010학년도 교원능력개발평가 매뉴얼에는 교원능력개발평가의 목적이 '교원 전문성 신장을 통한 공교육 신뢰 회복'이라고 적혀 있다. 공교육의 신뢰를 회복하기 위하여 교사의 수업전문성을 신장해야 한다는 의견에는 이견이 있을 수 없다. 그러나 교사의 수업전문성은 평가를 통해서만 이루어지는 것이 아니다. 교사의 수업 능력을 평가하고 양화하는 단계에서 나타나는 역작용은 교사의 능력을 탈숙련화, 탈맥락화, 형식화, 기능화시킬 수 있다는 우려가 제기되고 있다.

　교사에 대한 평가를 통하여 수업전문성 신장을 도모한다는 생각은 수업에서 다루어지는 지식의 성격과 수업을 바라보는 다양한 관점, 교사에게 기대되는 역할 등에 대한 세밀한 천착을 원천적으로 배제하는 관점이다. 이 같은 고민 속에서 필자는 '교사의 수업전문성을 신장할 수 있는 또 다른 방법'을 고민하기에 이르렀고, 지표나 기준으로 교사의 자질과 능력을 평가하는 것 대신 교사의 '의사소통을 바탕으로 이루어지는 수업담화' 방식을 생각하게 되었다. 이러한 문제인식 아래 필자는 '수업전문성의 재개념화 방안'을 주제로 박사학위 논문을 작성하였다. 이 글은 필자의 박사학위 논문 '수업전문성 재개념화의 실천적 탐색을 위한 질적 사례연구'의 원문을 기초로 하여 수정, 보완한 것이다.

이 글에서는 '기술적 합리성(technical rationality)'과 '도구적 관심(technical interest)'에 기초한 전통적인 수업전문성 신장 방식에 대한 비판적 문제의식을 바탕으로 대안적 관점에서 수업전문성 신장 방안을 실천적으로 탐색한다. 이를 위하여 중앙교수학습센터 지식교류 커뮤니티에서 진행된 교사들의 온라인 지식교류 활동 사례를 분석하였다. 필자는 온라인 지식교류 활동을 통하여 교사들이 주고받는 수업지식의 내용과 성격을 알아보고자 하였으며, 교사들의 온라인 지식교류 활동이 수업전문성의 재개념화에 어떻게 기여할 수 있는지 탐색하였다.

온라인 지식교류 활동 사례를 분석하고 이를 바탕으로 수업전문성의 재개념화 가능성을 탐색하는 과정은 그동안 이론적, 선언적 수준에 머물러 있거나 실제의 차원에서 제한적인 가능성을 보이고 있는 수업전문성 재개념화 관련 연구가 현장에 정착될 수 있도록 하는 데 의미 있는 단초를 제공해 줄 수 있을 것이다. 아울러 변화하는 교육환경에 조응하는 교사교육의 방향을 탐색하는 데 긍정적으로 기여할 수 있을 것이다.

연구 방법으로는 질적 사례연구를 택하였으며, 연구는 2008년 5월부터 2009년 4월까지 1년 동안 이루어졌다. 온라인 지식교류 사례를 수집, 분석하기 위하여 중앙교수학습센터 지식교류 커뮤니티에서 활동했던 교사 5명을 정보 제공자로 선정하고 이들이 생성한 교류 데이터를 분석하였다. 교류 데이터 분석과 함께 정보 제공자를 대상으로 온라인 면담 2회, 방문 면담 1회, 그룹 면담 1회를 진행하였다. 아울러 지식교류 활동에 참여했던 2인의 교사를 통하여 연구 진행 과정과 데이터 및 면담 자료에 대한 검증을 실시하였다. 정보 제공자 교사들이 생성한 지식교류 데이터는 총 326건이었다. 데이터를 분석하고 면담을 수행한 결과 교사들은 '기술적 합리성'에 기초하여 교과지식 및 수업기술의 연마와 관련한 교류 형태를 보이고 있다는 점이 확인되었다. 그러나 이해와 해석에 기초한 교류 사례도 상당한 정도로 발견되어 수업전문성 재개념화의 실천적 가능성을 확인하였다. 교사들은 교과, 학교급 및 지역 구분의 제약이 없는 온라인 공간에서 자유롭게 그들의 수업 이야기를 고백하고 경험을 공유하였으며 협력적 관계를 토대로 새로운 수업지식을 생성해 나갔다.

연구의 결과 '기술적 합리성'은 여전히 견고한 수업전문성 관점으로 자리 잡고 있었지만 대안적 관점에서의 보완이 필요하다는 것이 확인되었다. '반성적 실천가'라는 교사의 상은 포괄적인 재개념화 방안으로 정립되고 있는 것으로 나타났다. 교사들은 지식교류 활동 과정에서 반성이 단순하게 수업을 되돌아보는 기계적 행위가 아니라 본인의 지식관, 수업관, 학생관과 관련하여 교사사고의 변화를 가져와야 하는 문제라는 것을 인식해 갔다. '교육과정 재구성자'는 교육과정 개발의 주체가 되기 힘든 교사들이 현실적으로 실천해 볼 수 있는 재개념화 방안으로 확인되었다. '내러티브적 사고'에 기초한 사례는 지식교류 전반을 통하여 폭넓게 분포되어 있었으며, '연계적 전문가'는 변화하는 교육환경에 따른 교사의 역할로 확인되었다. 대안적 관점의 수업전문성 신장 방안은 독립적으로 존재하기보다 상호보완적이며 유기적인 연관을 맺고 있다는 점도 사례 데이터를 통하여 확인하였다.

연구를 통하여 필자는 지금까지 일방적 전달 위주로 진행된 교사교육은 의사소통과 협력적 공동 활동을 기초로 한 교사교육으로 전환되어야 함을 제안하였다. 아울러 수업전문성의 재개념화에 따른 '교수·학습의 재개념화' 필요성과 대안적 수업전문성 신장 방안이 정착되고 확대되기 위한 환경적 조건으로 '교사 학습공동체의 활성화'를 제안하였다.

성균관대학교 진영은 교수님께서는 학위논문의 지도교수로서 필자가 가진 문제의식을 연구문제로 정형화하는 데 큰 도움을 주셨으며 논문 작성의 전 과정에서 학문적 멘토가 되어 주셨다. 성균관대학교 정덕희 교수님께서는 논문의 체제와 흐름을 잡는 데 많은 도움을 주셨고, 성균관대학교 도승이 교수님께서는 연구자의 입장에서 좋은 논문을 작성할 수 있도록 조언을 아끼지 않았다. 또한 동국대학교의 고진호 교수님께서는 교사들의 수업 이야기가 그들의 전문성 신장에 미치는 효과를 폭넓게 사고할 수 있도록 조언해 주셨고,

희대학교 강인애 교수님께서는 교사들의 수업담화를 이끌어 내는 데 있어 온라인이 가진 강점을 어떻게 교육적으로 활용할 것인지에 대한 아이디어를 아낌없이 나누어 주셨다. 위 교수님들께 두루 감사드린다.

중앙교수학습센터 지식교류 활동에 참여하면서 필자의 관찰과 면담, 검증 요청을 흔쾌히 수락해 주신 일곱 분의 선생님께 고마움의 말씀을 전한다. 이 선생님들께서는 자신들의 지식교류 활동 데이터를 모두 제공하여 주셨고 온라인 및 방문면담과 집단면담 과정에서 성실하게 도와주셨다. 연구 기간 동안 중앙교수학습센터 지식교류 활동에 참여하신 전국의 모든 선생님들께도 이 지면을 빌려 감사의 말씀을 전한다. 끝으로 여러 가지로 부족한 내용임에도 이 책을 출판할 수 있도록 해 주신 한국학술정보 채종준 대표님께 감사드리며, 이 글에서 제안하는 새로운 수업전문성 신장 방식에 대하여 독자들의 아낌없는 토론과 비판이 이루어지기를 기대한다.

2010년 7월
목동 연구실에서 함영기

Contents

머리말 •4

제1장 │ 다시 생각하는 수업전문성 •13

제2장 │ 수업전문성의 근거 및 재개념화 관련 논의 •29
    1. 수업전문성의 근거 / 31
        1) 지식관 / 31
        2) 수업관 / 36
    2. 수업전문성의 재개념화 관련 연구 논의 / 39
        1) 반성적 실천가 / 40
        2) 교육과정 개발 및 재구성자 / 45
        3) 내러티브 탐구의 주체 / 48
        4) 연계적 전문가 / 51
        5) 수업전문성 재개념화 연구 동향 비교 / 54
    3. 수업전문성의 재개념화를 위한 실천 연구 논의 / 57
        1) 수업전문성 기준 및 교원능력개발평가 / 57
        2) 수업전문성 재개념화 관련 실천 연구 동향 / 59
        3) 수업전문성 재개념화 관련 실천 연구의 한계 / 63
    4. 온라인 학습공동체 / 66
        1) 온라인의 일상화와 교사문화의 변화 / 66
        2) 온라인 학습공동체 / 69

제3장 │ 데이터 수집 및 분석 • **75**

  1. 연구 방법의 선정 / 77

  2. 정보 제공자 선정 및 연구 기간 / 80

  3. 데이터 수집 및 분석 / 89

    1) 온라인 지식교류 활동 사례 수집 / 89

    2) 정보 제공자 면담 / 91

    3) 데이터 분석 / 94

    4) 검증 방법 / 97

제4장 │ 온라인 지식교류 커뮤니티 • **99**

  1. 온라인 지식교류 커뮤니티 / 101

    1) 온라인 지식교류 커뮤니티의 구조 / 101

    2) 지식 검색 / 103

    3) 질문하기 / 105

    4) 답변하기 / 107

  2. 온라인 지식교류 현황 및 사례 선정 / 110

    1) 지식교류 활동 현황 / 110

    2) 사례 선정 / 113

제5장 │ 온라인 지식교류 활동 분석 및 수업전문성의 재개념화 • **121**

  1. 온라인 지식교류, 왜 참여하고 어떻게 시작하는가? / 123

    1) 학교 안에서 동료교사와의 교류 / 124

    2) 지식교류 활동 참여 동기 / 129

    3) 지식교류 활동의 시작 / 131

2. 지식교류 활동 분석 / 135
   1) 기술적 합리성 / 140
   2) 반성적 실천 / 158
   3) 교육과정 개발 및 재구성 / 176
   4) 내러티브적 수업담화 / 203
   5) 연계와 통합 / 221
3. 수업전문성의 실천적 재개념화, 그 가능성 / 240
   1) 온라인 지식교류와 수업전문성의 실천적 재개념화 / 242
   2) 더 생각해야 할 문제들 / 252

제6장 | 결론 및 제언 · 263

1. 결론 / 265
   1) 여전히 견고한 관점: '기술적 합리성' / 268
   2) 포괄적 재개념화: '반성적 실천가' / 269
   3) 현실적 재개념화: '교육과정 재구성자' / 271
   4) 폭넓은 가능성: '내러티브적 사고의 주체' / 272
   5) 시대의 요구: '연계적 전문가' / 274
2. 제언 / 276
   1) 교사교육 방향의 전환 / 277
   2) 교수 · 학습의 재개념화 / 277
   3) 온라인 교사 학습공동체의 활성화 / 278

참고문헌 · 281

제1장

다시 생각하는 수업전문성

공교육의 질 저하를 우려하는 목소리가 높다. 우려의 목소리는 학교, 보다 구체적으로는 '수업'과 '교사'를 향하고 있다. 수업은 교사가 수행해야 할 다양한 직무 중 가장 핵심적인 영역이다. 그러므로 '수업을 잘하는 교사'는 교사로서의 능력이 뛰어나다고 할 수 있다. 그러나 수업을 잘하는 교사가 구체적으로 어떤 교사를 의미하는지 알아보기 위해서는 좀 더 세밀한 접근이 필요하다. 가령 교사들이 자신의 수업 능력을 신장하기 위하여 장학활동이나 교사연수, 교과 연구, 대학원 진학 등 다양한 방법으로 노력하고 있지만, 이러한 노력이 어떤 관점에서, 무엇을 목표로 하고 있는가에 따라 교사들에게 축적되는 역량은 상당히 다른 성격을 갖게 될 것이다. 또한 교사의 수업 능력을 단위 수업에 대한 실행 역량으로 사고할 것인지, 수업의 준비, 실행, 평가, 피드백의 과정을 포함하는 능력으로 볼 것인지, 더 나아가 수업 전반에 대한 이해와 해석 능력을 포함할 것인지에 따라 수업을 잘하는 교사의 상은 매우 다르게 설정될 수 있다. 즉 교사가 가지고 있는 지식관, 수업관에 따라 '수업 능력'을 사고하는 방식이 다를 수 있다는 것이다. 수업을 잘하는 교사의 능력을 '수업 전문성(teaching professionalism)'이라고 할 때, 지금까지 교사의 수업전문성에 대한 개념은 수업에서 다루어지는 지식의 성격과 교사에게 기대되는 역할에 따라 다양한 접근 방식을 토대로 논의되어 왔다.

수업전문성의 정의에 대한 기존의 논의는 수업 능력, 수업 수행 및 수업 효과성을 포함하는 교사의 자질(Medley, 1982; Schalock et al., 1993; 박균열, 2007), 수업을 계획하고 운영하는 데 필요한 지식, 기능, 자질, 능력, 가치관에 대한 심층적 특성(정미경·김경현, 2005) 등 수업을 잘하는 교사가 갖는 '자질과 특성'을 중심으로 이루어져 왔다. 교사가 갖추어야 할 자질을 구체적으로 제시하여 교사의 수업전문성을 신장하고자 했던 방식은 '능력중심 교사교육(CBTE: Competency Based Teacher Education)'[1]을 바탕으로 하고 있다(이종일, 2003). CBTE 접근은 교사에게 요구되는 행동 특성을 제시하고 여기에 도달하면 전문성이 신장되었다고 보는 견해이다. 이런 관점에서 요구되는 교사의 능력은 외부 전문가들에 의하여 사전에 잘 구성된 교육과정을 효과적으로 실행하는 역량이다. 능력중심 교사교육은 지금까지도 현장 교사들의 주요한 수업전문성 신장 방식으로 자리 잡고 있다.

---

1) 교사자질에 대한 초기의 연구들은 일정한 교육의 목적을 보다 효과적으로 달성할 수 있게 하는 '필수적인 교사자질이 무엇인가'에 대한 항목별 연구로 나타났다(Oliva & Henson, 1980: 117-121). 이러한 항목별 연구 경향은 1960년대와 1970년대 미국에서의 교사자질에 대한 연구를 주도하였다. 이것이 일반적으로 CBTE라 일컬어지는 연구이다. 1980년대에 들어와 Shulman(1986, 1987)은 이러한 교사자질에 대한 항목별 연구 경향에 대한 문제점을 지적하고 교사자질의 구성 요소를 '교과내용 지식, 교수내용 지식, 교육과정 지식'으로 구분하여 제시하였다. Schön(1983, 1987)은 이전 시기의 연구자들과 달리 교사자질을 고정된 것으로 보지 않고, 교육현장의 맥락 속에서 교사에 의하여 끊임없이 재구성될 수 있다는 시각을 보여 주었다(이종일, 2000: 355).

한편 Shulman(1986, 1987)은 이러한 교사자질에 대한 항목별 연구 경향에 대한 문제점을 지적하고 교사자질의 구성 요소를 '교과내용 지식(subject matter content knowledge)', '교수내용 지식(pedagogical content knowledge: PCK)', '교육과정 지식(curricular knowledge)'으로 구분하여 제시하였다(이종일, 2000: 355). Shulman은 이 중에서도 교수내용 지식의 중요성을 강조하였다. CBTE 접근과 Shulman의 교수내용 지식(PCK)에 대한 강조는 수업전문성 개념에 접근할 때 '교과지식 및 수업기술'을 바탕으로 하는 교사의 자질을 강조하는 경향으로 나타났다. 이런 관점에서 볼 때 수업을 잘하는 교사란 '해박한 교과지식을 학생들에게 잘 전달하는 기술'을 가진 교사라 할 수 있다. 교과지식 및 수업기술을 수업전문성의 핵심에 놓았던 논의들은 지금까지 교육현장에서 폭넓게 받아들여져 왔다. 교과내용에 대한 이해와 그것을 수업에서 전달하는 능력이 교사의 전문성을 결정한다는 견해(허신혜, 2006), 학생들에게 성취시키려고 하는 수업목표를 보다 효율적으로 가르치는 것이 전문가다운 교사의 수업이라는 견해(변영계·김경현, 2005) 등은 교과지식과 수업기술을 수업전문성의 핵심으로 사고한다.

그런가 하면 교과지식 및 수업기술을 수업전문성의 핵심으로 보는 관점이 교사들을 교육과정의 실행자에 머무르게 하고 교실 상황의 맥락과 역동성을 간과하고 있다는 비판(Schön, 1983; Young, 1998; Michael Fullan & Andy Hargreaves, 2000; 최의창, 1998; 김병찬, 2000; 유한구, 2001; 이진향, 2002; 조덕주, 2002; 박순경, 2003; 소경희, 2003; 추광재, 2004; 서경혜, 2005a; 유솔아, 2005; 안효일, 2007; 이혁규, 2007 등)이 활발하게 제시되고 있다. 이 연구들은 기존의 수업전문성 관점이 '기술적 합리성(technical rationality)'과 '도구적 관심(technical interest)'[2]에 기초하여 수업에서의 이해와 해석 측면을 경시하고 있다고 지적한다. '효과적인 수업을 위한 교사의 행동양식과 수업방법, 수업전략 등의 수업기술 능력'에 '직업적 윤리성과 교육 이상에 대한 실천가로서의 자질'을 포함하여 수업전문성의 개념에 접근해야 한다는 논의(추광재, 2004)는 수업전문성의 개념에 실증적으로 측정 가능한 영역뿐 아니라 교육 이상에 대한 실천이라는 추상적 덕목을 포함하기를 주장한다. 더 나아가 수업 목적의 달성을 위한 수단을 처방하는 데 필요한 전문 지식과 기술을 활용하는 교사의 능력도 중요하지만 여기에 '수업에 이미 반영되어 있는 가치와 의미를 분석해 낼 수 있는 교사의 이론적 이해'가 더해져야 한다는 주장(유한구, 2001) 역시 수업에서의 이해와 해석 관점이 중요함을 지적한다.

한편 정보사회의 진전에 따른 새로운 교육 패러다임에서 요구되는 교사의 전문성은 '다중적 지식'을 바탕으로 경험과 실천을 통한 상황 재해석 및 재구성 능력이 중심이 되어야 한다는 견해(유현숙, 2002)가 있다. 1990년대 중반부터 시행된 교육정보화 정책은 일선학교에 초고속 통신망을 비롯한 첨단 인프라를 구축하게 하였고 2000

---

2) 기술적 합리성(technical rationality)은 전문직이 다른 직업과 구별되는 특징으로 과학적 지식을 적용한 도구적 문제해결을 강조하는 관점이며 주어진 목적을 달성하기 위하여 수단을 찾아 적용하는 능력이다(Schön, 1983). 도구적 관심(technical interest)은 Habermas(1973)가 제시한 실천 논리의 3가지 관점, 즉 도구적 관심(technical interest: product), 실천적 관심(practical interest: practice), 해방적 관심(emancipatory interest: praxis)에서 비롯된 개념으로 이 중에서 도구적 관심은 도구로서의 지식(knowledge as commodity)으로 간주하며, 어떻게 하면 절대적 진리, 규칙이나 절차로서의 지식이나 스킬을 효율적으로 습득하여 지식과 문화를 재생산할 것인가에 관심을 둔 논리—실증주의를 바탕으로 한 관점이다(이승희 · 유영만, 2002: 175－176).

년부터 도입된 ICT 활용교육은 교사들의 수업 방식은 물론 학습자들의 학습 방식의 변화, 학습자원의 다양화 등 커다란 변화를 몰고 왔다. 이와 같은 교육환경, 학습자원, 교사 및 학습자의 역할 등에 대한 급속한 변화는 교육을 통하여 학습자에게 축적되는 지식은 무엇인가에서부터 수업의 방식과 교사의 역할에 대한 새로운 조명을 요구하고 있다. 어린 시절부터 전자미디어 속에서 살아온 학습자는 성인인 교사와 매우 다른 가치, 문화를 가지게 되며, 그 결과 오늘날 교사와 학습자는 서로 다른 미디어에 대한 경험을 소유하면서 동일한 시공 속에 만난다(이종일, 2003). 이 점은 오늘날 교사와 학생이 서로 상대방을 이해하기 어렵게 하는 요인이 되고 있다. 이 같은 견해들은 교실수업의 역동성과 복잡성, 교사와 학생 상호 간의 이해에 대한 어려움으로 인하여 교육환경의 변화가 가속화될수록 수업전문성을 정의하기가 더욱 어려워진다는 점을 나타내고 있다.

그런데 교사가 수업에 대한 이해 및 해석의 중요성을 인식하고, 변화하는 학습자의 조건과 교육환경을 이해한다고 하더라도 기존의 수업전문성 신장 방식으로는 교실수업의 맥락과 역동성을 온전하게 반영하기가 힘들다. 수업은 개별 교사의 경험과 그가 가진 실천적 지식으로부터 비롯되기 때문에 교사들의 경험을 서로 교환할 수 있는 방안에 대한 고민이 요청된다. 교사들의 수업경험은 '이야기(story)'를 통하여 공유된다. 대체로 교사들은 자신의 교실 안에서 고립되어 있으며 수업에 관하여 다른 교사의 실천을 간섭하지 않는 문화를 가지고 있다. 이런 점들이 학교 안에서 교사들이 허심탄회하게 수업담화를 하지 못하게 하는 요인이 되고 있다. 교사들의 수업담화를 가로막는 학교의 문화는 교사교육에서도 획일적인 내용 전달 위주의 연수 방식으로 나타난다.

결국 전통적인 수업전문성 개념에 대한 문제의식을 바탕으로 제시되고 있는 대안적 관점은 수업이해 및 해석 측면에 비중을 두어야 한다는 요구와 정보사회에서 필요한 교사의 통합적 능력에 대한 요구가 결합되어 수업전문성의 재개념화를 주장하는 의견으로 집약된다. 그동안 국내에서 이루어진 수업전문성의 재개념화를 주장하는 연구들은 이론 연구(유현숙, 2002; 이승희·유영만, 2002; 박순경, 2003; 소경희, 2003; 진권장, 2005; 강현석, 2005; 유솔아, 2005; 서경혜, 2006; 안효일, 2007 등)와 실천 연구(조석훈, 1998; 이진향, 2002; 이종일, 2003; 김대현·박경미, 2003; 박윤경, 2003; 이성은·권리라·윤연희, 2004; 김평국, 2004; 최희경·박선호, 2006; 김진국·남상준, 2007; 염지숙, 2007; 박민정, 2007 등)로 나뉘어져 진행되었다. 이론 연구는 주로 재개념화의 필요성에 대한 논리와 당위성을 주장하였고, 실천 연구는 재개념화 방안을 현장에 적용하고 그 결과를 분석하는 방식이 많았다. 특히 수업전문성의 재개념화 관련 견해들은 7차 교육과정 실행 이후에 더욱 활발하게 제시되었는데 이는 7차 교육과정이 교과서를 탈피하여 다양한 학습자원을 사용할 것을 권장하고 있다는 점, 정보통신기술(ICT) 활용교육을 적극적으로 권장하고 있는 점, 교사 중심의 수업으로부터 학습자 중심의 수업으로의 변화를 요구하고 있는 점과 무관하지 않다.

그럼에도 불구하고 교실수업의 역동성과 복잡성이 간과된 채 기술적 합리성과 도구적 관심에 기초한 수업전문성 신장 방법은 여전히 현장의 주된 방법으로 통용되고 있다. 그리고 이에 대한 대안적 관점은 실천으로 이어지지 못한 채 이론적, 선언적 수준에 머무르고 있거나, 현장 적용을 중심으로 한 실천 연구들도 전통적 관점과의 절충, 대안적 관점의 도구적 적용, 교사 인식 및 환경적 조건의 제약 등으로 인하여 재개념화 방안이 현장에 정착되는 데 한계를 보이고 있다. 특히 교사들의 활발한 교류를 보장하지 못하는 학교의 구조, 엄격한 교과 구획, 수업담화를 회피하는 교사들의 문화는 대안적 수업전문성 신장 방안이 쉽게 정착되지 못하게 하는 주요한 요인이다.

이러한 문제의식을 바탕으로 본 연구는 수업전문성의 재개념화 방안이 보다 쉽게 현장에 정착하기 위하여 극복해야 할 조건으로 교사들의 대화를 가로막고 있는 학교와 교실의 구조, 엄격한 교과 구획, 개별화된 교사문화를 극복하기 위하여 '온라인의 교육적 활용'에 주목하였다. 즉 교사들의 수업담화와 온라인의 특성을 결합하는 방식이 수업전문성의 실천적 재개념화에 어떤 기여를 할 수 있는지를 알아보는 것이 본 연구를 수행하게 된 배경이다. 이를 위하여 본 연구에서는 교사들의 온라인 지식교류 활동 사례를 분석하고자 한다. '온라인 학습공동체(online learning community)'를 통하여 교사들의 수업지식 교류 경험 및 사례를 분석하는 것이 대안적 관점의 수업전문성 신장 방안들이 보다 폭넓게 현장에 정착하는 데 실천적인 기여를 할 수 있을 것이라 보기 때문이다.

본 연구에서는 기술적 합리성에 기초하여 교과지식 및 수업기술의 연마를 핵심으로 하는 수업전문성 개념을 '전통적 관점'으로 보았다. 반면 수업의 복잡성, 역동성, 학습자와의 상호작용 등의 개념에 대한 중요성을 강조하는 접근을 수업전문성의 '대안적 입장'으로 보았다. 본 연구에서는 그동안 재개념화 입장에 선 연구들이 주로 개별 영역에서 진행된 것에 주목하고 이 연구들을 수집, 분류하고 유형별로 범주화하여 통합적 이해의 바탕을 마련하고자 하였다. 아울러 교사들의 온라인 수업담화를 분석하여 유형별로 범주화된 재개념화 방안과 비교, 분류, 해석하는 과정을 통하여 수업전문성의 실천적 재개념화에 다가서고자 하였다.

본 연구에서는 기술적 합리성과 도구적 관심에 기초한 전통적 관점의 수업전문성 신장 방식에 대한 대안으로 제시되고 있는 수업전문성의 재개념화를 위한 논의들을 지식관, 수업관 및 대안적 방향 등으로 정리하여 보고 각각의 논의들이 가지는 시사점을 살펴본다. 또한 이 같은 연구들이 주로 이론적 근거를 동원하여 수업전문성의 재개념화에 대한 당위성을 주장하는 정도에서 머물고 있기 때문에 여기서는 보다 실천적인 측면에서 수업전문성 재개념화에 입각한 구체적 적용이나 내용을 탐색하고자 한다. 이러한 실천적 방향과 내용의 분석을 위한 도구로 '온라인 학습공동체'를 택하여 그 안에서 이루어지는 교사들의 지식교류 활동에 대한 내용, 특성, 성격 등을 분석하고 이러한 사례가 수업전문성을 실천적으로 재개념화하는 데 어떻게 기여할 수 있는지 살펴보고자 한다. 앞에서 진술한 문제의식에 비추어 연구자가 설정한 연구 문제는 다음과 같다.

첫째, 온라인 지식교류 활동을 통하여 교사들이 주고받는 수업담화의 내용과 성격은 무엇인가?

둘째, 교사들의 온라인 지식교류 활동은 수업전문성의 실천적 재개념화에 어떻게 기여하는가?

첫 번째 연구문제는 전통적 교실환경, 지식 수용 교육, 엄격한 교과 구획 등 교사들을 기술적 합리성에 머무르게 하는 제약 요인이 해소될 때 어떤 형태로 그들의 수업전문성을 신장하기 위하여 노력하는지 사례를 통하여 분석하는 것이다. 이를 위하여 교사들이 온라인 지식교류 공간에서 주고받는 수업지식의 내용과 성격이 수업전문성의 재개념화와 관련하여 의미 있는 시사점을 제공할 수 있는지 알아보고자 한다. 두 번째 연구문제는 온라인 지식교류 활동 사례를 분석하여 이 결과가 수업전문성의 재개념화 논의에 어떻게 기여할 수 있는지 탐색해 보려는 것이다. 온라인 지식교류 활동 사례는 그동안 제안된 대안적 수업전문성의 방향에 따라 몇 가지의 유형으로 분류하여 분석하고자 한다.

온라인 지식교류 활동 사례를 분석하고 이를 바탕으로 수업전문성의 재개념화 가능성을 탐색하는 과정은 그동안 이론적, 선언적 수준에 머물러 있거나 실제의 차원에서 제한적인 가능성을 보이고 있는 재개념화 관련 연구가 현장에 정착될 수 있도록 하는 데 의미 있는 단초를 제공해 줄 수 있을 것이다. 아울러 변화하는 교육환경에 조응하는 교사교육의 방향을 탐색하는 데 긍정적으로 기여할 수 있을 것이다.

용어의 정의

■ 수업전문성(teaching professionalism)

　그동안 수업전문성의 개념은 연구자들에 따라 다양하게 정의되어 왔다. 수업 능력, 수업 수행 및 수업 효과성을 포함하는 교사의 자질로 보는 견해(Medley, 1982; Schalock et al., 1993)를 비롯하여 수업을 계획하고 운영하는 데 필요한 지식, 기능, 자질, 능력, 가치관에 대한 심층적 특성(정미경, 김경현, 2005), 효과적인 수업을 위한 교사의 행동양식과 수업방법, 수업전략 등의 수업기술 능력과 직업적 윤리성과 교육 이상에 대한 실천가로서의 자질(추광재, 2004), 학업 성취를 목적으로 하는 직접적이고 전문적인 행위의 정도(박균열, 2007) 등 수업전문성의 개념은 지식관, 수업관에 따라 다양하게 정의되어 왔다. 본 연구에서는 유한구(2001)의 논의를 참고하여 '수업 목적의 달성을 위한 수단을 처방하는 데 필요한 전문 지식과 기술을 활용하는 교사의 능력 및 수업에 이미 반영되어 있는 가치와 의미를 분석해 낼 수 있는 교사의 이론적 이해'로 수업전문성을 정의한다.

■ 기술적 합리성(technical rationality)

　기술적 합리성은 전문직이 다른 직업과 구별되는 특징으로 과학적 지식을 적용한 도구적 문제 해결을 강조하는 관점이며 주어진 목적을 달성하기 위한 수단을 찾아 적용하는 능력이다(Schön, 1983). 기술적 합리성 관점에서는 교사를 '이론을 실제에 적용시키는 실행가'로 보기 때문에 이론적 지식의 적용 및 문제 해결을 교사 전문성 개발의 핵심으로 본다. 이종일(2003), 박순경(2003), 서경혜(2006), 강현석(2006) 등은 교사의 전문성을 논할 때 기술적 합리성 관점을 '기존의 관점'으로 보았다.

■ 반성적 실천(reflective practice)

　불확실성, 불안정성, 특수성, 가치갈등을 특징으로 하는 실천 상황에서 전문가가 발휘하는 예술적이고 직관적인 인식 과정을 담아내는 실천을 말하며 Schön(1983)이 기술적 합리성 패러다임의 한계를 극복하는 대안으로 제시한 개념이다. 서경혜(2005)는 반성적 실천을 교사 전문성 개발의 핵심 개념으로 보았으며 교사를 '반성적 실천가(reflective practitioner)'로 볼 것을 제안하였다.

■ 내러티브적 사고(narrative thinking)

내러티브(narrative)란 '이야기 혹은 이야기를 만드는 것'으로 인간이 삶을 해석하는 데 있어서 사람이 경험하는 사건, 인물, 행위, 감정과 정서, 의도와 생각 그리고 상황과 장면을 총체적으로 통합시켜 주고 특정 경험이 이루어지는 맥락 속에 위치시켜 주는 틀이다(강현석, 2006). Clandinin과 Connlelly(2000)는 한 장소 또는 일련의 장소에서 환경과의 상호작용하에 계속적으로 일어나는 연구자와 참여자 간의 협력을 '내러티브 탐구'로 보았다. 본 연구에서는 지식교류 공간에서 교사들이 자신들의 수업경험을 서로 이야기하는 가운데 타인과 상호 작용하는 과정의 총체를 '내러티브적 사고(narrative thinking)'로 보았다.

■ 온라인 학습공동체(online learning community)

컴퓨터 매개 통신을 기반으로 공통의 학습 목적을 가진 개인들이 지속적인 교수적·사회적 상호작용을 하면서 지식과 경험을 공유하고, 이를 기반으로 새로운 지식과 경험을 창출하며, 개인과 공동체가 동시에 성장하는 집단을 말한다(McLellan, 1997; Wilson & Ryder, 1998; 강명희, 임병노, 2002, 한승희, 2002; 서희전, 2004). 이 연구에서는 교사들이 수업담화를 나누기 위하여 구축된 웹기반 커뮤니티를 말한다.

■ 온라인 지식교류(online knowledge exchange)

온라인 지식교류 커뮤니티를 기반으로 이루어지는 교사들의 수업담화를 말한다. 온라인 지식교류는 수업과 관련한 질문 및 답변, 그리고 댓글 등으로 이루어지며 주로 교사 개인이 수업에서 경험한 사례를 바탕으로 한다. 온라인 지식교류 사례는 기본적으로 인터넷에 구축된 데이터베이스에 저장되어 검색, 열람된다. 지식교류 데이터는 복사, 이동, 수정이 가능한 디지털 매체이다.

이 연구에서 수집된 사례는 온라인에서 생성된 교사들의 수업담화이다. 온라인에서 수업담화는 실세계에서의 그것과는 다른 특징과 성격을 갖는다. 온라인에서는 수업담화의 당사자가 얼굴을 마주 보고 이야기를 나누는 것이 아니라 가상의 공간에 마련된 전자 게시판에서 '하이퍼미디어(hyper-media)'를 기반으로 의사소통을 한다. 따라서 이 연구에서 수집된 사례는 하이퍼미디어가 갖는 대부분의 속성을 공유한다. 하이퍼미디어는 동시적 비동시적으로 메시지를 전달하며, 복사 및 이동이 가능하고, 수시로 갱신되는 디지털 매체이다. 즉 특정 데이터의 경우 시간의 흐름에 따라 수정, 갱신되어 데이터 수집 당시와 비교하여 변화될 수 있다. 이에 따라 연구과정에서 수집된 교류 내용에 대한 해석은 데이터를 수집한 기간 동안에 맞추어져 있다. 아울러 정보 제공자 교사들은 성별, 학교급, 교직 경력, 지역 및 교과를 고려하여 선정하는 방법으로 해석의 타당도를 높이고자 하였지만, 이 교사들의 사례를 온라인 지식교류 활동 전체를 대변하는 것으로 보는 것에는 유의할 필요가 있다.

본 연구에서는 질적 사례연구에서 데이터 분석 방식의 하나로 Hatch(2002)가 제안한 '유형적 분석(typological analysis)' 방식을 채택하고 있다. 본 연구에서 도입한 분석틀은 기존의 수업전문성 재개념화 논의를 연구자가 분류하여 제시한 몇 개의 범주에 근거하고 있다. 이는 온라인 지식교류 활동을 통하여 수업전문성의 재개념화 가능성을 탐색하기 위한 실제적이고 개별적인 사례들에 의미를 두기 위한 분류이며 전체 사례의 일반화를 꾀하는 것은 아니다.

교사가 수행해야 할 포괄적 직무 전문성을 '교사 전문성'이라고 한다면 '수업전문성'은 수업의 계획과 실행, 평가에 이르는 교사의 역량에 초점을 두고 있다. 본 연구에서는 수업과 직접 관련이 없는 교사 전문성의 영역에 해당되는 사례들은 분석에서 배제하고 있다. 교사의 일반 직무까지 다루는 교사 전문성의 재개념화는 별도의 연구에서 이루어져야 할 영역이다.

수업전문성의 근거 및 재개념화 관련 논의

1. 수업전문성의 근거

1) 지식관

교사가 자신의 수업전문성을 신장한다고 할 때, 수업에서 다루어지는 지식이 어떻게 구성되어 있으며 그 지식은 어떤 통로를 통하여 학습자에게 전달되는지에 대한 이해가 필요하다. 전통적으로 학교에서 다루어 온 지식은 서로 구분된 '교과'를 통해서 제공되어 왔다. 오늘날 학교에서 가르치는 교과들은 생활의 필요 및 교과 그 자체의 논리적 기준에 따라 인류의 지식과 경험이 오랜 전통을 통해서 문화 요소로 체계화되어 서로 구분된 영역으로 설정되었다(진영은·조인진, 2001).

19세기 후반 학교에 출현한 전통적 교과는 당시 미국의 대학에 존재했던 학문 분야를 번역한 것이다(소경희, 2006). Bruner(1960)는 학문의 구조로 공부하는 것이 학생들로 하여금 해당 분야의 기본 개념, 문제, 방법론을 이해할 수 있게 하며, 이에 근거해서 더욱 정교한 지식을 구축할 수 있게 한다고 보았다. 현대에 이르러 교과를 보다 체계적으로 제시한 학자들로는 Broudy(1963), Phenix(1964), Hirst &

Peters(1970) 등이 있는데 이들은 학문중심 교육과정의 입장에서 교과를 이해하고 있다. 각각의 학문에는 고유한 논리적 개념과 탐구 방식이 존재하고, 교과는 이것을 기준으로 몇 가지 유형으로 분류할 수 있다는 것이다(진영은·조인진, 2001: 26).

"교과는 막연하게 성립되는 것이 아니라 논리적으로 구분이 가능한 개념 체계와 각각의 독특한 준거나 근거를 가지고 성립된다."는 논의(김현수, 2000: 31)는 교과 구획의 정당성을 옹호한다. 교과의 중요성에 대한 부정적 견해를 비판하는 주장(이홍우, 2000, 2001)은 "학교교육은 그 성격상 교과를 그 내용으로 하고 있으며 교과를 그 원래의 의미로 되돌려 놓는 것을 통하여 교과의 의미를 정당화해야 한다." 고 말한다. 이 주장에 의하면 교과의 가치를 부정하는 것은 그것을 가르치는 교사를 부정하는 것이며 나아가서 교과를 기반으로 하는 우리의 삶 자체를 부정하는 것이라고 본다. 교과의 정당성과 중요성을 강조하는 논의들은 '교사의 교과내용에 대한 이해와 그것을 수업에서 전달하는 능력'이 교사의 전문성을 결정하는 데 관건이 된다는 견해(허신혜, 2006)를 뒷받침한다.

위 논의들은 교사에 의하여 학생들에게 전달되는 지식이 인간의 외부에 존재하는 보편적 합리성에 근거한 것이며, 인간의 경험 전체를 이해할 수 있는 방식으로 구조화한 것임을 전제한다. 이 관점에서는 지식을 구조화하는 방식으로 교과를 사고하고 있으며 교사는 교과를 매개로 학생에게 절대적이고 객관적인 지식을 전달하는 임무를 수행한다고 가정한다.

Shulman(1986)은 교사의 지식을 이해하기 위해서는 교사의 전문 영역에 대한 인지적 사고 능력과 알고 있는 것을 학생들에게 교수하는 능력과의 관계를 이해할 필요가 있다고 하였다. 이러한 교사의 전문적 지식은 이론과 실제의 격차를 줄이기 위해 절대적이며, 전문 지식의 결핍은 학생들의 학습 결과의 질과 성취도에 부정적인 영향을 준다는 것이다(안미리, 2001: 136). Shulman은 교사의 전문성을 교수·학습 현장의 복잡성을 이해하고 명료화하는 지식과 능력으로 보았으며 이 지식을 교과내용 지식, 교수내용 지식, 교육과정 지식의 영역으로 구별하였다. Shulman의 교수내용 지식에 대한 강조는 1960년대 초 현장교사가 갖추어야 할 교사 자질을 구체적으로 제시하는 데 역점을 두었던 능력중심 교사교육 연구에서 제기한 교사 자질 항목들에 대한 관심에서 출발하였다(이종일, 2003: 8).

그런데 Shulman의 교수내용 지식에 따라 교사가 갖추어야 할 것은 주로 교사 자신들이 전공한 교과 측면에서 구축되는 것이다. 이같이 교사의 전문성을 독립 교과 측면에서만 논의하는 것은 교사로 하여금 전적으로 개별 교과에만 관심을 두게 하고 교과를 독립적으로 다루게 함으로써 매우 고립된 형태의 교과 전문성을 갖게 할 가능성이 있다(Young, 1998; Macdonald et al., 2002; 소경희, 2002: 80-81). 이러한 문제의식은 교사의 수업전문성이 교사가 전공하고 있는 교과지식 이상을 소유하는 방향으로 재개념화될 필요가 있음을 시사한다. 개별 교과를 강조하는 현실에서는 교육내용이 교육적 실천을 압도할 뿐 아니라, 교수와 관련된 교사의 자율성 행사를 극도로 제한함으로써 결과적으로는 학교교육을 획일화시킬 가능성이 크다(고진호, 1998).

교사지식은 맥락적이고 상호작용적이며 가변적이다(Clark & Peterson, 1987). 교사는 교육현장에서 즉각적으로 필요한 행동을 해야 하므로 그 지식은 당면한 사회적 환경으로부터 도출되고, 학생이나 동료교사들과의 부단한 상호작용에서 나온 것이며, 교사의 지식은 고정적, 객관적, 불변의 것이 아니라 최선의 것을 추구한다(유솔아, 2006). 교과지식은 이제까지 인류가 발전시켜 온 이론들 중에서 가장 오류를 줄인 정련된 이론 체계라는 점에서 당대의 타당성을 인정받은 것이지, 그 자체가 곧 세계에 대한 불변의 진리라거나 완전한 이론체계는 아니라는 것이다(최명선, 2006). 이와 같은 논의는 이해와 해석에 기초한 지식관이 수업지식의 성격과 교육의 의미를 재조명해 줄 수 있다는 것을 시사한다.

한편 곽병선(1999)은 해방 이후 지금까지의 교육 방식이 밖에서 생성된 지식을 수용하는 '지식 수용 교육'이었다고 비판하고 정답주의에 빠진 지식 수용 교육의 관행을 탈피할 수 있는 대안이 필요하다고 보았다. 정답형 교육은 문제 형성 교육으로, 지식 수용 교육은 지식 생성 교육으로, 암기력 교육은 창의력 교육으로 탈바꿈해야 한다는 것이다. 진영은·조인진(2001)은 정보사회에서의 교육내용은 감성적이고 행동적인 차원까지를 포함하는 다양한 지식, 주관적이고 구성적인 지식과 경험을 포함시켜야 하며, 지식과 정보를 단순히 전달해 주는 방법에서 벗어나 지식과 정보를 창출하는 방식으로 바뀌어야 한다고 보았다. 같은 맥락에서 박순경(2003)은 교사지식의 범주로 지식의 발견적 속성과 아울러 생성적 속성도 상정할 것을 주장한다. 비슷한 문제의식 아래 안효일(2007)은 교사가 가르치는 내용에 해당하는 지식을 어떻게 이해하고 있는가에 따라 수업전문성의 근거도 상이하게 나타난다고 보았다. 안효일은 최근 제시되고 있는 다양한 수업전문성 신장 방안들이 교육내용으로서의 지식을 단지 효과적으로 전달하는 데만 치중한다고 지적하면서 지식의 '통합적 성격'을 제대로 이해하기를 주장하였다. 김병찬(2000)은 오늘날 강조되는 지식은 이론적 기호로써 진술된 명제나 규범, 규칙이나 원리, 이론이나 사상 등 지적 특징만을 의미하는 것이 아니라 인간의 전인적 성장에 요구되는 능력과 안목, 실천적 방법지식을 포함하는 총체적 의미의 지식이라고 보았다.

위 논의를 통하여 알아본 바와 같이 지식의 성격에 대한 통합적, 생성적 접근에 대한 요구와 최근 교육환경의 첨단화, 고도화에 따른 교수·학습 방식의 변화는 수업에서 다루어져야 할 지식의 개념에 대한 재탐색을 요구하고 있다. 교과를 중심으로 하는 절대적 지식관과 유용성을 강조하는 암기형 지식은 통합적이며 연계적인 지식관으로의 변화를 요청받고 있으며, 지식 축적의 방법 역시 지식의 단순 수용으로부터 지식의 생성으로 나아가야 함을 시사하고 있다.

지식관을 중심으로 수업전문성의 개념에 접근했던 연구들(Shulman, 1986; Clark & Peterson, 1987; Young, 1998; Mcdonald et al., 김병찬, 2000; 곽병선, 1999; 박순경, 2003; 소경희, 2003; 허신혜, 2006; 최명선, 2006; 안효일, 2007)을 살펴보면 대체로 지식의 유용성은 지식의 통합성과 대별되고, 지식의 수용은 지식의 생성 관점과, 교과지식은 연계적 지식과 대별됨을 확인할 수 있다. 이를 큰 줄기에서 보면 '지식의 유용성－지식의 수용－교과 지식'을 주장하는 흐름과 이에 대한 비판적 관점에서 나온 '지식의 통합성－지식의 생성－연계적 지식'을 주장하는 흐름으로 대별할 수 있다.

2) 수업관

동일한 학습 내용을 가지고 똑같은 환경에서 이루어지는 수업도 교사가 가지고 있는 수업에 대한 관점에 따라 다른 형태로 진행될 수 있다. 교과지식을 충실하게 전달하는 것이 바람직한 수업의 핵심적인 조건이라고 사고하는 교사는 해박한 교과지식과 이를 효과적으로 전달할 수 있는 수업기술의 연마에 비중을 둘 것이다. 수업의 맥락과 학습자와의 상호작용을 더 중시하는 교사는 역동적이며 예측이 힘든 수업의 이해 측면에 더 중점을 둘 것이다.

교사에게 요구되는 능력 중 가장 중요한 것을 '가르치는 능력'으로 보는 것에는 큰 이견이 있을 수 없다. 그러나 가르치는 능력을 바라보는 관점에는 다양한 의견이 있다. 가르치는 능력을 수업 방법에 대한 이론적인 이해 및 실천 방법과 기술에서 전문적인 능력과 소양(황정규, 1992)으로 볼 수도 있고, 학습자의 행동 변화가 바람직한 방향으로, 또 효과적으로 성취될 수 있도록 교사가 의도적으로 학습자를 둘러싸고 있는 상황적 조건을 통제하면서 학습자와 지속적으로 상호 작용하는 과정을 생성하는 역량(원효헌, 2002)으로 볼 수도 있다. 이와 같은 접근 방식은 수업의 효과를 결정하는 데 있어 교사의 변인을 매우 중요하게 사고하면서 교사의 변인을 이루는 주요한 요소를 수업의 기술로 보는(변영계·김경헌, 2005) 관점이다. 이 관점에서 보는 수업기술의 핵심은 학생들이 보다 짧은 시간 안에 보다 높은 수준의 것을 성취하도록 돕는 것이다. 대체로 위와 같은 관점들이 수업에 대한 '전통적 접근 방식'이다.

전통적 접근 방식이 가진 문제를 지적하는 연구들에서는 지금까지
의 수업에 대한 연구의 대부분이 교사의 수업 행동이 학생의 학업
성취에 중요한 예언 변인이 된다고 하는 전제하에서 이루어졌다고
지적한다. 그러나 아직까지 이 둘 사이의 인과적 관계에 대한 설득
력 있는 증거를 확보하지 못하였으며, 최근에 이르러 학자들은 교사
의 수업 행동이 학생의 학습을 유발하는 강한 변인이 될 것이라는
전제에 회의를 품기 시작하였다는 점을 강조한다(노명완, 2001). 교
사의 행동을 세분화하는 일은 관찰이나 측정을 위해서는 도움이 되
지만 지나친 세분화는 오히려 하나의 총체적 과정으로 운영되는 수
업을 파편적으로 분석하고 분리하게 되어, 자칫 교사와 학생의 역동
적 상호 작용인 실제적 모습의 수업과 학습을 놓치기 쉽다는 것이다.
이는 교사의 수업전문성에 대한 전통적 해석 방식이 기능주의적 전
문성 강화의 논리에 기초해 있으며 교사는 만능인이라는 포괄적 접
근 방식에 의존해 왔다는 지적(조석훈, 1998)을 옹호한다. 전통적 관
점에서 사고하는 교수·학습 과정 운영은 기술적 문제이며 교사는
사전에 결정된 프로그램을 그 성격에 충실하도록 실천하면 되는 존
재로 인식된다(양옥승, 2002). 해석적, 비판적 관점은 교사의 사고
과정을 중요하게 여기며, 교수·학습 과정은 복잡한 인지적 기능을
필요로 하는 과정이고 대부분의 교수 활동은 비구조화된 역동적 환
경에서 진행되는 것으로 본다. 이혁규(2007)는 교사를 주어진 설계
에 따라서 공사를 진행하는 공원이 아니라 환경의 제약 속에서 나름
의 자율성을 발휘하여 수업을 창조해 가는 예술가적 존재로 보았다.
이 역시 수업을 이해와 해석의 측면에서 바라보는 관점이다. 수업
이해의 관점은 수업기술을 핵심으로 하는 전통적 입장에 대한 비판

적 입장을 공통적으로 견지한다.

수업전문성의 개념을 생각할 때 '수업기술'을 핵심으로 보는 입장 (황정규, 1992; 원효헌, 2002; 변영계·김경현, 2005)은 수업지식을 바라볼 때도 교과지식을 중심으로 한 지식의 유용성 및 수용적 측면에 좀 더 의존하고 있음을 알 수 있다. 이는 교사의 수업전문성은 수업의 효율성을 담보하기 위하여 신장되어야 할 기술적 능력이고, 수업의 효율성은 학습자의 학업 성취를 가시적으로 담보하는 개념으로 파악하는 관점이다. 수업의 이해 측면에 비중을 둔 입장들(조석훈, 1998; 유한구, 2001; 노명완, 2002; 양옥승, 2002; 박균열, 2007; 이혁규, 2007)을 살펴보면 교사의 사고 과정을 중요하게 생각하면서 수업 활동이 사전에 계획된 대로 구조화되어 진행된다고 보는 것이 아니라 역동적이고 맥락적인 상호작용 속에서 이루어진다고 본다. 이 입장에서는 수업을 통하여 전달되는 지식이 교과로 분절된 것이 아니라 연계적이고 다중적인 지식이어야 한다고 주장한다. 또한 지식 수용 교육보다는 지식 생성 교육이 더욱 강조되어야 함을 주장한다. 이와 같은 맥락에서 살펴볼 때 수업을 통하여 전달되는 지식의 성격과 교사의 역할 규명은 다소간의 중첩에도 불구하고 하나의 일관된 주장으로 이루어지고 있음을 알 수 있다.

2. 수업전문성의 재개념화 관련 연구 논의

수업전문성의 재개념화 관련 연구는 학습자에게 축적되는 지식의 성격을 규명하려는 노력, 교사의 역할을 재정립해 보려는 시도, 수업과 관련한 교사의 실천 행위가 어떻게 변화되어야 하는가에 초점을 두고 이루어져 왔다. 수업전문성의 재개념화를 주장하는 연구들을 살펴보면 개별화된 대안적 입장을 선언적으로 주장해 온 경우가 많다. 본 연구에서는 교사가 가르치는 지식의 성격, 기술 및 이해 측면에서 접근해 본 교사의 역할, 수업전문성의 재개념화 방향으로 나누어 기존의 연구물들을 분석하고 범주화하였다. 그 결과 대부분의 연구물에서 '교사에게 요구되는 역할'을 수업전문성의 중심 테마로 설정하고 있었으며, '반성적 실천'을 대표적인 재개념화 방안으로 제시하고 있음을 확인하였다. 이에 따라 연구자는 기술적 합리성에 근거한 전통적 관점에 대한 대안적 관점으로 반성적 실천가로서의 교사의 역할을 설정하였다.3) 그리고 각 연구자들의 강조점에 따라 재개

---

3) '기술적 합리성'의 대안으로 '반성적 실천'을 생각할 때, 해박한 교과지식 및 수업기술의 연마를 핵심 과제로 하는 기술적 합리성 관점은 대체로 '투입－산출 모형'을 근간으로 하기 때문에 과정과 성과를 확인하기 쉽다. 그러나 '반성적 실천'을 중심으로 하는 대안적 관점들은 기

념화 방식을 구분하여 교육과정 개발 및 재구성자, 내러티브적 사고의 주체, 연계적 전문가로 범주화하였다.[4]

1) 반성적 실천가

수업에서 '반성'은 교사가 자신의 수업을 되돌아보고 필요한 수정을 취하는 태도를 의미한다. 반성적 수업을 하는 교사는 항상 그리고 주의 깊게 자신의 수업을 매일 되돌아보고, 자신의 믿음과 관습적 행동에도 회의적인 태도를 취한다. 그리고 필요하다고 생각되는 부분에는 언제나 스스로의 판단으로 새로운 결정을 내린다(노명완, 2001). 교수 활동에 대한 반성적 접근은 교사들이 자신들의 교수 활동을 관찰하고 자신들의 태도, 믿음, 가정 등을 조사하여 수집된 데이터를 바탕으로 교수 활동에 대해 자기 평가를 하고 비판적 반성을 함으로써 변화를 모색하고 직업적 발전을 꾀하는 것이다(Richards & Lockhart, 1996).

Schön(1983, 1987)은 교사를 '반성적 실천가(reflective practitioner)'로 명명하면서 전문가가 표준화된 지식만으로 실제적 문제를 해결할 수 없어 끊임없이 다양한 문제 상황에 부딪히면서 모종의 해결책을

술적 합리성 관점이 가지고 있는 실증주의적이고 계량화할 수 있는 수업 성과보다는 수업에 대한 이해와 해석 측면에 비중으로 두고 있기 때문에 그 성과를 비교하는 것이 대단히 어렵다. '반성적 실천'은 도구의 문제가 아닌 사고와 이해의 문제이며 양의 문제가 아닌 '질'의 문제이다. 따라서 본 연구에서도 측정 가능한 지표에 의거한 기계적인 분류보다는 교사들의 교류 행위에 대한 이해를 토대로 한 해석에 중점을 두었다.

4) 진영은·함영기(2009)는 '수업전문성 재개념화 연구 동향 및 과제'를 다룬 연구에서 기존의 수업전문성 관련 연구물 139편을 분석하여 재개념화의 유형을 반성적 실천가, 교육과정 개발 및 재구성자, 내러티브 탐구의 주체, 연계적 전문가 등 네 가지의 유형으로 정리하였다.

찾는 것처럼 교사 역시 전문가로서 상황과 행위 사이의 불일치를 직관적으로 물어 나가야 하고(reflection in action), 상황이 지나간 후 수행한 문제해결 방법을 의식적으로 반성(reflection on action)하는 반성적 실천가가 되어야 한다고 하였다. 이 같은 논의들은 교사의 반성이 수업 능력의 신장과 수업의 질 향상에 중요한 요소라는 점을 보여 준다. 반성적 교사교육을 주장하는 교사교육자들은 전통적 교사교육 문제의 근본적 원인이 기술적 합리성 모델에 있다고 본다(Valli, 1992; Zeichner & Liston, 1996; 서경혜, 2005b). 기술적 합리성은 전문직이 다른 직업과 구분되는 특징으로 과학적 지식을 적용한 도구적 문제해결을 강조하는 경향이다(Schön, 1983). 여기에서 전문가의 실천은 과학적 지식을 엄격히 적용하여 실제의 문제를 해결하는 것이다. Schön이 언급한 기술적 합리성 관점은 전문가의 활동을 도구주의적 문제해결 과정으로 간주하고 과학적 이론과 기술을 적용함으로써 더욱 효과적으로 만들 수 있다고 가정한다. 반성적 교사교육은 과학적 지식의 적용자, 교과지식의 전달자 혹은 교육학지식의 실행자가 아니라 반성적 실천가, 즉 자신의 실천 속에서 반성을 통해 실천적 지식을 구성하는 지식 구성자를 육성하는 것이다(서경혜, 2005b).

한편 Schön의 반성론이 반성의 사회적 성격을 간과했다는 비판(Zeichner & Liston, 1996)에 따라 교사의 개인 반성뿐 아니라 교사들이 함께 반성하는 집단 반성에 기초한 교사교육이 강조되었다(Valli, 1992). Peel & Shortland(2004)의 '협력적 반성'이나 Raelin(2001)의 '공공의 반성'에 대한 주장 역시 협력적 특징이 가져올 수 있는 효과에 대한 기대를 반영한다(유솔아, 2006: 190). 이는 다양한 경험과 생각을 가진 동료교사들이 협력적 관계에서 집단 반성을 시도함으로써 반성 주체는 물론 반성에 참여하는 교사집단의 지식과 실천을 풍부하게 할 수 있음을 시사한다.

반성적 교사교육의 형태로 제안된 것 중의 하나는 교수저널의 작성이다. Bailey, Curtis, Numan(2001)은 행위 후 반성의 한 방법으로 교수저널을 제안하였다. 교수저널 작성 및 교사들 간의 공유와 토론은 교사들로 하여금 반성적인 교수 활동을 하는 데 전환적인 계기를 마련해 준다는 것이다. 최희경·박선호(2006)는 교사들이 영어 수업 활동 후에 작성한 교수저널의 분석을 통하여 교사가 자신의 교수 활동 자체를 이해함으로써 교수 활동의 질을 개선하는 반성적 교수를 위한 유용한 도구라고 하였다.

이와는 조금 다른 맥락에서 서경혜(2005a)는 최근 반성적 교사교육이 폭넓게 확산되면서 '반성적 사고' 자체에 편중하는 경향을 우려하면서 반성적 교사교육의 문제로 반성의 위계화, 반성적 저널과 내러티브, 반성 기술을 들었다. 반성의 위계화와 관련해서는 van Manen(1991, 1997)의 반성 수준을 변별하고자 한 연구에서 비롯되었는데, van Manen은 교사가 자신의 교수 행위에 대한 합리적 근거로 제시한 내용들을 분석하고 이를 기계적(technical) 반성, 실천적(practical) 반성, 비판적(critical) 반성의 세 가지로 분류하였다(서경혜, 2005a: 301 재인용). 서경혜는 반성의 수준을 매기는 것에 대하여 교사의 실천적 반성은 비판적 반성보다 낮은 수준이라고 할 수 있는가라고 의문을 나타내면서 반성의 위계에 대하여 비판하였다. 기술적 합리성이 전문지식의 위계화를 낳았듯이, 반성적 교사교육은 반성의 위계화를 낳고 있다는 것이다. 서경혜는 반성적 저널과 내러티브의 위험성에 대하여도 지적하고 있는데, 반성적 저널과 내러티브가 교사 자신이 가지고 있는 신념, 가정, 편견 혹은 고정관념 등을 오히려 정당화하고 합리화하는 수단이 될 수 있다는 비판이 가능하다는 것이다. 마지막으로 반성 기술과 관련하여 서경혜는 반성적 교사교육에서 가장 심각한 문제가 반성이 교사가 갖추어야 할 하나의 기술로 전락한 것이라고 지적한다. 반성이 기술적 합리성과 행동주의 패러다임 아래 교사가 성취해야 할 기준들의 하나로, 교사 평가지의 전문성 개발 영역의 한 항목으로(Danielson & McGreal, 2000) 교사에게 요구되고 있다는 것이다. 반성이 사고만을 강조할 때 앎과 실천의 역동적 상호작용은 사라지고 실천 없는 사고의 수동성만 남게 된다는 지적은 뿌리 깊은 기술적 합리주의의 관행이 어떻게 반성적 실천 과정을 왜곡할 수 있는지를 보여 주고 있다.

유솔아(2005) 역시 교사 반성의 개념이 확산되면서 반성이 본래의 의미를 상실하고 오히려 행동주의에 입각한 교사교육과 크게 다르지 않은 모습으로 전개되는 상황을 지적하였다. 유솔아는 교사 반성을 수업 행위 등과 같은 가시적인 행위에 한정 지어 분석하거나, 교사교육 프로그램에서 반성적 저널을 능숙하게 기록하는 능력을 가진 교사를 반성적 교사라고 해석하는 아이러니가 발견된다고 하였다. 이는 교사의 반성 능력이 기술적 합리성 모델에 의존해 왔던 연구자나 교사들에 의하여 측정이 가능한 학습 효과성 정도로 인식되는 경향을 우려하는 관점이다. 유솔아는 위의 문제인식을 기초로 교사 반성을 촉진하기 위한 요소를 '탐구적인 실제적 맥락'과 '협력적 상호작용'으로 요약하였다. 즉 반성적 교사 양성을 위한 노력은 교사들에게 탐구가 요구되는 실제 맥락에서 다른 집단 혹은 구성원들과 협력적 상호작용을 통해 지식과 정보를 공유할 수 있는 상황을 제공할 때 현실화된다는 것이다.

조덕주(2006)는 초등교사의 일상이 전문성 향상 프로그램에 주는 시사를 다룬 연구에서 '행위 중 반성'을 강조하였다. 조덕주는 교사들의 일상 안에서 전문성을 향상시키기 위해서 학교의 '빠른 이어짐'이라는 복잡함, 혼란스러움을 그대로 포함시키면서 그 안에서 학생 및 수업과 관련된 실제적 문제 상황이 교사들에게 제시되어야 한다고 보았다. 동시에 현재의 '행동 안에서의 사고' 수준에 반성을 더하여 '행동 중 반성'을 지향하는 방향으로 프로그램을 구성할 것을 제안한다.

반성적 교사교육의 왜곡에 관한 문제제기(서경혜, 2005; 유솔아, 2005; 조덕주, 2006)는 기술적 합리주의를 비판하며 대안적 교사교육을 표방한 반성적 교사교육이 다시 기술적 합리성의 함정에 빠질 위험이 있음을 지적한다. 서경혜가 지적한 반성의 위계화, 반성적 저널과 내러티브, 반성 기술에 대한 문제제기는 기능주의적 관점에 기초한 반성적 저널 기록에 대한 유솔아의 문제제기 및 '행동 중 반성'을 강조한 조덕주의 문제제기와 같은 맥락으로 볼 수 있다. 이는 기능주의의 함정에 빠진 교사교육이 '탐구적 실제 맥락'을 회복해야 함을 촉구하는 것이며 개인 반성에서 집단 반성으로의 확장을 통한 협력적 상호작용으로 반성적 교사교육이 본래 의미를 찾아야 함을 강조하는 것이다.

2) 교육과정 개발 및 재구성자

지금까지 교사들은 '교육과정의 실행자'로 여겨져 왔다. 교육과정은 외부의 전문가들에 의하여 개발되었고 교사는 단지 이를 잘 실행하면 되는 존재였다. 물론 7차 교육과정의 시행 이후에 교사가 학교 교육과정의 개발에 참여할 수 있는 기회가 상당 부분 확대되었지만 아직도 교사를 교육과정의 실행자로 바라보는 관점은 교육 전문가나 교육 실천가에게 있어 일반적으로 받아들여지고 있다. 학교교육의 핵심이라고 할 수 있는 수업의 질을 개선시키기 위해서 교육학자들이 지난 40년간 가장 많은 노력을 들인 작업은 과학적, 체계적 연구를 통하여 교육과 수업을 효과적으로 수행할 수 있는 객관적 원리를 개발하는 것이었다(1998, 최의창). 이 기간 동안 객관적 원리를 개발하는 것은 전문 연구자의 몫이었으며 교사들은 연구 결과를 자신의 교실에서 적용하였다. 교사의 영향이 최소화될 수 있도록 고안된 교재의 사용자로서 교사는 단순한 교육과정의 전달자로, 이는 교육과정의 목표와 이를 실현하는 수단으로서 교수가 분리될 수 있다는 가정에 기초한다(모경환·박영석, 2004).

그런데 최근 들어 교육적 지식의 생산과 유통에 있어 교사가 차지하는 수동적 역할에 만족하지 못하는 일단의 교육 전문가들은 이 역할분담이 수업의 실제적 개선에 있어 비효과적일 뿐만 아니라 이론적으로도 부적절하다고 지적하기 시작하였다(Liston & Zeichner, 1991; Smyth, 1987, 1991; 최의창, 1998: 377 재인용). 제7차 교육과정 적용 이후 개별학교에서의 교육과정 실행에 대한 교사의 참여 영역은 이전에 비하여 개선되었다. 교사들을 비롯한 학교 구성원에 의한 교육과정 편성 및 운영 등은 과거에 비하여 진일보한 측면이 없지 않다. 하지만 아직도 실제 교육과정을 개발하고 재구성하는 측면에서는 미약하기 짝이 없으며 진영은(1993)이 지적한 바와 같이 학교, 교사, 수업 등 각각의 차원을 지배하는 또 다른 현실적인 논리 구조에 따른 한계를 벗어나지 못하고 있는 실정이다.[5]

교육과정의 실행에 따른 교사의 역할 수준에 대해 Ben-Peretz(1989)는 교사의 역할이 배제된 교과서의 단순 사용자, 교육과정의 능동적인 실행자, 교육과정 사용- 개발자로 구분하여 제시하였다. 이와 관련하여 Tanner & Tanner(1995)는 교사와 학교가 교육과정 개발에 참여하는 수준을 ① 모방- 현상 유지적 수준, ② 매개자적 수준, ③ 창조적- 생산적 수준으로 분류하였다. 모방- 현상 유지적 수준은 국가에서 중앙집권형의 교육 정책의 일환으로 교육 관련 연구기관에서 연구 개발한 학교교육과정을 각급 학교별로 하향 전달하여 수정이나 보완 없이 운영되는 수준이다. 교육과정 개발과 실천의 단계가 분리되면 연구 개발 집단에서는 전문화가 가속화되는 반면, 교사들은 이에서 더욱 멀어지게 된다(계현아, 2000). 모방- 현상 유지적 수준에 대한 대안으로 생각해 볼 수 있는 것이 매개자적 수준과, 창조적- 생산적 수준인데, 매개자적 수준에서 학교 교육과정의 실천은 교육

---

5) 진영은(1993)은 중학교 교육과정의 전개에 대한 연구에서 일선학교의 교육체제에서 교육과정이 전개되는 과정은 교육과정에서 제시되는 교육적 논리가 일관되게 실현되어 가는 과정이 아니라 학교, 교사, 수업 등 각각의 차원을 지배하는 또 다른 현실적인 논리 구조에 의해 서로 다른 사회적 의미가 충족되는 단절적인 과정이라고 보았다. 진영은은 학교와 교사, 수업의 각 차원을 지배하는 현실적 논리 구조를 '시험' 또는 '입시'라는 지상과제로 보았다. 이러한 분석은 현재의 학교 구조 아래에서 교사의 교육과정 전개 행위가 교육적 논리를 실현시키기에 제한적일 수밖에 없음을 나타내고 있다.

이 이루어지는 현장의 몫이라는 관점에서 출발한 것으로 외부에서 투입된 학교 교육과정이 교육의 핵심으로 파악되는 것이 아니라는 관점이다. 계현아(2000)는 이와 같은 진단을 기초로 우리나라의 교사와 학교가 교육과정 개발에 참여하는 수준은 모방－현상 유지적 수준에서 매개적 수준으로 넘어가는 단계에 있다고 보았다.6)

전문가로서의 교사는 수업 내용과 학생들의 반응 및 관련 주변 요인들을 고려하여 보다 풍부한 상호작용이 있는 수업을 진행시킴으로써 백인백색의 수업 형태를 구성해 낸다(조덕주, 2002). 이러한 관점은 국가에서 제시하고 있는 교육과정 개발 절차는 글자 그대로 하나의 제안일 수밖에 없으며 반성적 사고를 중시하는 교사의 전문성에 맞는 학교 교육과정 개발의 제안으로 연결된다. 소경희(2003)는 교사 전문성의 재개념화 방향 탐색을 위한 연구에서 교사에 대한 일반적 이미지를 교과 전문가로서의 교사, 실행가로서의 교사로 구분하여 분석하였다. 교사의 이미지 중 하나인 실행가 측면에서 살펴보면, 교사가 수행하는 일에 대한 인습적인 범주화는 '가르치는 일(teaching)'의 '실행 이전(pre－active)', '실행(interactive)' 그리고 '실행 이후(post－active)' 측면에서 이루어진다. 이 가운데 교실 내에서의 활동, 즉 가르치는 일을 실행하는 것만이 교사의 본래적인 일(real work) 혹은 실제(practice)로 간주되어 왔다. 교실 밖에서 이루어지는 교사

---

6) 7차 교육과정에서 선보이고 있는 '범교과 학습', '창의적 재량활동' 등은 학교단위 교육과정 구성의 재량권이 상당 부분 단위학교, 즉 교사들에게로 이전되었음을 의미하는 것이지만 본 연구에서 교육과정 개발 및 재구성자로서의 교사를 상정하는 것은 교육과정의 전반적 개발에 교사들이 참여하는 것에서부터 미시적으로는 단위 수업 시간을 설계하고 재구성하는 것을 포함한다. 7차 교육과정을 기계적으로 해석하면 범교과 학습 내지는 창의적 재량활동에서만 교사의 교육과정 편성, 운영권이 보장하는 것으로 오해할 수 있다. 범교과 학습의 메타적 전환을 통하여 기존의 것을 수용하는 데 그치지 않고 이를 소재로 하여 보다 높은 수준의 지적 구조물을 형성할 수 있다고 본 박순경(1998)의 연구에 주목할 필요가 있다.

의 수행, 즉 가르치는 활동 이전이나 이후에 수행되는 일은 교사들의 실제 그 자체보다는 '계획(planning)'으로 간주되어 왔다(Cargren, 1999; 소경희, 2003: 81 재인용). 이는 교사의 일을 교실 내에서의 일로 한정하는 것으로 다른 사람(전문가)에 의하여 계획된 수업을 교실에서 실행하는 것을 교사의 역할로 규정하는 관점이다. 소경희는 교사를 실행가 혹은 행위자로 보는 것은 이론과 실제의 관계에 대한 기술적 합리성의 관점에 토대를 두고 있다고 지적하면서, 최근 들어 교육과정 결정 과정이 점차 지역 및 학교에 이양되고 교사가 교육과정을 구성하거나 재구성할 수 있는 권한이 증대되고 있으므로 교사들은 학교교육의 실제를 적극적으로 구성하고 설계해야 한다고 주장한다.

교육과정의 개발 및 재구성자로서 교사의 역할을 바라보는 입장은 교육과정의 개발과 실천 단계에서 개발의 주체인 연구자와 실행의 주체인 교사가 분리되는 것을 막고, 기술적 합리성을 극복하는 대안이라는 점을 공통적으로 제시하고 있다.

3) 내러티브 탐구의 주체

내러티브는 인간이 삶을 해석하는 데 있어서 사람이 경험하는 사건, 인물, 행위, 감정과 정서, 의도와 생각 그리고 상황과 장면 등을 총체적으로 통합시켜 주고 특정 경험이 이루어지는 맥락 속에 위치시켜 주는 인식의 틀이다(강현석, 2005). Clandinin과 Connelly(2000)가 개념화한 내러티브 탐구는 개인의 삶을 살고, 말하는 이야기들로 바라본다. 교수경험은 내러티브를 통하여 다양한 상황에서 그리고 많은 사람들과의 관계 속에서 오랜 시간 전개되고 구성돼 온 우리의 삶으로 이해된다(염지숙, 2007). 김대현·박경미(2003)는 학교교육과 정 운영에 관한 교사의 내러티브를 탐구한 연구에서 교육은 경험의 한 형태이며 내러티브는 그러한 경험을 표현하고 이해하는 최선의 방법이라고 보았다. 이들은 내러티브 탐구 방식이 앞으로의 교육과 정 연구에서 교육과정과 관련된 경험을 표현하고 드러내 주는 새로 운 탐구 방법의 하나로 자리매김될 수 있을 것이라고 보았다. 교육 은 경험의 한 형태이며 내러티브는 그러한 경험을 표현하고 이해하 는 최선의 방법이라는 것이다. 내러티브적 관점에서 교사양성 교육 과정은 '주입'이 아닌 '재구성'의 관점에서 접근된다. 이러한 맥락에 서 내러티브 탐구는 교사지식의 실제 혹은 행위에 뿌리를 둔 경험적 인식론에 근거를 두고 경험을 구성해 간다. 교수·학습 과정에서 내 러티브는 학습을 상호작용적이고 간주관적인 관점으로 이해함으로써 의미 교섭이 가능한 학습공동체를 만들고, 교사의 역할 역시 지식의 전수자가 아닌 학습의 조력자로, 또한 공동체 학습의 일원으로 새로 운 관점에서 학생을 인식한다.

그동안 교사의 수업전문성과 관련하여 기술적 합리성을 비판하는 연구들이 다양하게 논의되어 왔지만 내러티브에 초점을 두고 통합적 인 접근을 시도한 연구는 별로 찾아볼 수 없었다(강현석·이자현, 2006). 기존의 교사 전문성에 관한 논의는 주로 교사 자질에 대한 처방의 관점으로 나타나 교사를 당사자로 인정하지 않는 문제를 초 래하였다. 내러티브 관점은 인식자 주체의 경험과 반성을 중시한다 는 점에서 기술적 합리성을 극복할 수 있는 대안의 중요한 근거가 될 수 있다. 내러티브는 교사와 학생, 교사와 교사 간의 대화 속에서 의미를 가진다. 대화는 단순히 교과내용에 대한 전달과 질의응답에 머물지 않는다. 수업에서의 내러티브는 교사와 학생이 가진 서로 다른 경험이 이야기를 통하여 녹아드는 과정이며 이로 인해 새로운 지식이 구성되는 과정이다.

내러티브 교육과정은 내러티브를 통해 학생의 학습 기회를 구성적이고 해석적으로 조직하여 지식과 경험을 지속적으로 재구성할 수 있도록 해 주는 구조를 의미한다. 내러티브 관점에서 보면 교사와 학생은 대화를 통해 교수·학습을 진행해 나간다. 내러티브 관점에 의한 전략들을 종합하면 교육과정의 잠재력, 교육과정 해석, 교육과정 탐구, 실행 연구, 교육과정 재구성 전략 등이 수업전문성 신장 방안으로 제안될 수 있다(강현석·이자현, 2006).

기존의 교사교육은 교수기법을 지나치게 강조하는 경향이 있었다. 이러한 경향은 교육과정의 이론과 실천의 간극을 벌려 기존 관점의 한계를 가져왔다(박순경, 2003). 박순경은 대안적 관점으로 내러티브 탐구의 중요성을 강조하면서 자서전적 접근의 가능성을 탐색하였다. 자서전적 방법은 지식의 원천을 개인 내부에 둠으로써 교사의 사적인 세계와 공적인 세계 모두를 재발견하기 위한 방법이다. 고정된 교육과정, 기술공학적 문화로 대변되는 거대 담론이 학교 현장에 강하게 작용하면서 교사들의 교육 활동을 획일화시키고 있는바, 내러티브 탐구는 교사가 자신의 존재적 성장을 기초로 교육 활동을 전개하도록 돕기 위한 유력한 방안이 될 수 있다(박세원, 2007). 아무리 효과적인 교육과정이라 할지라도 교사에게 의미가 없다면 학습자에게도 의미가 없는 것은 당연하다. 그러므로 교육과정의 구성과 실현에 있어 교사의 개인적 삶에 주목해야 한다는 논리는 상당한 설득력을 갖는다.

내러티브적 관점에서 지식은 교사의 실천적, 개인적 지식에 의하여 구성되는 것이며, 교사는 지식의 전달자이기보다는 학습의 조력자로서 학생의 학습 기회를 조직하고 재구성할 수 있도록 돕는 역할을 한다. 또한 학습공동체를 통한 공동의 학습경험은 새로운 관점에서 학생을 인식하도록 한다. 즉 교사를 내러티브적 탐구의 주체로 보는 관점은 반성적 실천을 포괄적으로 수용하면서 내러티브적 교육과정의 설계 및 재구성, 그리고 학습공동체를 통한 연계망의 구성에 비중을 두고 있다. 이는 대안적 관점들이 가지고 있는 실천적 방향이 상호보완적이며 통합적으로 정립될 수 있음을 시사한다.

4) 연계적 전문가

수업에서 다루어지는 지식은 형식적으로 교과를 매개로 하여 전달, 구성된다. 따라서 교과지식은 수업 장면에서 전달되어야 할 지식의 표준처럼 인식되고 있다. 그러나 지식이란 본래 통합적(안효일, 2007)이며 수업의 환경 자체도 통합적이라는 지적(이성은·권리라·윤연희, 2004)은 교과를 기본으로 하되, 교과를 극복하는 '그 무엇'에 대한 사고를 요구한다. 가령 박순경(1998)은 교육과정 운영 차원에서 사후 조치로 접근되는 '범교과 학습'에 대하여 일종의 메타 교육과정으로 접근할 것을 제안한다. 메타적 전환을 통하여 기존의 것을 수용하는 데 그치지 않고 이를 소재로 하여 보다 높은 수준의 지적 구조물을 형성할 수 있다는 것이다.

교사를 연계적 전문가로 보는 관점은 교사를 교과 전문가로 보는 전통적 관점을 극복할 것을 주문한다. 교사의 전문성을 교과 전문성으로 보는 관점(Bruner, 1960; Hirst, 1967; Pinar et al., 1995)에서는 '교사교육을 지식 구조의 배열, 즉 전형적인 영역별 학문에 의존'하는 경향이 있다고 본다(소경희, 2003: 91). 소경희는 교사들이 가지고 있는 교과 중심의 전문성은 21세기 사회의 변화와 필요에 적절하게 부응할 수 없다고 하면서 Young(1998)이 주장한 '연계적 전문성'을 제안한다. Young에 의하면 미래학교 교육과정이 학교 교과 간, 더 나아가 학교 교과와 학교 밖의 세계 간의 새로운 관계를 개발할 필요성을 강하게 요구받고 있듯이, 교사의 전문성도 연계적 전문성 측면에서 개발되어야 한다는 것이다. 즉 교사 전문성은 교과 간, 그리고 교사들이 직면하는 실제적 문제 간의 새로운 관계를 개발하는 측면에서 재개념화되어야 한다는 것이다. 교사 전문성에 대한 Young의 논의는 "교사들이 자신들의 교과 영역을 넘어서서 일할 수 있도록 준비되어야 할 뿐만 아니라 공식적인 교육공동체 밖의 사람들과도 협동해서 일할 수 있도록 준비되어야 한다."는 것을 함의한다(소경희, 2003: 91 - 92).

유현숙(2002)은 교사교육의 위기 요인으로 질(質)의 위기, 재정의 위기, 정체성의 위기를 들면서 새로운 교사교육의 방향으로 현장 중심성, (새로운 시각의) 전문성, 네트워킹(연계망), 평생 지향성을 들었다. 이 중 네트워킹에 대하여 더 살펴보면, 교사와 교사, 학교와 학교 간의 네트워크는 교수활동에 대한 반성적 성찰을 가능하게 하며 비판적인 친구가 되는 데 도움이 된다는 것이다(Darling - Hammond

& Mclaughlin, 1995; 유현숙, 2002: 137 재인용). 네트워크에 대한 적극적 사고는 교사교육이 질, 재정, 정체성의 위기를 교실 밖의 다른 세계와 연계하여 극복할 수 있는 가능성이 있다는 점을 시사한다.

새로운 교사교육 방향의 하나로 연계망을 들었던 유현숙(2002)의 연구와 연계적 전문가로서 교사의 전문성을 재개념화하고자 한 소경희(2003)의 연구는 변화하는 교육환경을 반영하고 있다. 우선, 지식 측면에서 볼 때 교사의 수업전문성을 교과지식으로 국한하지 않고 통합적, 다중적 지식의 축적과 생성을 위해 다른 교과와의 연계를 통한 미래 교육과정을 그리고 있다는 면에서 변화하는 교육환경에 부합하는 재개념화 방식이라고 볼 수 있다. 또한 교사의 반성적 실천과 관련해서도 개인 반성에 머무르지 않고 타 교과, 타 지역, 타 학교급 간의 교사들과의 연계를 시도하고 공동 활동을 촉진함으로써 '집단 반성'을 유도하고 있다는 점이다.

아울러 통합화 측면에서 연계적 전문가로서의 교사 역할을 조명하고자 했던 이성은 외(2004)의 참여관찰 연구는 통합화가 인위적인 시도에 의해 이루어지는 것이 아니라 교실 환경 자체가 통합적이며, 수업 내용과 학생의 경험이 통합적이고, 그런 활동을 통하여 교사는 학생들을 전체적으로 이해하고 있다는 것을 보여 주고 있다. 이와 같은 연구 결과는 통합과 연계가 교과만을 통합하는 데서 그치는 것이 아닌 환경적 조건, 교사의 지식 및 학습자 경험의 통합이라는 측면에서 사고되어야 함을 강조하고 있다.

5) 수업전문성 재개념화 연구 동향 비교7)

수업전문성의 재개념화를 주장하는 연구는 기술적 합리성을 지양해야 할 관점으로 보고 있다는 측면에서 전통적 접근 방식에 대한 비판적 문제의식을 공유한다. 대안적 관점에서 연구된 대부분의 연구들은 재개념화의 방향으로 '반성적 실천가'라는 교사의 역할을 포괄적으로 수용하면서 조금 더 세분화된 재개념화의 방향에서는 강조점의 차이를 보였다. 반성적 실천가를 재개념화의 포괄적 방향으로 제시한 이유는 교사를 반성적 실천가로 보는 관점이 다른 유형에 비하여 폭넓은 연구 기반을 가지고 있다는 점, 각 유형별 연구에서 교사를 반성적 실천가로 전제하면서 각각의 재개념화 방향을 주장하고 있다는 점 때문이었다.

한편 개별 연구물에서는 각 유형별 관점을 중심으로 재개념화의 관점을 제시하는 경향도 있었다. 가령 강현석(2005, 2007) 등의 연구는 내러티브를 중심으로 교육과정, 교과교육, 교사교육에 접근하고 있으며 교육과정 개발자로서의 교사 역할을 강조하는 연구(계현아, 2000; 조덕주, 2002)에서는 교육과정을 중심에 놓고 반성적 실천과 현장 개선을 제시하는 경우도 있었다. 연계적 전문성을 주장하는 연구(유현숙, 2002; 소경희, 2003, 2006)들 역시 '연계적 전문성을 기초로 한 교육과정 개발로서의 교사의 모습'을 대안으로 제시하였다. 이는 대안적 관점들이 따로 떨어져 독립적으로 존재하는 것이 아닌, 같은 방향의 지식관과 수업관을 공유하고 있다는 점에서 서로 유기

---

7) 수업전문성의 재개념화 연구 동향을 비롯한 이론적 배경은 진영은·함영기(2009)의 연구 '수업전문성 재개념화 연구 동향 및 과제'를 본 연구의 맥락에 맞게 수정한 것이다.

적이며 상호보완적인 관계에 있다는 것을 뜻한다. <표 1>에 전통적 관점과 대안적 관점에 따른 수업전문성 연구 동향을 비교하여 정리하였다.

<표 1>의 비교에서는 전통적 접근에서 '기술적 합리성'을, 대안적 접근에서 '반성적 실천'을 각각 대표 관점으로 정하고 있다. 기술적 합리성을 전통적 접근으로 본 것은 대부분의 수업전문성 재개념화 연구에서 극복해야 할 전통적 관점으로 보고 있다는 점에 주목한 것이다. 반성적 실천을 대안적 접근의 대표 관점으로 본 것은 연구되어 온 기간이 상대적으로 길었고, 다른 재개념화 방안에서도 기본적인 방향으로 공유하고 있기 때문이었다. 물론 최근 내러티브적 탐구의 주체로서 교사를 조명하는 연구들이 활발하게 제시됨에 따라 대안적 접근의 대표 관점을 '반성적 실천'으로 볼 것이냐, '내러티브적 탐구'로 볼 것이냐 하는 문제는 논의의 여지를 남기고 있다.

전통적 접근에서 가장 중요하게 생각하는 지식은 역시 교과지식이었다. 대안적 접근에서는 교과지식을 기본으로 '실천적 지식'을 주요하게 상정하고 있음을 알 수 있다. 수업관에서는 '수업기술과 수업이해'로 대별되었다. 재개념화의 원천이 되고 있는 교사의 역할 측면에서는 개인의 자질 함양을 우선할 것이냐, 협력적 상호작용에 비중을 둘 것이냐가 대립항에 놓였다.

<표 1> 수업전문성의 재개념화 연구 동향 비교(진영은·함영기, 2009)

구분＼접근방식	전통적 접근	대안적 접근		
관점	• 기술적 합리성	• 반성적 실천		
지식관	• 절대적 지식관 • 교과지식 중시 • 교수지식 강조 • 지식의 전수	• 상대적 지식관 • 통합적, 연계적 지식 • 실천적, 개인적 지식 • 지식의 생성		
수업관	• 수업기술 중시 • 수업의 효과성 강조 • 수업관찰 및 처방	• 이해 및 해석 강조 • 수업의 맥락을 중시 • 수업담화를 통한 상호작용		
교사의 역할	• 교육과정 실행자 • 교사 개인의 자질과 능력의 신장을 강조	• 교육과정 개발 및 재구성자 • 교사 간 협력적 상호작용을 강조		
재개념화의 방향		반성적 실천가 • 자신이 직면한 수업 상황에 적합한 교수·학습 방법을 스스로 탐구하고 반성 • 반성적 수업이란 보다 나은 의사결정을 모색하는 일련의 자기 성찰과 향상의 과정 • 반성적 교수를 위한 도구로 교수일지 제안 • Richards & Lockhart, Schön, Bailey, Curtis, Numan, Valli, Peel & Shortland, Readlin, 서경혜, 유솔아, 조덕주, 이종일, 이진향 등		
		교육과정 개발 및 재구성자 • 교육과정의 목표와 교수행위가 분리될 수 없다는 가정에 기초 • 교사에 의한 학교 교육과정 개발 제안 • 공식적 교육과정의 재구성 • en‑Peretz, 계현아, 조덕주, 소경희 등	내러티브 탐구의 주체 • 인식자 주체의 경험과 반성을 중시 • 교육과정의 잠재력, 해석, 탐구, 재구성 전략 및 실행연구를 전문성 신장 방안으로 제시 • 교사는 내용의 전달자가 아닌 학습의 조력자 • Clandinin, Conelly, 강현석, 이자현, 박순경 등	연계적 전문가 • 교과를 중심으로 하는 전문성은 미래교육 환경에 적절하지 못하다는 가정에서 출발 • 반성적 성찰을 가능하게 하는 환경으로 네트워크를 제안 • 교사 간 협력적 연계를 중시 • Hargreaves, Young, 소경희, 유현숙 등

# 3. 수업전문성의 재개념화를 위한 실천 연구 논의

1) 수업전문성 기준 및 교원능력개발평가

한국교육과정평가원(2006)은 '좋은 수업', '효과적인 수업'을 도모하기 위한 기준을 설정하기 위해 2004년부터 2006년에 걸쳐 수업 일반 및 교과 영역을 중심으로 '수업전문성 기준'을 개발하였다. 그러나 수업전문성 기준은 '좋은 수업과 그렇지 않은 수업', '효과적인 수업과 그렇지 못한 수업'을 구분하는 일종의 잣대에 해당하는 것으로서, 수업관찰·분석 활동에서 관찰 관점으로 적용될 수 있다고 명시하여 강조점이 '교사가 도달해야 할 기준'에 있음을 명확히 하고 있다. 이 기준은 일반 기준을 4개의 대영역, 6개의 중영역, 22개의 기준 요소로 명시하고 이 척도에 따라 교사를 미흡, 기초, 우수, 탁월 등 4개 등급으로 분류하여 각 등급에 따른 개선 사항을 명시하고 있다. 한국교육과정평가원의 수업전문성 기준은 '교사의 수업반성' 및 '동료 교사와의 협력' 등 수업전문성의 재개념적 요소를 삽입하

는 의욕적인 시도에도 불구하고 '교사가 도달해야 할 기준'을 중심
으로 접근함으로써 교사교육의 새로운 요구를 충분히 반영하지 못하
였다.

　전국적으로 실시된 '교원능력개발평가'는 평가영역을 '학습지도'
영역과 '생활지도' 영역으로 구분하고, 다시 학습지도 영역을 '수업
준비', '수업실행', '평가 및 활용' 등의 3개 평가요소로 나누어 제시
하고 있다(2010학년도 교원능력개발평가 표준매뉴얼). 각 평가요소
에는 총 12개의 평가 지표가 나열되어 있다. 수업준비 요소에는 '교
육과정의 이해 및 교수 · 학습방법 개선 노력', '학습자 특성 및 교
과내용 분석', '교수·학습전략 수립' 등 3개의 평가 지표를 포함하고
있다. 수업실행 요소에는 '수업의 도입', '교사의 발문', '교사의 태
도', '교사─학생 상호작용', '학습자료의 활용', '수업의 진행', '학습
정리' 등 7개의 평가지표를 제시하고 있다. 평가 및 활용 요소에는
'평가내용 및 방법', '평가결과의 활용' 등 2개의 평가지표가 있다.
교원능력개발평가 예시에 따르면 각 평가지표에는 3개 정도의 평가
지표 문항을 열거하고 있다. 예를 들면, '교수 · 학습 전략수립' 지표
에는 '수업목표가 교과내용과 일치하고 구체적인가?', '학습주제에
적합한 수업방법과 자료 계획이 수립되어 있는가?', '학생들의 이해
수준과 학습 발전 정도를 확인할 수 있는 평가 계획이 수립되어 있
는가?' 등 3개 평가지표 문항을 제시되어 있다. 이러한 평가지표 문
항에 따라 동료교사, 학생, 학부모는 '매우 우수', '우수', '보통', '미
흡', '매우 미흡' 등 5단계 척도로 평가를 하도록 되어 있다. 평가결
과는 교사 개인에게 통보되며 '능력개발 지원을 위한 맞춤형 연수
등'의 자료로 활용되며, '우수 교원에 대한 별도 프로그램'이 제공되

고, '미흡 교원에 대하여는 단계별 연수'를 부과하도록 하고 있다.

교원능력개발평가는 그 명칭에서 알 수 있듯이 교사들이 도달해야 할 지표를 제시하고 이를 세부항목으로 나눈 다음 도달 정도를 평가한다는 점에서 CBTE적 관점을 크게 벗어나지 못하고 있다. 특히 평가결과를 활용하는 방식에 있어서도 '미흡 교권에 대한 단계별 연수 부과' 등의 처방적 관점에 의존하고 있다. 또한 수업에서 다루어지는 지식의 성격 및 교사의 역할에 대한 정의가 배제된 채 교사 개인의 자질 신장에만 초점을 맞춤으로써 미래 지향적 수업전문성 신장 방향과는 큰 차이가 있다. 따라서 현행 교원능력개발평가의 지속적 시행은 수업의 맥락과 역동성을 간과한 채 모든 교사의 수업을 표준화하려는 시도로 귀결될 것이며, 교사들을 도구적 수업기술에 의존하게 하여 결과적으로 교사의 수업전문성을 신장하기보다 탈전문화 하는 방향으로 이끌 것이다.

2) 수업전문성 재개념화 관련 실천 연구 동향

교사의 수업전문성과 관련한 대부분의 실천 연구물은 수업전문성을 신장하기 위한 '방법론'을 제시하고 있다. 이러한 방법론을 제시하고 있는 연구들은 대체로 수업기술의 개발, 수업의 효과성 제고, 교사 효율성의 제고, 수업에 대한 효과적 관찰과 처방, 수업평가 및 보상을 제시하기 위한 근거로서 수업전문성의 신장 방안을 제시한다. 가령 교사의 수업전문성 신장이 무엇을 향하고 있고 그를 위한 보상

방안은 어떠해야 하는지를 밝히는 연구(곽영순, 2005)는 교사의 수업에 대한 평가 필요성을 전제로 과학교사의 수업전문성 성장과 효과적인 발달을 위한 지원 방안으로 수석교사제를 제안한다. 이러한 관점에서의 연구들은 '수업 능력이 우수하다는 것이 무얼 말하는지'에 대한 객관적이고 타당한 기준이 있어야 하고, 교사 평가의 권위를 인정해야 한다고 본다.

교과에서 필요로 하는 고유한 전문성을 찾아내어 이것을 발달시킬 수 있는 방향으로 교사의 수업전문성 개념에 접근해야 한다는 견해(허신혜, 2006)는 교과 전문성을 수업전문성으로 사고하는 경우이다. 허신혜는 역사교사 양성 과정 연구에서 역사교사에게 요구되는 전문성의 의미는 역사를 교육적으로 재구성하여 가르칠 수 있는 능력이라 보았다. 이러한 능력을 기르기 위한 요소를 추출하여 역사교사 양성과정의 준거를 개발하고 이 준거를 기준으로 역사교사 양성과정에 필요한 교과목을 제안하였다. 즉 바람직한 역사교사가 갖추어야 할 준거가 있고, 이 준거를 합리적으로 개발하는 것이 수업전문성의 전제 조건이라는 것이다.

박민정(2007)은 초등학교 교사들의 통합교육과정 실행 경험을 탐구한 연구에서 교사들이 통합교육과정 실행 경험을 통하여 국가 수준은 물론 학교 및 학년 단위의 교육과정을 총체적으로 꿰뚫어 볼 수 있는 안목과 교과 및 비교과 교육과정을 연계적으로 운영할 수 있는 역량을 키우게 되었다고 하였다. 그러나 이러한 긍정적 경험에도 불구하고 이들의 통합교육과정 실행은 제한적 수준에 머물러 있는데, 그 이유를 통합교육과정에 대한 학부모와 학생들의 인식 부족, 과도한 잡무, 국가 교육과정을 금과옥조로 여기는 풍토 등에 기인한다고 보았다.

　김진국·남상준(2007)은 지리교사에게 요구되는 주요한 전문성의 요소를 분석함으로써 지리교사에게 요구되는 교수·학습 측면에서 전문성을 제고할 수 있는 방안을 제시하였다. 이들은 기존의 선행연구가 수업 모형의 적용 및 수업 평가를 통하여 효과성이 증대되었다는 정도에 머물고 있다고 비판하면서 기술적 실천에서 벗어난 반성적 실천가로서의 전문성 신장을 위한 교사의 역할을 제안한다. 이들은 21세기 지식정보 사회로의 진입 및 급격한 사회변화 속에서 Hargreaves(2000)가 언급한 교사 전문성 개념의 변천 중 '협력적 전문성'이 절대적으로 필요하다고 보고 '협력적 반성'이 지리교사들에게 특히 요구되는 전문가적 자질이라고 하였다. 따라서 이들의 연구는 반성적 실천가로서의 교사상을 근간으로 하면서 지리교사 간 협력을 통한 전문성 신장을 제안했다는 점에서 수업전문성의 실천적 재개념화에 한 걸음 다가섰다고 볼 수 있다. 그러나 반성의 구체적 양태가 어떻게 이루어지는가에 대하여는 '실행연구의 활성화로 교사 스스로 자신의 수업에 대한 반성을 지속시키자.'는 정도의 선언적 수준에 머무르고 있으며, 협력적 전문성 신장 방법 역시 '지리교사 간 협력적 문제해결 및 포커스 그룹의 제안' 등 당위적 제안에 머물고 있다. 이미호(2006)는 초등학교 동 학년 교사들의 학습공동체 형성에 관한 반성적 실천 연구를 통하여 수준별 교육과정 운영의 질적 향상을 확인하고자 하였다. 그러나 개인적 실천에서 학습공동체를 통한 집단 실천으로 집단반성의 의의를 적극적으로 살려보려는 시도에도 불구하고 교사들의 '자율 의지'와 '창의적 업무 수행 능력'이 부족했음을 지적한다.

박성선(2004)은 수학적 지식을 절대적 지식으로만 생각했던 것에서 탈피하여 상대적이며 구성되는 지식으로 생각할 것과 기존의 관점이 수학을 배우는 것이었다면 앞으로의 수학학습은 행하는 것이어야 한다고 제시하였다. 박성선은 수학교사의 전문성 신장은 교사의 교과에 대한 지식으로부터 나온다고 전제하고 이러한 교사의 전문성 신장은 교사 혼자서 달성하는 것보다는 교사 공동체 속에서 협력과 상호작용을 통하여 달성하는 것이 더 바람직하다고 하였다. 그러나 이 연구 역시 몇 개의 수학교사 공동체를 나열, 소개하는 데 그치고 있으며 어떤 환경 속에서 교사들의 협력과 상호작용이 효과적으로 이루어지는지를 탐색하는 데까지는 나아가지 못한다. 학습 주제 간 연계를 다룬 장이채 외(2003)의 연구는 수학교과에서의 함수 단원을 중심으로 수직적, 수평적 연계를 통하여 교육과정 통합을 시도하였다. 특히 수평적 연계를 '현상으로의 연계' 및 '학교-가정 간의 연계'로 설정하고 연계의 도구로는 온라인(web)을 적극적으로 도입해야 한다고 하였다. 연계 방안의 하나로 온라인을 적극적으로 사고했다는 점에서 협력적 연계를 실현할 수 있는 환경에 대한 고민까지 나아갔다는 점에서는 분명 큰 의미를 가지고 있는 연구라 할 수 있다. 그러나 실제 제시하고 있는 온라인 환경은 교과 간 연계를 모색하는 단계로는 확장되지 못하고 있으며 개별 교과안에서 자료 공유 및 첨삭 지도를 위한 일반적 교과 홈페이지의 성격을 띠고 있다. 연구자가 제시한 '수평적 연계'와 '학교-가정 간 연계'까지 연계의 개념을 확장하여 사고한 것에 비하여 실제 동원한 환경은 진정한 연계성의 추구와 다소 거리가 있었다.

최희경·박선호(2006)는 교수일지 작성을 통한 반성적 영어 교수 활동 연구에서 교사들의 교수일지 작성에 나타난 반성의 초점과 교수일지 작성이 교수활동에 도움을 주는지를 알아보았다. 이러한 탐구과정은 교사들로 하여금 자신의 교수 활동을 모색하는 데 도움을 주었으며 자기 평가의 근거가 되어 직업적 발전의 계기가 되었다고 보고하였다. 이와 같은 결과를 토대로 최희경·박선호는 교수일지의 작성이 교사가 자신의 교수 활동 자체를 이해함으로써 교수 활동을 질을 개선하는 반성적 교수를 위한 유용한 도구라고 판단하였다. 동시에 이들은 이 연구를 통하여 교수일지를 지속적으로 작성하는 데 있어 교사들의 업무 부담과 구속력 및 후속 활동의 부재를 문제점으로 꼽고 극복 방안의 하나로 교사 간 협력과 공동 노력을 들었다.

3) 수업전문성 재개념화 관련 실천 연구의 한계

교과 및 개별 교실에서의 수업전문성 재개념화에 대한 실천적 적용을 모색했던 연구들은 주로 교사의 역할 측면에서 '반성적 실천'에 초점을 맞춘 연구들이 대부분이다. 이 연구들은 기존의 기술적 합리성을 근간으로 하는 전통적 수업전문성의 개념에 대한 대안적 관점을 제시하고자 했다는 점에서 큰 의미를 부여할 수 있다. 그러나 교과 및 개별 교실에 접목을 시도했던 연구들은 해당 교과 전문 지식의 강조와 교과 내에서의 협력 강조, 교과 내 학습 주제 간의 연계 등을 강조함으로써 여전히 교과 지식 중심의 패러다임을 벗어나지 못하고 있었으며 교사들의 협력적 실천 측면에서도 교과 공동체를 대안으로 제시하는 등 교과 전문성에 대한 강조에 중점을 두고 있다. 교실에서의 실천 역시 제한된 공간이 가지고 있는 한계로 말미암아 의미 있는 실천의 모습을 보여 주지 못한 채 선언적 수준에 머무르고 있음을 알 수 있었다. 이는 대안적 관점이 수행될 수 있는 환경 조건을 배제한 채, 교과 혹은 교사 개인의 차원에서 반성 절차만 받아들인다고 해서 수업전문성을 실천적으로 재개념화할 수 없다는 점을 암시한다. 오히려 서경혜(2005b)가 지적했듯이 반성이 또 하나의 위계적, 기능적 절차로 전락할 수도 있는 위험성을 보여 준다.

이러한 한계는 반성적 실천의 공간을 교실로 국한하고 수업을 통하여 구성되는 지식을 교과지식을 중심으로 하는 절대적 지식의 전달에서 벗어나지 못한 채 교사들의 개별적 실천과 기능적 반성을 통하여 수업전문성을 재개념화하려고 했을 때 나타나는 문제이다. 비슷한 맥락에서 김대현·박경미(2003)는 학교 교육과정 운영에 관한 교사의 내러티브를 탐구한 실천 연구에서 갑작스럽게 학교 교육과정을 개발하게 된 교사가 지역교육청의 지침, 전년도의 교육과정을 참고하라는 전임 부장교사의 조언 외에 어떤 도움도 받지 못하여 결국 다른 시범학교의 학교 교육과정이나 전년도 교육과정을 답습할 수밖에 없었음을 밝히고 있다. 이는 교육과정의 개발이 개별교사에게 또 하나의 '업무'로 주어졌을 때 나타날 수밖에 없는 한계를 드러내고 있다. 이와 관련하여 주상덕(2002)은 학교 교육과정 개발과 관련한 교사들의 태도 변화를 조사한 연구에서 학교 교육과정 개발에서 야기되는 문제와 갈등 해결을 위해서는 학교 조직을 개선하고 이에 따른 교내 과업을 조정하며 문제 해결력의 역동적, 구인적 인간관계 수립을 위한 의사소통의 기회와 장을 마련하여 토론 문화를 정착하는 것이 바람직하다고 지적한다. 그러나 '의사소통 기회의 장'을 어떤 방식으로 마련하여 토론 문화를 정착할 것인지를 제시하는 데까지는 나아가지 못하고 있다. 의사소통의 문제는 교사들의 실천 문제이지만 이러한 공동 활동을 지원하는 환경의 지원이 뒤따르지 않으면 역시 구호에 머물 수밖에 없다.

윤정일·신효정(2006)은 교사 전문성에 관한 교사, 학생, 학부모의 인식 연구에서 교사들은 아직도 교과 및 교과내용 지식 중심의 정체성을 고수하고 있는 데 반하여 학생, 학부모는 교과내용 지식이 중요한 전문성의 요소가 아닌 것으로 인식한다고 보았다. 그러나 교과 및 교과내용 지식 외에 필요한 전문성의 구성요소를 수요자의 입장에서 접근하려 했다는 의의에도 불구하고 학생, 학부모가 교사의 개별적 배려, 정서적 지지, 인간적 접촉을 중요한 전문성의 요소로 생각하고 있으므로 교사들은 이러한 방향으로 전문성 능력을 유지할 것을 제안하여 여전히 수업전문성이 교사가 개별적으로 신장, 유지하여 학생과 학부모에게 제공해야 할 것이라는 전통적 관점을 벗어나지 못하고 있다.

그런 의미에서 Young(1998)이 제안한 학교 밖 세계와의 새로운 관계 맺음, 유현숙(2002)이 제기하였던 교사 간 협력적 네트워킹, 소경희(2003)가 제안한 교과와 지역을 초월하는 연계망 구축에 대한 문제의식은 많은 시사점을 던진다. 즉 교사들의 실천 공간은 학교 및 개별 교실 차원을 극복하여 협력적 상호작용이 가능한 환경으로 확장하여 사고할 필요가 있다. 최근 교사들의 협력적 상호작용을 통한 수업전문성 신장 환경으로는 '온라인'이 주목받고 있다.

4. 온라인 학습공동체

1) 온라인의 일상화와 교사문화의 변화

'고립화'와 '상호불간섭주의'는 그동안 많은 연구자들이 교사들의 문화를 설명하는 데 동원하였던 개념이었다. 교사들은 대체로 혼자서 일을 하며 자신의 일을 타인과 상의하거나 공동의 문제를 협동하여 해결하는 법이 많지 않고 서로 친해도 교수 문제에 관한 한 상의를 하지 않으려는 특성이 있다(Lortie, 1975). Litte(1990)은 교사들 사이의 협동적 관계를 4가지 유형으로 구분하였는데 훑어보기와 이야기하기, 돕기와 보조하기, 나누기 등 세 가지를 다소 약한 형태의 협동적 관계로 구분하고 '함께 일하기(joint work)'를 가장 강력한 형태의 협동적 관계라고 보았다(Michael Fullan & Andy Hargreaves, 1996). 협동적 관계는 '이야기와 실천'을 통하여 구현된다. 물론 학교 안에서 교사들 상호 간에 전혀 이야기를 나누지 않는 것은 아니다. 교사들은 학교의 업무, 수업, 학생에 대한 이야기를 수시로 교환한다. 그럼에도 불구하고 학교 안에서 이루어지는 교사들의 대화는 한계를 가진다. 학교 안에서 교사 상호 간의 관계는 대체로 공식적이고, 폐쇄적이며, 무관심한 편이다. 학급 간, 교과 간, 학년 간, 세대 간, 남녀 교사 간의 벽은 너무 높아 온정적, 전문적인 상호교류가 이루어지지 않는 편이다(노종회, 1996). 교사들은 학교의 업무나 생활 지도, 그리고 학부모와의 관계를 다루는 일, 교실 밖에서 일어나는 일에 있어서는 비교적 상호작용을 잘하고 있으나 학생들을 가르치는 일에 있어서는 학급의 경계가 손상되지 않기를 바라는 경향이 강하다(이정선, 2000). 이 같은 경향은 그럴싸한 많은 협동의 사례들이 실제로는 매우 '부실한 연계'를 맺고 있으며, 몇몇 코칭 및 멘토링 프로젝트들은 학교문화를 바꾸는 것에 아무런 영향을 미치지 못한다(Litte, 1990)는 지적을 뒷받침한다.

수업 체험을 바탕으로 한 이야기는 교사들이 자발적으로 수업전문성을 신장하도록 유도하는 기제로 작용할 수 있다. 그러나 고립화와 상호불간섭주의로 대표되는 교사문화는 학교 안에서 교사들의 자발적 교류에 큰 장애가 되고 있다. 이로 인해 학교 안에서 교사 상호 간의 협력적 관계를 기반으로 수업전문성을 신장한다는 것은 대단히 어려운 과제가 되어 왔다.

최근 교육현장에는 초고속 학내망의 도입과 ICT 활용교육의 확대 등 변화의 바람이 불고 있다. 교실과 가정에 도입된 초고속 인터넷망은 기존의 학습자원 수집 방법을 송두리째 바꾸어 놓고 있다. 특히 온라인에서는 자료의 공유뿐만 아니라 접속자 간에 시공을 초월한 상호작용이 가능하다는 점에서 유용성이 주목되고 있다. 접속자 간의 자료 공유 및 상호작용은 '컴퓨터 매개 통신(CMC: Computer−Mediated Communication)'을 통하여 이루어진다. CMC는 컴퓨터라는 도구를 통하여 인간들 사이에 이루어지는 의사소통을 말한다(Herring, 1996). CMC 기반의 학습 환경은 시간과 공간을 초월하여 동시적, 비동시적으로 새로운 형태의 의사소통 방식을 제공한다(Berge & Collins, 1995; 정양수, 2008: 130). 특히 CMC 기반에서 이루어지는 문자 중심의 의사소통은 접속자 간의 상호작용을 증대시킨다(정양수, 2008). 아울러 학습의 차원에서 컴퓨터 통신이라는 기술의 일반화는 새로운 교육환경으로서 보다 많은 사람들이 기존의 방식과 다른 방식으로 타인과 관계를 맺고 새로운 학습체험을 하도록 돕는다(정민승, 2000). CMC 기반의 환경에서는 상대방의 얼굴을 볼 수 없는 상태에서 웹기반 텍스트로 의사소통을 한다. 이러한 CMC 환경은 텍스트를 올리기 전에 수정의 과정을 거침으로써 좀 더 이상적인 의사소통이 이루어질 수 있게 하는 장점이 있지만 이는 또한 실세계에서 이루어지는 대화가 갖는 생생함의 결여로 상호 간의 역동적 의사소통에 제한을 주는 요인이 될 수도 있다.

CMC 환경의 대중화는 자신의 교실에서 고립되어 외부와 단절되었던 교사들을 학교 밖의 다른 교사들과 의미 있는 소통을 나누도록 지원한다(함영기·양정호, 2003).[8] 교사들은 온라인에서 만나는 동료와 교수 자원을 통하여 고립의 상태를 벗어난다. 동시에 내 경험을 다른 사람들이 필요로 할 수 있다는 것과 나에게 필요했던 역할을 다른 누군가에게도 해 줄 수 있음을 인식한다. 즉 내가 알고자

---

[8] 국내의 온라인 교사공동체 활동의 사례로는 1997년부터 활동을 시작한 교실밖교사커뮤니티(http://eduict.org), 2000년부터 초등교사를 중심으로 활동하고 있는 인디스쿨(http://indischool. com) 등이 있다. 이들은 수업전문성 신장을 모토로 하는 교사 커뮤니티로 6만~10만 명 이상의 교사 회원을 확보하고 이들의 활발한 교류를 통하여 교사의 자발성에 의한 수업전문성 신장에 많은 노력을 기울이고 있다.

하는 지식들을 나눌 수 있는 그 누군가가 반드시 존재한다는 사실을 깨닫게 된다(Ferdi Serim & Melissa Koch, 1996).

네트워크, 하이퍼링크, 통합이라는 용어를 통해 온라인에서 전개되는 교육적 변화는 이전 시대에 이루어졌던 '영역 구분 및 경계 만들기', 여러 종류의 '위계질서 세우기'가 작위적이라는 사실과 과학적 분석과 조직적 체계화의 한계성에 대한 인식으로부터 비롯되었다고 볼 수 있다(강인애, 2003). 이 같은 지적은 교사교육이 네트워크 사회에 맞는 가치 전환을 토대로 네트워크 사회에 적합한 교사의 위상을 확보할 수 있도록 이루어져야 한다는 제안(정영수, 2006)에 설득력을 더한다. 다시 말해 주로 컴퓨터를 정보 제공의 매체로서 활용하는 데 필요한 기술적 처방에만 주목해 왔던 접근 방식을 온라인 공간의 의미와 가능성, 한계 등을 교육의 구조나 본질에 비추어 해석하려는 노력이 필요하다는 것이다(양미경, 2002).

이러한 맥락에서 볼 때 온라인을 통한 교사들 사이의 네트워크 형성은 단지 온라인이 가진 기술적 측면에만 주목하는 것이 아니라 교사들이 자신의 수업전문성 신장을 위하여 교과, 학년 및 지역을 뛰어넘어 다른 교과 및 다른 교사들과의 수평적 교류와 연계를 촉진할 수 있는 수단이 될 수 있다는 점 때문에 더욱 주목받고 있다.

2) 온라인 학습공동체

온라인은 관심사를 공유하는 다수의 교사들이 서로 의사소통할 수 있는 공간을 제공한다. 온라인의 도움으로 많은 교사들은 교수 활동에 영향을 미치는 이슈에 관하여 서로 의견을 나눌 수 있다. 컴퓨터 매개 통신은 이와 같은 교사들의 의사소통을 가능하게 하는 기반이다. 즉 새로운 교육 패러다임하에서 교육은 네트워킹된 학습의 형태로 이루어지며 네트워킹을 통한 학습은 교육과정의 상호 공유와 자극을 통해 다각적인 학습효과를 갖는 데 유효하다(유현숙, 2002).

교사들은 수업을 성공적으로 진행하기 위해 온라인을 통하여 다른 세계의 사람들과 협력할 수 있다. 온라인에서 교사들의 활동은 기본적으로 자유의지에 기초하여 이루어진다. 타인의 의사소통을 관찰하거나 탑재된 자료를 다운로드 받아 수업에 활용하는 소극적 활용에서부터 공통의 관심사에 대한 의견을 피력하고 토론에 참여하며 자신이 생성한 자료를 공유하는 적극적 활용에 이르기까지 교사는 스스로 판단하고 실행한다. 이런 과정에서 관심 사항을 공유하는 교사들은 수업에서 발생하는 문제들은 혼자 해결하기보다 다른 교사들의 경험과 사례를 참고할 때 훨씬 효과적이라는 것을 인식해 간다. 아울러 학생들을 효과적으로 지도하기 위해 자기 자신도 지속적인 학습을 통하여 지식을 생성, 축적해 가는 '학습하는 존재'라는 것을 깨닫게 된다. 교사와 교사, 학교와 학교 간의 네트워크는 교수활동에 대한 반성적 성찰을 가능하게 하며, 비판적인 친구가 되는 데 도움을 준다(Darling-Hammond & Mclaughlin, 1995; 유현숙, 2002: 135). 이와 같은 변화는 온라인 학습 환경을 기반으로 생성되는 공동체 의식 때문이라고 할 수 있다. 온라인 학습 환경에서 공동체 의식은 참여자들로 하여금 자신이 속한 공동체의 요구를 충족하기 위한 책임감을 촉진하여 다른 참여자들과의 상호작용을 통한 학습과정에 적극적으로 참여하게 한다(이동주, 2004). 가상의 공간에서 수업 경험을 통한 타자와의 만남은 자신을 돌아보는 계기로 작용하며 자신의 수업에 대한 검증과 성찰을 지속적으로 제공한다. 학교 안에서 교사와 수업담화를 회피하고, 타인의 수업에 대하여 간섭하려 하지 않는다고 해서 교사들의 수업 개선 의지가 없는 것은 아니다. 자유의지에 기초하되 비형식적 공간으로 부담을 덜어주는 온라인 공간에서 실세계와는 또 다른 의미 있는 '학습하는 교사'로서의 모습을 구성한다.

그러나 온라인에서 일어나는 경험들이 모두 교육적인 것은 아니다. 온라인은 사용자들의 개별화를 더욱 부추기기도 하며 단지 특별한 기술적 편리함만을 제공해 주는 것으로 사고되기도 한다. 교사들도 종종 온라인에서 심적인 부담과 마음의 상처를 받는 일이 생긴다. 공간은 온라인이지만 교사들의 정서나 책임감이 유사하게 반영되기 때문이다. 아울러 전적으로 자유의지에 기초한 비형식적 활동을 전개하는 데서 오는 방향의 상실 및 통제 불능의 상황도 예상할 수 있다. 온라인에서 일어나는 경험을 가치 있는 것으로 만들어 가기 위해서는 참여하는 교사들의 개별 활동이 통일성 있게 조직되면서 질적인 변화가 일어나도록 하는 상황을 구성해야 할 필요가 있다(허희옥, 2007). 교사들의 변화를 촉진하는 상황을 구성하기 위한 환경적 조건을 마련하기 위한 방법으로 '온라인 학습공동체(online learning community)'가 주목받고 있다.

'온라인 학습공동체'는 컴퓨터 매개 통신을 기반으로 공통의 학습 목적을 가진 개인들이 지속적인 교수적·사회적 상호작용을 하면서 지식과 경험을 공유하고, 이를 기반으로 새로운 지식과 경험을 창출하며, 개인과 공동체가 동시에 성장하는 집단을 말한다(McLellan, 1997; Wilson & Ryder, 1998; 강명희, 임병노, 2002, 한승희,

2002; 서희전, 2004). 온라인 학습공동체에서는 지식 공유를 통해 유의미한 학습이 이루어진다. 지식공유를 통한 학습이란 타인과의 상호작용을 통해 지식을 공유하고 새로운 지식을 창출하는 것으로 사회적인 상호작용 과정에서 일어나는 학습을 의미한다(Jonassen & Land, 2000; Kang & Byun, 2001; 서희전, 2004). 온라인 학습공동체에서 학습자는 자율성과 주체성을 바탕으로 합리적 의사소통을 할 수 있는 존재이다. 이는 교사의 존재를 논할 때 가르치는 자로만 접근하는 것이 아닌 '함께 학습하는 자'라는 새로운 위상을 부여하여 능동적으로 지식을 구성해 가는 주체라는 점을 상기시킨다.

교사 입장에서 온라인 학습공동체 활동을 통하여 교육적 경험을 축적해 나가는 과정은 그 자체로 의미 있는 학습의 과정이다. 온라인을 활용하는 교사들의 행동 양식은 매우 다양하여 단지 뉴스 검색이나 이메일 정도만 사용하는 경우도 있고 온라인이 가진 특성을 십분 활용하여 확장된 의사소통의 공간으로 이용하는 경우도 있다. 학습자의 입장에서 보면 온라인은 무한한 학습자원의 저장고일 뿐만 아니라 다른 학습자를 만나 학습 내용을 교환하고 지식을 생성, 축적해 가는 쌍방향 의사소통의 장이다.

기술적 합리성에 기초한 수업전문성 신장 방안은 절대적 지식관에 기초한 교과지식의 전달에 초점을 두고 있다는 측면에서 교사를 교육과정의 실행자에 머물게 함과 동시에 빠르게 변화하는 교육환경에 적응하기 힘들다는 것은 이미 앞에서 지적된 바 있다. 이에 대한 대안적 관점에서 반성적 실천에 토대를 둔 교육과정의 개발 및 재구성자, 내러티브 탐구의 주체, 연계적 전문가로서의 교사 역할이 재정의되고 있으나 이를 실천적으로 뒷받침할 수 있는 교육환경의 문제로 인해 의미 있는 재개념화 작업이 이루어지고 있지 못한 실정이다. 교육환경의 문제 측면에서 접근해 보면 여전히 교사가 자신의 교실에서 고립적으로 교과지식을 전달하는 수업을 진행할 수밖에 없고 교사들의 문화적 특성상 타인의 수업에 간섭하거나 간섭받지 않으려하기 때문이다.

교사들의 수업 지식을 공유하는 온라인 학습공동체 활동은 위와 같은 문제들을 극복할 수 있는 교육환경 측면에서 접근해 볼 수 있는 하나의 대안이다. 가령 온라인 커뮤니티를 통하여 수업 지식을 교류하는 교사들은 다른 교사들의 다양한 수업사례를 통하여 자신의 수업을 돌아보게 되고, 보다 바람직한 방향으로 개선하기 위해 노력한다. 또한 이러한 과정에서 정형화된 수업모형이 모든 환경에서 똑같이 효과를 발휘하는 것은 아니라는 것을 알게 되고 자신의 교실, 자신이 지도하는 학생들의 조건에 맞는 수업방법을 고민하게 된다. 더 나아가 온라인을 통하여 만나게 되는 다른 학교, 다른 지역, 다양한 연령대의 교사들과 교류하면서 관심사를 공유하는 네트워크를 형성, 발전시켜 나간다. 이러한 현상들은 고립화와 상호 불간섭주의 등으로 대표되는 교사들의 문화가 인터넷의 일상화에 따라 다른 형태로 개선될 수 있음을 시사한다. 즉 본인이 근무하는 학교에서는 수업 공개를 기피하고, 타인의 수업을 간섭하려 하지 않지만 온라인 공간에서는 학교와 지역을 뛰어넘어 다른 교사들과 협력적으로 교류할 수 있다는 교사들의 의지와 실천 가능성을 엿보게 한다.

그러나 단지 온라인 공간만 주어진다고 해서 교사들이 저절로 모여서 그들의 수업을 반성하고 수업 개선을 위하여 노력하는 것은 아니다. 교사들의 온라인 학습공동체가 효과적으로 운영되기 위해서는 몇 가지의 조건이 필요하다(Wilson & Ryder, 1996; 이상수·김회수, 2003: 100). 분산된 통제방식을 통한 권한과 책임의 공유, 모든 구성원들이 새로운 지식 창출과 공유를 위한 공헌, 융통성 있는 학습활동, 구성원들의 자율성, 높은 수준의 상호작용과 협력활동, 구성원들의 적극적인 참여를 보장하는 유인책 등이 그것이다.

제3장 |

데이터 수집 및 분석

1. 연구 방법의 선정

　온라인 공간에서 이루어지는 교사들의 수업담화를 분석하는 본 연구는 교사들이 어떤 방법과 내용으로 온라인 지식교류 활동에 참여하는지, 교사들의 교류 참여 행위가 수업전문성의 실천적 재개념화에 어떤 시사점을 주는지 탐색하는 데 목적이 있다. 이를 위해 이 연구에서는 '질적 사례연구(qualitative case study)'를 연구 방법으로 채택하였다. 질적 사례연구는 하나의 보기, 현상 혹은 사회적 단위에 대한 철저하고 총체적인 서술과 분석이다(Merriam, 1988). 우리는 어떤 것이 매우 중요하다고 판단될 때 사례연구를 하며, 그것이 주어진 상황에서 어떻게 상호 작용하는지에 대한 세부 사항을 알고자 한다. 사례연구는 단일 사례의 독특성과 복잡성에 대한 연구이며, 중요한 상황들 속에서 사례가 전개되는 방식에 대해 이해하고자 하는 연구 방식이다. 질적 연구자는 사건들의 뉘앙스나 주어진 상황 속에서 벌어지는 일들 간의 연속성, 각 개인을 총체적으로 보는 것을 강조한다(Stake, 1995).

　이 연구에서는 중앙교수학습센터(http://www.edunet4u.net) 지식교류 커뮤니티에서 이루어진 교사들의 온라인 지식교류 활동 사례를 하나의 연구 대상으로 보았다. 교사들의 교류 내용 및 교류 활동에 참여했던 교사들의 발언이 분석 대상이 되었다. 온라인 공간에서 교사들의 교류 내용은 연구자의 영향력이 미치지 않는 상태에서 기록, 공유되기 때문에 '비개입 데이터'9)의 속성을 가진다. 데이터는 온라인상에 구축된 데이터베이스에 저장되어 있어 언제든 열람, 공유될 수 있다. 본 연구에서는 교사들의 교류 내용을 담고 있는 데이터를 Hatch(2002)가 제안한 방법에 따라 수집, 분석하였다. 수집 대상이 되는 데이터의 선정은 일차적으로 정보 제공자로 선정된 교사들의 교류 내용 중 연구 문제와 관련도가 높은10) 사항들로 정하였다.

일반적으로 교실이나 학교의 상황을 묘사, 분석하는 사례연구와 달리 본 연구는 특정의 온라인 공간에서 교사들이 나누는 수업담화에 주목하였다. 따라서 온라인 사례가 갖는 속성과 특징에 대한 유의가 필요하다. 온라인에 탑재된 사례는 '디지털 데이터'이며 '하이퍼미디어(hypermedia)'와 '상호작용(interactivity)'을 기반으로 한다. 하이퍼미디어는 인간의 사고와 연상의 흐름을 가장 유사하게 구현해낸 하이퍼링크 기능, 저자와 사용자 혹은 사용자들끼리의 의사소통을 가능하게 하는 상호작용 기능, 인간의 다감각을 모두 활용하고

---

9) 비개입 데이터의 종류에는 인공물, 흔적, 문서, 사적 교신, 문서기록부, 사진 및 보관 문서 등이 있다. 교육 연구자에게 비개입 데이터란 아동의 작품, 교사의 교안 사본, 교구의 수집물 등을 포함한다. 비개입 데이터는 연구자의 해석과 관계없이 그것만의 이야기를 가지며 인간 활동의 자연스런 흐름을 방해하지 않으면서 수집될 수 있다(Hatch, 2002; 진영은, 2008: 190－191).

10) 연구 문제 관련도가 높다는 것은 본 연구의 연구 취지에 비추어 대안적 관점으로 해석될 수 있는 교류 행위가 있는 경우를 말한다. 가령 본인의 경험과 사례를 중심으로 교류활동을 한다든지, 단순 질의응답보다는 수업과 관련한 이야기를 풀어내는 방식의 교류 활동을 선호하는 경우가 이에 해당한다.

표현할 수 있게 하는 멀티미디어 기능을 가진다(강인애·김은정, 2003). 하이퍼미디어가 인간의 다감각을 모두 활용하고 표현할 수 있다는 사실은 교사들의 온라인 수업담화가 의미를 갖게 하는 데 중요한 매개가 된다는 것을 뜻한다. 온라인 환경에서 하이퍼미디어는 마우스 버튼을 누름으로써 문서 간의 이동과 실행이 가능하다는 특징을 가진다. 따라서 하이퍼미디어 형태의 데이터는 컴퓨터 화면에 보이는 내용뿐만 아니라 첨부파일, 링크를 통하여 연결되는 내용까지를 포함한다. 아울러 하이퍼미디어에는 쌍방향 의사소통을 가능하게 하는 기술적 요소들이 있다. 쌍방향 의사소통에는 메신저 등의 동시적 상호작용, 게시판이나 이메일 등의 비동시적 상호작용 등이 있는데 본 연구에서는 전자 게시판에서 이루어지는 비동시적 상호작용 내용이 수집 데이터가 되었다. 또한 디지털 데이터는 지속적인 갱신과 업데이트가 가능하다는 특징이 있다. 이는 데이터 자체가 정지 상태로 마무는 것이 아니라 연속선상에 있다는 것을 의미하기 때문에 주기적인 수집 절차를 요구한다.

2. 정보 제공자 선정 및 연구 기간

온라인 지식교류 활동에는 모든 교사들이 제한 없이 참여하여 수업 지식을 교류하였지만 이 중에서도 연구문제와 관련도가 높은 교류 사례를 생성한 교사들이 연구 대상이 되었다. 정보 제공자 교사들을 선정하기 위하여 일차적으로 전체 지식교류 활동 사례를 분석하였다. 이러한 분석 과정을 통하여 연구문제와의 관련도, 지속적인 교류 활동의 여부, 면담 가능성 여부 등을 기준으로 연구 과정에서 의미 있는 데이터를 생성, 제공할 수 있는 가능성이 있는지 검토하였다. 이러한 과정을 거쳐 학교급, 교과, 지역 및 경력을 고려하여 최종적으로 5명의 정보 제공자를 선정하였다. 제공자로 선정된 교사들에게는 연구의 취지와 정보 제공의 방식 및 연구 과정상의 윤리 문제 등을 담은 내용의 문서를 전달하여 협조에 대한 동의를 구하는 절차를 진행하였다. 정보 제공자들의 주요 특성을 살펴보면 학교급 별로 초등학교 2명, 중학교 2명, 고등학교 1명이 선정되었으며, 지역 별로는 서울 3명, 경기 1명, 인천 1명으로 구성되었다. 교직 경력은 9년에서 26년까지 분포되었으며, 중등 교사들의 교과는 국어과, 수학과, 과학과가 선정되었다. 정보 제공자들의 지식교류 활동 경력은 2009년 4월 현재 10개월부터 36개월까지의 분포를 보였다. 정보 제공자의 주요 특성은 <표 2>와 같다.

<표 2> 정보 제공자들의 주요 특성

특성 \ 정보 제공자	A교사	B교사	C교사	D교사	E교사
교직경력	13년	9년	26년	15년	14년
성별	여	남	여	여	여
학교급	초등학교	초등학교	중학교	중학교	고등학교
교과	전 교과	전 교과	수학	과학	국어
근무지역	서울	인천	경기	서울	서울
지식교류 활동경력	10개월	10개월	36개월	24개월	36개월

연구 기간은 2008년 5월부터 2009년 4월까지 1년 동안으로 설정하였다. 온라인 지식교류 데이터에 대한 수집 및 분석 작업은 2008년 7월부터 2009년 3월까지의 기간에 집중되었고 정보 제공자들에 대한 면담은 2008년 11월부터 2009년 4월까지 진행되었다. 면담은 정보 제공자 한 명당 온라인 면담 2회, 방문 면담 1회, 그룹 면담 1회 등 총 4회에 걸쳐 이루어졌다. 이 기간을 연구 기간으로 설정한 것은 중앙교수학습센터를 통하여 2004년부터 진행된 지식교류 활동이 초기의 불규칙한 교류 형태가 이 기간 중에 어느 정도 안정화되어 데이터의 지속적 수집 및 분석이 상대적으로 용이하였기 때문이다. 아울러 데이터의 수집과 면담이 종료될 때마다 정해진 절차에 따라 검증의 절차를 가졌다. 검증 절차는 정보 제공자 외에 지식교류 활동에 참여했던 두 명의 교사를 데이터 수집 및 분석에 참여하

게 하여 연구자의 단독 작업으로 인한 편견의 가능성을 최소화하고 분석의 타당성을 높이는 방식으로 진행하였다. 근무학교의 환경 및 지식교류 활동 양태를 중심으로 정보 제공자들의 특성을 좀 더 자세하게 알아본다.

〈A교사〉

서울의 한 초등학교에 근무하는 A교사는 교직경력 13년차가 되며 지식교류 활동에 참여한 지 10개월이 된다. 4학년 담임을 맡고 있고 일주일에 29시간의 수업을 진행한다. 이 중 2시간은 교과전담(도덕, 영어) 시간이다. 그러므로 실제로는 주 27시간의 수업을 담당하는데 모든 초등 교사의 경우가 그러하듯 결코 적은 수업 시수가 아니다. A교사는 과다한 수업 시수와 처리해야 할 업무로 늘 바쁘다고 한다.

A교사가 하루의 대부분을 보내는 교실에는 교탁과 프로젝션 TV 모니터가 있고 38개의 책걸상이 빼곡하게 들어차 있다. 교실 뒤에는 사물함과 게시판, 청소함이 있다. 나무판으로 연결된 교실 바닥은 먼지가 심하게 올라오는 편이고 천장형 온풍기가 있으며 교실 양옆에 선풍기가 2대 있다. 여름에는 무척 덥다고 한다. 또 수업 후에는 특기적성 교사에게 교실을 내주어야 하는 형편이라 불편함이 있다고 한다. A교사의 경우 수업전문성 신장이나 새로운 교수 기법의 습득에 대한 욕구가 강함에도 불구하고 주변 환경이 받쳐주지 않는 것을 안타깝게 생각한다. 동 학년 교사들끼리 수업에 대한 이야기도 나누지만 피상적인 이야기들이고 그보다는 학교 행사나 행정 업무에 대한 의견교환이 더 자주 일어난다고 말한다. 교사들이 공개 수업을 할 때 '보여 주기 위한 수업'을 하는 것에 불만을 가지고 있다. A교

사 본인은 학생들이 적극적으로 참여하는 수업을 좋은 수업이라고 생각한다. 주로 모둠활동을 기반으로 하는 협동학습과 ICT 활용수업을 많이 적용했다. 수업전문성을 신장하기 위한 교사들끼리의 스터디 그룹을 해 보고 싶은 욕심이 있지만 학교 일정이 늘 바쁘게 진행되기 때문에 포기하고 '연수'와 '공개수업 참관'에 많은 시간을 투자한다.

지식교류 활동에 참여한 이후에는 자신의 수업 고민을 털어놓고 서로 이야기할 수 있어서 어느 정도는 수업전문성 신장에 대한 갈증이 해소되었다고 말한다. A교사는 주로 수업이 끝난 시간부터 퇴근 전후의 시간까지 교실에 있는 교사용 컴퓨터를 사용하여 온라인 지식교류 커뮤니티에 접속하고, 자택에서도 종종 지식교류 활동에 참여한다. A교사는 지식교류 활동에서 실명이 아닌 닉네임을 사용하기 때문에 신분을 드러내지 않고도 서로의 수업에 대한 고민을 나눌 수 있는 것이 매력이라고 한다. A교사는 컴퓨터 활용 방법에 대한 질문을 많이 올렸고, 자신의 경험과 사례를 통한 이야기식의 답변을 많이 올렸다.

〈B교사〉

B교사는 인천 지역에 소재하는 초등학교에 근무하며 9년의 경력을 가지고 있다. 6학년을 담당하고 있는 B교사는 교과 전담교사가 수업을 진행하는 영어, 음악 시간을 제외하고 일주일에 27시간의 수업을 맡고 있다. 주로 학년 협의실과 교실에서 교재연구를 하고 있지만 시간이 부족하다고 한다. 학년부장을 겸하고 있기 때문이기도 하고 수업보다는 업무 처리에 더 많은 시간이 소요된다고 말한다.

동료교사들과 교과 단원 및 차시에 대한 노하우나 시행착오를 이야기하는 편이나 수업 전반을 놓고 깊이 있게 담화를 나누고 있지는 못하다고 한다. B교사는 주변의 교사들이 자기만의 특별한 방법을 고집하며 본인 또한 그런 경험이 있다고 고백하였다. 또 교사들이 폐쇄적인 성향이 있어서 자기의 수업을 남에게 소개하려는 마음이 대단히 소극적이라고 보고 있다.

처음 지식교류에 참여하면서 답답하게 느끼던 사항에 대하여 질문을 올려 보았는데 여러 교사들이 자신의 경험을 올려 주어서 상당히 많은 도움이 되었다고 한다. 이때 지식교류 활동이 활성화되었으면 하는 바람에서 적극적으로 참여하기 시작하였다. B교사는 수업이 종료된 다음부터 퇴근 전까지의 시간인 오후 3시~5시경과 심야 시간에 지식교류 커뮤니티에 접속하여 교류 활동을 하였다. 주로 국어, 수학, 사회, 실과 내용에 대한 질문을 많이 올렸으며 체육 수업에 대한 답변을 많이 했다. 본인이 체육 수업에 대한 관심이 큰 탓이기도 했지만 B교사가 체육 수업에 대하여 올린 답변은 그 분량이 길고 경험에서 우러나온 것이 많았다. 지식교류에 참여하면서 느낀 생각은 지식교류가 '결핍 사항에 대한 처방을 통하여 수업기술을 향상시키는 데 도움이 된다.'고 믿고 있으며 '나와 타인의 수업에 대한 이해'에도 큰 기여를 하고 있다고 생각한다.

〈C교사〉

중학교에서만 26년 동안 재직해 온 C교사는 정보 제공자 중에서 가장 경력이 많다. 현재 경기 시흥의 한 중학교에서 교무기획부장으로 재직하고 있다. 담당과목은 수학이며 지식교류 활동에 참여한 지는 36개월이 되었다. 근무하는 학교는 민간참여 방식으로 건축된 신설학교로 교무실, 교실 등이 미래지향적 시스템을 갖추고 있으며 근무하기에 대단히 편리한 구조이다. 교사들은 경력교사 4명, 신규교사 8명 등 총 12명으로 분위기는 대단히 가족적이라고 말한다. C교사는 1학년을 담당하며 일주일에 12시간을 수업한다. 학생들이 직접 참여하는 수업이 바람직한 수업이라고 생각하는 C교사는 강의식 수업과 협동학습을 선호한다. 특히 온라인상에서 실시간으로 형성평가 및 채점까지 진행했던 사이버 학습이 아이들에게 신선한 반응을 일으키면서 온라인을 활용한 수업을 계속하고 있다. 에듀넷에 '수학사랑 교과방'을 4년째 운영해 오고 있으며 2008년에만 다섯 군데의 연수원에서 직무연수를 할 정도로 많은 시간을 연수에 할애하고 있다. C교사는 자신의 수업전문성 신장을 위하여 다방면으로 노력하고 수업 진행에도 최선을 다하며 행정업무 역시 빈틈이 없이 처리하기 위해 노력하는 헌신성과 성실함을 겸비한 교사이다. C교사는 주로 수업이 없는 시간을 이용하여 지식교류 활동을 하였으며 종종 자택의 컴퓨터를 이용하여 저녁 시간에 접속하기도 하였다.

〈D교사〉

D교사는 서울 지역의 사립 중학교에 근무하고 있으며 경력 15년차의 과학교사이다. 대학에서는 화학을 전공하였고 대학원에서 과학교육을 전공하였다. 현재 근무하고 있는 학교에서는 물리와 화학 영역을 담당하고 있다. 학생들은 한 학급에 40명씩 모두 18개 학급으로 배치되어 있다. 이 학교는 비교적 소규모의 학교라서 교무실이 분산되어 있지 않고 한 교무실에 30명의 교사들이 모여 있는 구조이

다. D교사는 이러한 자리 배치가 교재연구나 수업전문성 신장에 도움을 주지는 못한다고 생각한다. 그동안 연구수업을 네 번 했으며 교육청 주최의 공개수업을 한 번 하였다. 수업전문성 신장에 관심이 많아 지역 내 학교에서 발표수업이 있을 때 참관을 하는 편이며 교과학습에 대한 전문 서적도 찾아 읽고 있다.

사립학교 문화의 특성상 학교 안에서는 수업에 대하여 서로 조언을 주고받을 만한 교사가 없다는 것이 D교사의 생각이다. 협의가 이루어지더라도 학생지도에 관한 부분이 주된 내용이고 수업에 대한 이야기는 거의 이루어지지 않는다고 한다. 사립학교이기 때문에 동료교사들이 대체로 20년 이상의 경력자들이어서 자기만의 수업 방식을 나름대로 고수하는 편이며 그것을 서로 나누거나 교류하는 분위기는 아니라고 한다.

D교사는 대학원 과제를 수행하다가 자료를 찾기 위해 에듀넷을 방문하게 되었고 그때 지식교류 커뮤니티가 있는 것을 알게 되었다. 처음에는 다른 교사들의 질의응답 현황을 살펴보다가 용기를 내어 질문을 올렸고 이에 대한 답변을 확인한 후부터 본인도 교류 활동에 적극적으로 참여하게 되었다. 지식교류 활동에 참여하기 시작한 이후에는 학교 안에서 동료교사들과는 나눌 수 없는 수업에 관한 이야기를 다른 학교의 교사들과 나눔으로써 많은 도움을 얻고 있다고 한다. D교사는 교사와 학생 사이에 커뮤니케이션이 잘 이루어지는 수업을 바람직한 수업이라고 생각하고 있다. D교사는 학교에서 빈 강의 시간에 틈틈이 짬을 내어 교무실에 있는 교사용 컴퓨터로 지식교류 활동에 참여하였으며 가정에서도 저녁 시간대에 교류 활동에 참여하였다. 지식교류 활동에서는 주로 독서·논술 영역에 대한 질문을 많이 했

고 실생활과 연계된 과학 교과에 대한 답변을 많이 하였다.

〈E교사〉

서울의 고등학교에서 국어교사로 재직하고 있는 E교사의 경력은 14년이다. E교사는 2년 전까지 중학교에서 근무하다가 고등학교로 전보 내신을 요청한 케이스이다. 현재 1학년을 맡고 있고 주당 수업 시수는 17시간이다. 고등학교에 적응되어 가고 있는 요즈음에는 중학교에 근무했던 경험이 꽤 도움이 된다고 말한다. 특히 지식교류 활동을 하면서 중고등학교에서 제기되는 여러 가지 수업상의 문제들을 통합적으로 접근하는데 유리하다고 말한다. E교사는 의욕이 넘치는 교사이다. 학교 안에서나 밖에서나 본인이 할 수 있는 일을 늘 찾고 있으며 맡겨진 일에 대하여는 강한 책임감으로 조기에 완수하는 스타일이다. 수업에 있어서도 다양한 방법들을 모색하고 적용하면서 자기를 계발해 간다. 쌍방향 교류 속에 아이들의 수준을 고려하면서 흥미를 유발하는 수업을 바람직한 수업의 형태로 생각하고 있으며 '묻고 답하기를 통한 완전학습' 방식을 선호하고 있다. 진도에 쫓겨 지식 전달 위주의 수업을 진행할 때 아쉬움을 많이 느낀다고 한다. 교무실 구조는 높은 칸막이로 각 자리가 구분되어 있어 혼자서 교재 연구를 하기에는 좋지만 동료교사와 대화하기에는 오히려 불편한 구조라고 말한다.

E교사가 중학교에 근무할 때 에듀넷을 즐겨 사용하다가 지식교류 코너를 알게 되었고 국어과 영역의 질문을 올리면서 활동에 참여하게 되었다. 다른 지역에 있는 국어교사가 올린 질문에 답변을 하면서 신선한 충격을 받았고 큰 자부심을 느꼈다고 말한다. 처음에는

답변 하나를 작성하는 데 몇 시간이 걸렸고 본인이 가지고 있는 자료를 모두 찾아서 재구성한 후 답변을 올렸다고 한다. E교사 역시 교무실에 있는 교사용 컴퓨터를 활용하여 지식교류 활동에 참여하였고 가정에서도 자주 접속하였다. 특히 본인의 실명을 거론하며 자문 요청을 하는 경우도 있어서 가급적이면 신속하게 답변을 하기 위해 자주 인터넷에 접속하였다. E교사는 주로 국어 교과 수업과 관련한 구체적인 수업 방법 및 노하우에 대한 질문과 답변을 많이 올렸다.

3. 데이터 수집 및 분석

1) 온라인 지식교류 활동 사례 수집

초기 데이터의 수집은 주로 온라인 지식교류 내용을 열람하고 분석하는 것으로 시작되었다. 일차적으로 연구 기간 중 탑재된 모든 지식교류 내용을 확인하였다. 연구 기간 중 탑재된 지식 교류 데이터는 질문 2,497건, 답변 4,165건 등 총 6,662건이었다. 그중에서 연구문제와 관련도가 높은 것들은 별도로 정리하여 수집, 분석하였다.[11] 특히 이 과정에서 연구문제와 관련도가 높은 교류 내용을 보이는 교사, 지속적인 교류 활동을 보이고 있는 교사들을 정보 제공자로 선정하고 이 교사들의 교류 내용을 집중적으로 수집, 분석하였다. 온라인 지식교류 커뮤니티는 기본적으로 중앙교수학습센터에 접속한 교사들이 제한 없이 접근할 수 있는 구조로 돼 있다. 교사들은

---

11) 데이터는 정보 제공자들이 생성한 질의와 응답을 기본으로 수집하였으며, 정보 제공자가 질문자인 경우에는 그 질문에 답한 모든 교사들의 답변이 사례로 선정되었다. 정보 제공자가 답변자인 경우에는 해당 항목에 대한 질문과 함께 이루어진 복수 답변들 중 정보 제공자의 답변과 관련성이 깊은 것들이 사례로 선정되었다.

지식교류 메뉴에 접근하여 참여 방식에 대한 간단한 안내를 보고 본인이 수업을 진행하면서 느꼈던 고민거리나 필요한 자료 요청 내용을 담화 형식으로 게재한다. 그러면 이 게시물을 본 다른 교사가 자신의 경험에 비추어 답변이 가능한 것이면 답변을 등록하고, 또 다른 교사 역시 교류된 질문과 답변을 보고 자신의 의견을 추가하여 올리는 방식으로 진행된다. 간단한 동영상 매뉴얼은 참고용으로 제공될 뿐 지식교류 커뮤니티의 사용 방식은 전적으로 사용자에게 달려있다. 교류의 형식을 제한하는 어떤 장치도 없고 모든 내용은 사용자에 의해서만 축적, 갱신된다.

교류는 온라인을 기반으로 이루어지는 교사들의 수업담화 형식으로 이루어진다. '온라인 수업담화'는 교사들이 온라인을 통하여 주고받는 수업 이야기이다. 이야기는 질문과 답변을 기본으로 하며 중앙 교수학습센터 지식교류 커뮤니티에 디지털 데이터로 축적되었다. 분석 대상이 되는 데이터는 연구자의 의도가 미치지 않는다는 의미에서 '비개입적 데이터'의 성격을 띠고 있다. 비개입 데이터는 연구 참여자의 인지, 해석 및 편견을 통해 여과되지 않는다는 점에서 비반응적이라고 알려져 있다. 비개입 데이터는 데이터 수집이 일상생활의 진행 중인 사건을 간섭하지 않는다. 본 연구에서 사용한 비개입 데이터는 주로 교사들의 수업 담화를 기본으로 한 게시물, 첨부 자료, 댓글 등으로 이루어져 있다.

아울러 지식교류 활동 데이터는 기본적으로 디지털 매체의 형태로 존재한다. 따라서 디지털 매체가 갖는 대부분의 속성을 공유한다. 즉, 하이퍼미디어 및 상호작용적 기능 등이 그것이다. 참여하는 교사들은 교류 활동 데이터 안에서 마우스 버튼을 눌러 다른 문서를 보거나 첨부자료를 내려 받을 수 있다. 또한 상대방의 글에 대하여 동의하는 의견은 물론 다른 의견을 작성하여 실시간으로 등록할 수 있다. 그러므로 온라인 기반의 디지털 데이터의 수집은 주기적으로 이루어져야 하며 수집된 데이터는 파일의 형태로 저장되거나, 인쇄된 문서 형태로 축적되었다.

2) 정보 제공자 면담

질적 사례연구에서는 각 참여자들에게 똑같은 질문을 가지고 행해지는 경우는 드물다. 오히려 각 참여자는 독특한 경험, 특별한 이야기를 가지고 있는 것으로 기대된다(Stake, 1995). 지식교류 활동에서 독특한 경험과 특별한 이야기는 주로 본인의 수업 경험과 관련한 담화 형식의 이야기를 타인과 교환하면서 축적해가는 데이터이다. 지식교류 활동 데이터 수집 과정에서 선정된 정보 제공자들과는 연구 문제와 관련된 쟁점 사항을 중심으로 면담을 진행하였다. 정보 제공자들과의 면담은 개인별로 온라인 면담 2회, 방문 면담 1회 등 총 15회와 전체를 대상으로 하는 그룹 면담 1회가 진행되었으며 2008년 11월부터 2009년 4월에 걸쳐 이루어졌다. <표 3>은 정보 제공자들에 대한 면담 일정과 소요시간을 나타낸 것이다.

<표 3> 면담 일정 및 소요 시간

구분 교사	온라인 면담		방문 면담			그룹 면담
	1차	2차	일시	장소	소요 시간	일시, 장소 및 소요시간
A교사	2008. 12. 14	2009. 3. 9	2009. 1. 11	민토 세미나실	54분	2009. 4. 26 연구실 92분
B교사	2009. 12. 13	2009. 2. 25	2009. 1. 23	연구실	75분	
C교사	2008. 12. 14	2009. 3. 3	2009. 1. 17	근무학교	57분	
D교사	2008. 12. 19	2009. 2. 23	2009. 1. 28	근무학교	50분	
E교사	2008. 12. 18	2009. 3. 7	2009. 2. 25	연구실	59분	

온라인 면담은 두 차례에 걸쳐 이루어졌으며, 정보 제공자로 선정된 교사들에게 질문지를 발송하고 여기에 답변을 기술하여 연구자에게 회신하는 방식으로 진행하였다. 질문 항목은 사전에 준비되었으며 구조화된 면담의 형식을 취하였다. 1차 온라인 면담에서는 정보 제공을 위한 기본 사항과 지식교류 활동에 참여한 동기 및 온라인 지식교류 활동과 관련한 정보 제공자의 생각을 묻는 방식으로 진행하고, 2차 온라인 면담에서는 1차 온라인 면담 및 방문 면담 내용을 근거로 좀 더 구체적인 내용으로 진행하였다. 방문 면담은 1, 2차 온라인 면담 사이에 진행하였으며, 정보 제공자가 근무하는 학교 혹은 기록과 녹음이 가능한 안정적인 장소에서 이루어졌다. 면담은 공식 면담 방식으로 구조화된 면담과 반구조화된 면담을 혼합하여 정보 제공자 일인당 50분~75분 정도 진행하였다. 그룹 면담은 정보 제공자 및 검증 역할을 한 교사들이 한 자리에 참석하여 약 90분 동안 서로의 의견을 교환하는 방식으로 이루어졌다. 면담의 준비와 방식은 Hatch(2002)의 질적 면담 방법을 적용하였다. 연구자는 온라인에

서의 지식교류 활동 내용을 근거로 정보 제공자의 의견이 필요한 부분에 대하여 질문지를 준비하였지만 이에 개의치 않고 주로 정보 제공자의 이야기를 자유롭게 듣는 것으로 진행하였으며 각각의 면담은 녹음 및 전사되었다. 질문지는 필수 질문과 배경 질문이 포함하도록 작성하였고, 필수 질문은 연구 문제의 핵심에 접근하기 위한 문항들로 설계하였으며 이 질문들에 구조를 부여하기 위해 Spradley(1979)가 분류한 방식인 기술적 질문과 구조적 질문을 적절하게 혼합하였다. 기술적 질문은 지식교류 활동에 참여했던 정보 제공자들이 자신들의 경험과 사례를 말로 풀어내는 데 가장 유용한 방식이며 구조적 질문은 정보 제공자들에게 그들의 지식을 어떤 범주나 영역으로 설명할 것을 요청하는 데 있어 적합한 방식이다. 아울러 구조적 질문 방식은 수업전문성의 재개념화와 관련하여 연구자가 분류한 범주와 정보 제공자들의 발언을 비교, 탐색하기에 유용한 질문 방식이다.

정보 제공자에 대한 존중과 좋은 데이터를 얻기 위하여 Hatch(2002)가 제안한 효과적인 질문을 작성하는 방법을 적용하였다. 이 중에서도 개방형 질문, 정보 제공자에게 익숙한 언어의 구사, 명확성, 중립성, 연구의 목적과 관련한 응답 생성하기에 비중을 두었다. 이러한 질문 방법은 연구 준비 단계에서 세밀하게 설계되었다. 그 이유는 정보 제공자를 특정한 방향으로 이끌지 않고, 답변을 연구자의 판단 없이 받아들여서 그들의 관점에서 사례를 조명하는데 기여하는 방식이기 때문이다. 정보 제공자가 언급하는 독특한 사례들은 Hatch(2002)의 선택적 데이터 수집 전략에 따라 동질 표본, 전형 사례, 중대 사례 등에 좀 더 비중을 두고 청취하였다. 모든 면담은 종료 직후 전사되었다. 전사 과정에서 명료화되지 못한 내용들에 대해서는 전화 혹은 이메일로 추가 확인 작업을 거쳤다.

온라인 면담과 방문 면담 절차가 모두 종료된 후에 데이터를 분석하는 과정에서 다섯 명의 정보 제공자들을 한 자리에 참석하게 하여 그룹 면담을 진행하였다. 그룹 면담에서 사용할 질문 사항들은 연구자가 면담 중간에 자연스럽게 삽입하는 방식으로 답변하도록 하였으며, 정보 제공자들이 가지고 있는 생각이 상호 교환되는 것에 주목하였다. 이 자리에서 정보 제공자들은 이미 진행되었던 개별 면담에서의 발언을 더욱 명료하게 하거나 혹은 수정하였다. 이와 같은 일련의 절차들은 그동안 수집된 정보 제공자들의 사례를 자연스럽게 검증하는 역할을 하였다.

3) 데이터 분석

데이터 분석은 의미를 찾기 위한 체계적인 탐색이며 학습된 것을 다른 사람과 소통할 수 있도록 하는 질적 데이터의 처리 과정이다. 분석은 연구자가 패턴을 이해하고 주제를 확인하며, 관계의 발견과 설명의 발전, 그리고 해석과 비평을 시작하거나 이론을 생성할 수 있게 하는 방식으로 데이터를 조직하고 질문하는 것을 의미한다 (Hatch, 2002; 진영은, 2008: 236 재인용). Hatch(2002)는 질적 데이터 분석 방법을 유형적(typological), 귀납적(inductive), 해석적(interpretive), 정치적(political) 그리고 다성적(poly-vocal) 모형 등 다섯 가지로 구별하여 제시하고, 유형적 분석에 대하여 전체 데이터 세트를 이미 결정된 유형에 기초하여 집단이나 범주로 구분함으로써 분석을 시작하는 것이라 하였다.

본 연구에서는 Hatch의 질적 데이터 분석 모형 중에서 '유형적 분석'을 데이터 분석 방법으로 적용하였다. 유형적 분석 방법을 적용한 것은 앞의 이론적 배경에서 수업전문성의 재개념화 방식에 대한 기존 연구의 분류 방식과 범주화를 통한 비교 방식을 적용하기 위해서였다. 이를 위하여 네 가지의 재개념화 관련 분류에 전통적 수업전문성 개념을 포함하여 총 다섯 개의 영역으로 범주화 한 후 수집된 사례가 각각 어디에 해당되는지, 혹은 둘 이상의 다중 유형에 속하는지 분석하였다. 분석에서는 각각의 사례들에서 핵심 개념이 무엇인지를 먼저 파악하고 유형 내에서 패턴과 관계 및 주제 찾기를 통하여 애초에 범주화하였던 유형의 요소들과 어떻게 일치하는지를 추적하는 방식으로 진행하였다. 온라인 지식교류 활동 사례들은 이런 방식으로 수집 및 유형 분류, 비교, 대조, 정리되는 절차를 거쳤다. 본 연구에서 수집된 데이터는 비개입 데이터, 온라인 면담 및 방문 면담 데이터, 그룹 면담 데이터 등이다. 가장 중요한 데이터의 원천인 비개입 데이터는 일차적으로 정보 제공자들의 온라인 지식교류 사례를 중심으로 수집, 분석되었다. 정보 제공자들의 면담 데이터들은 지식교류 사례를 분석함에 있어 추가적인 정보를 제공하였으며, 부분적으로는 검증의 역할로도 기여하였다.

Hatch(2002)는 면담 연구와 포커스 그룹 연구의 데이터를 분석하는 것을 돕는 데 특히 유용한 유형적 분석 전략을 개발하였다. 이를 간략히 서술하면 ① 분석 유형의 확인, ② 유형 관련 표제어 표시 및 데이터 해독, ③ 유형에 의거하여 표제어의 핵심 개념 요약 및 해독, ④ 유형 내에서 패턴, 관계 및 주제 찾기, ⑤ 확인된 패턴에 따라 표제어 부호화 및 일치 방식을 조사, 기록, 해독하기, ⑥ 패턴이 데이터에 의해 지지되는지 확인, ⑦ 확인된 패턴 간 관계 찾기, ⑧ 패턴들을 한 문장으로 된 일반화로 작성, ⑨ 당신의 일반화를 지지하는 데이터 발췌 선택 등이다.

이와 같은 맥락에서 유형적 분석 방법은 본 연구를 진행함에 있어 지식교류 활동으로부터 도출된 각각의 사례들이 수업전문성의 재개념화 방안으로 범주화시킨 것들과 얼마나 유사성을 갖는지를 알아보는 데 있어 가장 적합한 방식이라고 판단하였다.12) 본 연구에서는 Hatch의 유형적 분석 전략에 따라 <표 4>와 같이 데이터 분석 방법과 절차를 설계하였다.

〈표 4〉 Hatch(2002)의 유형적 분석 단계 및 본 연구에서의 적용 절차

Hatch(2002)의 유형적 분석 단계	본 연구에서 적용한 단계
① 분석 유형의 확인	이론적 배경을 통하여 확인된 수업전문성의 재개념화 관련 분류 유형 확인
② 유형 관련 표제어 표시 및 데이터 해독	수업전문성의 재개념화 관련 연구물들이 갖는 표제어를 확인하고 지식교류 활동 사례와 면담을 통하여 드러난 데이터를 해석
③ 유형에 의거하여 표제어의 핵심 개념 요약 및 해독	기본적으로 위 ③의 연장선에서 이루어지는 데이터의 해독 작업이며 여기서는 핵심 개념 위주로 요약
④ 유형 내에서 패턴, 관계 및 주제 찾기	지식교류 사례와 면담 데이터를 토대로 유사 패턴과 의 관련성 및 의미를 나타내는 주제 찾기

---

12) 어떤 교사의 수업 행위를 놓고 전통적 관점에서 비롯된 것인가, 대안적 관점에서 비롯된 것인가를 판단하기란 대단히 어렵다. 전통적 관점과 대안적 관점은 종종 혼재되어 있으며 단위 수업 시간 안에서 수차례 반복하여 드러나는 특성이 있기도 하다. 마찬가지로 대안적 관점의 유형들 역시 어느 한 가지로 특정할 수 없을 때가 많다. 또 대안적 관점에 선 실천들은 그 내용에서 상당 부분 유사성을 갖기 마련이다. 따라서 본 연구에서 분류하는 몇 가지 유형들은 위에서 제시한 표제어나 내용 분석에 의존하지만 직관적으로 발견되지 않는 속성들에 주목함으로써 이해와 해석의 과정을 거쳐 분류되었다. 이해와 해석에 의한 분류는 기능주의의 함정에 빠진 교사교육이 '탐구적 실제 맥락'을 회복해야 한다는 차원에서 이루어지는 것이다.

Hatch(2002)의 유형적 분석 단계	본 연구에서 적용한 단계
⑤ 확인된 패턴에 따라 표제어 부호화 및 일치 방식을 조사, 기록, 해독하기	사례로부터 유사 패턴이 확인되면 이들을 부호화하거나 일치 방식을 조사하여 기록
⑥ 패턴이 데이터에 의해 지지되는지 확인	설정된 유형과 데이터 성격을 비교하여 지지 여부 확인, 지지 여부가 불확실한 경우 기타로 분류
⑦ 확인된 패턴 간 관계 찾기	분류된 유형들이 서로 어떤 연관성을 갖는지, 이를 포괄하는 상위 개념을 설정할 수 있는지 검토
⑧ 패턴들을 한 문장으로 된 일반화로 작성	전체 결과의 일반화가 아닌 유형 안에서의 유사성을 찾아 작성
⑨ 일반화를 지지하는 데이터 발췌 선택	지식교류 사례와 면담 데이터를 통하여 유형 내에서의 일반화에 접근되는 데이터를 발췌하여 기술

위와 같은 분석틀을 사용하여 데이터를 분석하는 일련의 과정은 데이터 분석 단계에서 연구자가 가진 주관적 함정을 피해 가면서 본 연구가 의도했던 몇 가지 유형의 대안적 제안들이 수업전문성 재개념화의 실천적 탐색에 기여하는 정도를 보다 쉽게 조명할 수 있도록 해 줄 것이다.

4) 검증 방법

질적 사례연구에서는 연구 결과를 일반화하는 데 관심을 갖는 대신 개별 사례의 독특한 의미에 주목한다. 개별 사례가 갖는 독특한 의미는 데이터에 대한 포괄적이고 정확한 묘사를 어떻게 하는가에 따라 달라질 수 있으며, 얻고자 하는 결론에 도달하기 위한 해석을 제공하느냐의 여부에 따라서도 달라질 수 있다(Stake, 1995).

데이터의 수집 및 해석에 대한 일관성과 타당성을 높이기 위한 방법으로 삼각검증(triangulation) 방법을 사용한다. Denzin(1978)은 삼각검증의 방법을 자료원에 대한 삼각검증(data source triangulation), 연구자 삼각검증(investigator triangulation), 이론적 삼각검증(theoty triangulation), 방법론적 삼각검증(methodological triangulation) 등 네 가지로 분류하였다. 연구자는 네 가지의 삼각검증 방법 중 '연구자 삼각검증'이 데이터의 수집과 분석 과정에서 생길 수 있는 연구자의 주관성을 줄이고 데이터의 신빙성을 높이는 데 적합하다고 판단하였다. 연구자 삼각검증 방법은 다수의 연구자(조사자)들을 연구의 과정에 개입시킴으로써 연구의 신뢰성을 높이고자 할 때 사용하는 것이다. 그런데 현실적으로 다른 연구자들로 하여금 직접 관찰하게 하는 것이 불가능하기 때문에 수집한 데이터를 제시한 후 복수의 연구자에게 토의를 의뢰하는 과정이 중요한 방법으로 사용된다(Stake, 1995).

본 연구에서는 정보 제공자 외에 지식교류 활동에 참여했던 두 명의 교사를 데이터 수집 및 분석 과정에 참여하게 하여 연구자의 단독 작업으로 인한 편견의 가능성을 최소화하고 분석의 타당성을 높이고자 하였다. 검증 절차는 정보 제공자 교사들로부터 1차 데이터 수집이 이루어진 직후와 방문 면담이 종료된 후에 데이터를 함께 검토하고 의견을 제시하는 방식으로 진행하였다. 검증 역할을 맡은 교사들은 수집된 데이터 및 면담 전사자료, 녹취자료를 검토하고 본인들의 의견을 개진하였다. 아울러 정보 제공자들에 대한 그룹 면담 과정에 함께 참여하여 의견을 제시함으로써 연구의 타당도를 높이기 위한 검증 절차에 참여했다.

온라인 지식교류 커뮤니티

1. 온라인 지식교류 커뮤니티

1) 온라인 지식교류 커뮤니티의 구조

온라인 지식교류 커뮤니티[13]는 이 연구에서 가장 중요한 지식교류 활동 사례를 수집한 공간이다. 온라인 지식교류 커뮤니티는 한국교육학술정보원(KERIS)이 운영하고 있는 중앙교수학습센터(http://www.edunet4u.net)에서 교사들에게 제공되는 웹 기반의 수업지식 교류 시스템이다. 이 시스템은 2004년 9월에 시작되어 몇 차례의 개편을 거치며 오늘에 이르고 있다. 처음에는 '온라인 수업컨설팅'의 형태로 수업에 대한 자문을 구하는 의뢰자에 대하여 전문적인 조언을 담당하는 상담자가 있는 활동이었다. 그러나 시간이 지날수록 역동적이고 복잡한 수업 맥락에 대하여 처방을 제시하는 일대일 방식으로는 현장교사들의 다양한 요구를 담아낼 수 없게 되었다. 현재는 현장 교사라면 누구나 자유롭게 질문과 답변을 할 수 있는 열린 구조로 운영되고 있다. 단

---

13) http://www.edunet4u.net/know/qna.list.screen

순화시켜 말하면 지식교류 커뮤니티는 '교사들이 온라인에서 수업에 관련한 이야기를 주고받는 공간'이다. 이 온라인 공간은 질문과 답변을 기본으로 하여 검색창, 자료방 등 기타 메뉴로 이루어져 있다.

[그림 1]은 지식교류 커뮤니티의 초기화면이다. 처음 지식교류 커뮤니티에 접속한 교사는 화면 왼쪽 상단에 있는 동영상 매뉴얼(①)을 참고하여 교류 활동을 시작할 수 있다. 동영상 매뉴얼은 지식교류 활동의 취지와 기본적인 메뉴 사용법에 대한 설명을 담고 있다. 화면 상단에는 이미 진행된 지식교류 내용을 검색할 수 있는 검색창(②)이 있고, 왼쪽에는 교과 영역 및 비교과 영역에 대한 학교급, 학년, 과목을 구분하여 출력할 수 있는 펼침목록(③)이 있다.

[그림 1] 지식교류 커뮤니티 메인화면

화면 오른쪽에 지식교류 커뮤니티의 주 메뉴라 할 수 있는 묻고 답하기 게시판이 있다. 게시판의 구조(④)는 왼쪽부터 카테고리, 제목, 질문자, 등록일 순으로 되어 있으며 제목을 클릭하면 질문과 이에 대한 답변 내용을 열람할 수 있다. 질문의 제목 우측 옆에 붙은 숫자는 지금까지 이루어진 답변의 건수이다. 지식교류 커뮤니티에는 몇 가지의 부가 메뉴(⑤)도 있는데 왼쪽 아래에 보이는 자료 나눔터, 우수 웹사이트, 추천 수업자료 등이 있다. 이들 부가 메뉴들은 모두 지식교류 활동을 풍부하게 하기 위한 보조 역할을 하는 콘텐츠들이다.

2) 지식 검색

정보 제공자들과의 면담을 통해서 알아본 결과 지식교류 활동에 참여하는 교사들은 처음부터 질문이나 답변을 등록하는 경우도 있지만 대개는 '다른 교사들의 교류 활동 엿보기'를 통하여 분위기를 익히고 본인이 원하는 교류 사례가 이미 진행되었는지 '검색'을 실시해 보는 것으로 나타났다. 지식교류 활동에서 검색의 의미는 엿보기라는 소극적 참여에서 한 걸음 더 나아가는 사용자와 지식교류 활동 내용과의 소통 과정이다. [그림 2]는 지식교류 검색창에서 키워드를 '교육과정 재구성'으로 입력하고 검색을 실시하였을 때 출력되는 결과화면이다. 묻고 답하기 영역에 166건, 자료 나눔터 영역에 82건 등 모두 248건의 교육과정 재구성과 관련한 자료가 등록되었음을 보여 주고 있다. 각각의 지식교류 사례에 대하여 제목과 간단한 설명 글이 있으므로 사용자는 이 중에서 본인이 찾고자 하는 자료를 클릭하여 열람할 수 있다.

[그림 2] 검색하기 화면

3) 질문하기

[그림 3] 질문하기 화면

　　정보 제공자 교사들은 처음 지식교류 커뮤니티에 접속하게 되면 먼저 이미 진행된 질의응답 데이터를 살펴보고, 궁금한 내용에 대한 검색을 거쳐 '질문하기'를 시도한다. 즉 검색을 진행하였는데 원하는 내용이 없거나, 본인의 수업에 적용하기가 쉽지 않아서 직접 질문이 필요한 경우에는 '질문하기' 버튼을 눌러 질문 입력 화면으로 들어간다. [그림 3]은 질문을 하기 위한 입력 화면이다. 질문 제목(①)에는 질문하고자 하는 내용을 압축하여 적는다. 질문자는 기본적으로 이름과 닉네임(②) 중에서 선택이 가능하다. SMS(③)와 답변메일 설정(④)에 질문자의 휴대폰 번호 및 메일 주소를 입력하면 답변이 등록되었을 때 문자나 메일로 알려 준다. 카테고리(⑤)는 학교급과 학년 및 교과별로 구분되어 있으므로 질문자가 질문하려고 하는 내용에 맞게 선택하면 된다. 질문을 하기 위한 기초 사항들을 입력한 후에는 메인 입력화면(⑥)에 질문 내용을 입력한다. 질문 내용을 입력하는 화면은 한글 워드프로세서와 비슷한 위지위그(WYSIWYG)14) 편집 기능을 제공한다. 질문자는 화면에 입력한 내용을 저장하거나 자신의 PC에 있는 내용을 열어서 내용 작성을 할 수 있다. 또한 복사 및 붙이기, 그림 삽입, 표 그리기, 하이퍼링크의 설정 등 질문자의 의도에 맞게 여러 기능들을 사용하여 문서 작성을 할 수 있다. 파일 추가(⑦)는 질문을 하기 위해 필요한 첨부 파일을 탑재하는 기능으로 학습지도안이나 그림, 사진, 영상 파일 같은 것을 등록할 수 있다. 질문을 입력하는 도중에 '미리보기' 도구상자를 누르면 지금까지 입력한 내용이 화면에 어떻게 보일 것인지 확인할 수 있다. 질문 내용을

---

14) WYSIWYG(What You See Is What You Get)란 문서 편집 과정에서 화면에 포맷된 텍스트나 이미지가 출력물과 동일하게 나오는 방식을 말한다. 이는 편집 명령어를 입력하여 글꼴이나 문장 형태를 바꾸는 방식과 구별된다.

모두 입력하였으면 하단의 확인 버튼(⑧)을 눌러 질문을 등록한다. 이렇게 되면 질문의 제목이 화면상에 제시되고 검색에 의한 노출이 가능해지므로 다른 교사에 의하여 답변이 가능한 상태가 된다.

4) 답변하기

엿보기와 검색이 소극적 참여라고 하면 질문하기와 답변하기는 보다 적극적인 지식교류 참여 방식이다. 답변을 하기 위해서는 먼저 질문의 제목을 클릭하여 내용을 열람해야 한다. 내용을 읽어 본 후에 본인이 답변할 수 있는 내용이라면 하단의 '답변' 버튼을 눌러 답변을 등록할 수 있다. 답변하기 메뉴는 [그림 4]와 같이 화면 상단에 질문 내용(①)을 상단에 출력하여 답변자가 보면서 답변을 등록할 수 있게 되어 있다. 답변자는 답변 제목(②)과 닉네임(③) 및 출처(④)를 선택하고 본문 입력창(⑤)에 답변 내용을 등록한다. 질문하기 화면과 마찬가지로 위지위그 편집 화면을 제공하기 때문에 텍스트 편집과 이미지 붙이기 등을 자유롭게 할 수 있다. 답변을 보충하기 위하여 첨부 파일이 필요한 경우 화면 하단의 파일추가(⑥) 버튼을 눌러서 파일을 추가한다. 파일은 총 다섯 개까지 추가할 수 있다. 모든 답변 내용이 입력되면 하단의 확인(⑦) 버튼을 눌러 답변을 등록한다. 한 번 답변이 이루어진 경우라 하더라도 다른 사람에 의한 추가 답변이 가능하다. 추가 답변은 기존 답변에 대한 보충이나 이견 등이 있을 때 최초 답변자 또는 제삼자가 등록할 수 있다. 정식 답변이 아닌 답변에 대한 감사 글이나 간단한 의견은 '댓글' 기능을 이용한다.

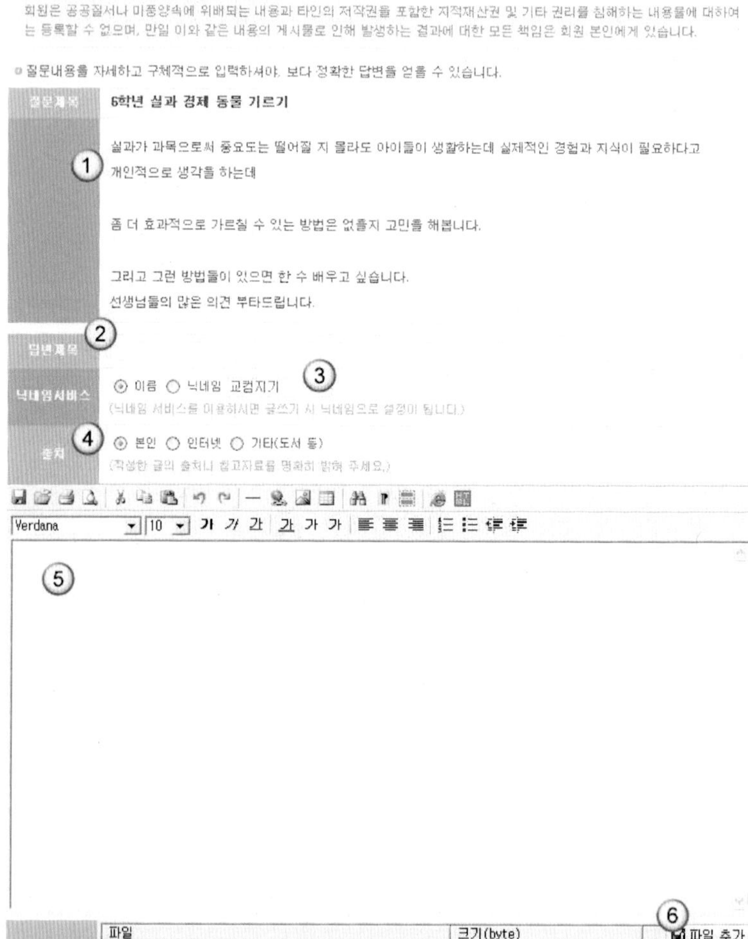
본 사이트는 대한민국 저작권법을 준수합니다.
회원은 공공질서나 미풍양속에 위배되는 내용과 타인의 저작권을 포함한 지적재산권 및 기타 권리를 침해하는 내용물에 대하여
는 등록할 수 없으며, 만일 이와 같은 내용의 게시물로 인해 발생하는 결과에 대한 모든 책임은 회원 본인에게 있습니다.

질문내용을 자세하고 구체적으로 입력하셔야, 보다 정확한 답변을 얻을 수 있습니다.

질문제목
6학년 실과 경제 동물 기르기

실과가 과목으로써 중요도는 떨어질 지 몰라도 아이들이 생활하는데 실제적인 경험과 지식이 필요하다고
개인적으로 생각를 하는데

좀 더 효과적으로 가르칠 수 있는 방법은 없을지 고민를 해봅니다.

그리고 그런 방법들이 있으면 한 수 배우고 싶습니다.
선생님들의 많은 의견 부탁드립니다.

답변제목

닉네임서비스
이름   닉네임 교컴지기
(닉네임 서비스를 이용하시면 글쓰기 시 닉네임으로 설정이 됩니다.)

출처
본인   인터넷   기타(도서 등)
(작성한 글의 출처나 참고자료를 명확히 밝혀 주세요.)

Verdana   10

파일   크기(byte)   파일 추가
파일 삭제
전체 선택

파일첨부

확인

[그림 4] 답변하기 화면

이와 같은 질문답변 과정이 반복되면 하나의 질문에 대하여 여러 개의 답변이 등록되는 형태로 데이터가 생성된다. 생성된 데이터는 앞서 언급한 바와 같이 하이퍼미디어 형태로 되어 있기 때문에 문서 안에서 이미지나 영상을 볼 수 있고, 하이퍼링크가 있는 곳에서는 다른 문서로 이동할 수 있다.

2. 온라인 지식교류 현황 및 사례 선정

1) 지식교류 활동 현황

지식교류 활동은 2004년 9월부터 이루어졌으나 연구 데이터를 수집한 기간은 2008년 7월부터 2009년 4월까지 10개월 동안이었다. 이 기간을 데이터 수집 기간으로 설정한 것은 활동 초기에 비하여 지식교류 활동이 어느 정도 정착되어 상대적으로 안정된 데이터를 확보할 수 있었기 때문이다. 초기 지식교류 활동은 자료 요청을 중심으로 하는 일대일 방식의 단순 질의응답 형식이었으며 게시물 탑재 기능만 지원이 되었다. 또한 교과의 구획과 학교급에 대한 구분이 있어서 초등은 초등끼리, 중등은 중등끼리 그리고 같은 교과끼리만 교류하는 방식이었다.

그러나 교사들에 의한 교류가 누적됨에 따라 한 번 이루어진 답변에 대한 보충이나 이견도 올릴 수 있어야 한다는 건의에 따라 2006년부터는 복수 개의 파일 첨부가 가능해지고 답변 형식도 보충 의견이나 다른 의견을 등록할 수 있도록 시스템이 개선되었다. 지속적인 시스템 개선은 참여 교사들의 요구에 의한 것이었다. 참여 교사들은 자연스럽게 개선에 대한 의견을 제시하였으며 그 내용은 주로 '보다 자유로운 상태에서 수업 이야기를 나눌 수 있는 시스템'에 대한 요청이었다. 시스템의 개선 절차는 일종의 '진화 과정'으로 사용자들의 피드백을 받아 더 교류에 편리한 구조로 점차 바꾸어 나가는 형태를 취했다. 2007년부터는 교과와 학교급에 대한 제약을 완전하게 해소하여 모든 교사들이 지식교류에 참여할 수 있게 되었다.

지식교류 초기에 참여 교사들 간의 교류 사례 생성에 대한 양적, 질적 차이가 크고, 의미 있는 데이터라 보기 힘든 것들도 많아서 사례와 정보 제공자 교사를 선정하기가 쉽지 않았다. 2007년 이후부터는 참여 교사들의 교류 사례가 지속적으로 축적되었고, 교과별, 학교급별 제약이 해소되다 보니 연구문제와 관련한 데이터들도 이전에 비하여 많이 생성되었다. 다섯 명의 정보 제공자는 개인 간의 차이는 다소 있었으나 대체로 2008년 7월경부터 지속적이며 안정적인 교류 사례를 생성하였다. 따라서 이 시기의 데이터들은 다른 때에 비하여 양적, 질적으로 분석할 만한 가치가 높았다.

지식교류 활동은 초기에 데이터는 크게 교과 영역과 비교과 영역으로 구분하여 수집하였으며 교과영역은 초·중·고등학교 학년 및 창의재량, 특별활동으로 구분되었다. 교과 외 영역은 독서/논술, 학급운영/학생지도, ICT 활용교육, 사이버 가정학습, 기타로 분류되었다. 초등학교의 경우 6학년에서 교류가 많이 일어났고 중학교는 학년 간에 큰 차이가 없었다. 고등학교는 '국민공통교육과정'이 적용되는 1학년까지의 데이터가 수집되었다. 국민공통교육과정이 적용되는 학년까지로 데이터 수집을 제한한 것은 본 연구에서의 문제의식을 적용하는 데 어느 정도 일관성이 있을 것이라고 판단했기 때문이다. 실제로 고등학교 2~3학년의 경우에는 모든 것이 대학입시를 위한 교육과정과 수업에 맞추어져 있어서 수업담화를 바탕으로 한 교류가 거의 이루어지지 않았기 때문에 분석이 가능할 정도의 데이터 수집을 할 수가 없었다.

데이터 수집 기간 중에 생성된 교류 사례에 대한 통계를 내어 본 결과 <표 5>에서 보는 바와 같이 교과 영역에서 1,391건, 교과 외 영역에서 1,106건 등 모두 2,497건의 질문이 있었고 이에 대하여 교과 영역에서 2,177건, 교과 외 영역에서 1,988건 등 모두 4,165건의 답변이 이루어졌다. 질문 대비 답변은 한 번의 질문이 등록되었을 때 몇 개의 답변이 이루어지는가를 수치로 나타낸 것으로 전체적인 교류 활동에서 1.67 정도의 비율을 보였다. 조회는 이미 진행된 지식교류 활동 데이터를 열람한 총 횟수이다. 데이터 수집 기간 동안 사용자들에 의하여 데이터가 열람된 횟수는 총 32,458건이었다.[15]

---

15) 지식교류 활동이 처음으로 시작되었던 2004년 9월부터 2009년 4월 30일까지 질의응답을 합한 총 지식교류 현황을 살펴보면 교과 영역에서 초등 10,042건, 중학교 4,070건, 고등학교 2,783건이었고 교과 외 영역에서 9,370건 등 총 26,265건이다. 조회 수는 교과 영역이 801,487건, 교과 외 영역이 140,774건으로 총 942,261건이었다.

<표 5> 데이터 수집 기간 중 지식교류 현황(2008. 7. 1~2009. 4. 30)

영역 \ 구분	급별	학년	질문	답변	질문대비 답변	댓글	조회
교과영역	초등학교	초1	62	120	1.94	11	2,105
		초2	43	93	2.17	2	1,057
		초3	77	116	1.51	1	1,325
		초4	92	179	1.95	6	1,795
		초5	88	148	1.68	4	1,514
		초6	233	586	2.52	24	4,777
		창의재량	52	135	2.60	1	982
		특별활동	47	113	2.49	2	985
	중학교	중1	61	72	1.18	6	1,055
		중2	32	20	0.63	4	421
		중3	64	68	1.07	1	577
		창의재량	8	10	1.25	1	98
		특별활동	9	9	1.00	1	120
	고등학교	고1	372	375	1.01	37	3,305
		창의재량	26	32	1.23	1	347
		특별활동	26	20	0.77	5	202
	연구수업		99	81	0.82	10	1240
	소계		1,391	2,177	1.57	117	21,905
교과 외 영역	독서/논술		83	164	1.98	1	1,302
	학급운영/학생지도		462	866	1.87	33	7,413
	ICT 활용교육		120	252	2.10	8	1,732
	사이버 가정학습		5	5	1.00	0	86
	기타		436	701	1.61	26	20
	소계		1,106	1,988	1.81	68	10,553
총계			2,497	4,165	1.67	185	32,458

2) 사례 선정

전체 데이터 현황은 데이터 수집 기간 중 지식교류 활동에 참여한 모든 교사들을 대상으로 수집한 것이다. 따라서 일차적으로 위 데이터에서 정보 제공자 5명의 교류 활동만을 별도로 간추리는 과정이 필요하였다. 5명의 정보 제공자를 선정하기 위하여 전체 데이터를 모두 분석하였으며, 교류의 지속성 여부와 연구 문제 관련도가 상대적으로 높은 활동 사례를 보인 교사들을 학교급, 교과, 지역, 경력 등을 고려하여 선정하였다. 이 과정에서 데이터 수집 기간 동안 지속적인 활동을 유지한 교사들의 사례를 일차적으로 분석하였고 총 9명을 대상으로 연구의 취지를 설명하고 협조를 부탁하였다. 몇 번의 선정 작업을 거쳐 최종적으로 초등학교 2명, 중학교 2명, 고등학교 1명 등 총 5명의 정보 제공자가 선정되었다. 중등의 경우 교과는 국어, 수학, 과학이 포함되었으며 교직 경력은 9년에서 26년까지 다양하게 선정되었다. 정보 제공자들이 교류한 데이터는 교류 기간에 해당하는 현황을 모두 검색하는 방법으로 확보하였다. 그 결과 다음과 같은 2차 데이터를 확보할 수 있었다. <표 6>의 내용은 정보 제공자 교사들의 총 교류 현황이다. 그런데 이 데이터 안에는 수업과 관련이 있는 데이터도 있고 학급운영이나 학생지도와 같이 수업 외의 데이터들도 포함되어 있어서 이를 수업전문성 관련 데이터로 그대로 분석하기에는 무리가 있었다.

지식교류 활동이 수업 관련 내용으로만 한정된 것은 아니기 때문에 정보 제공자들은 일반적인 교사 전문성의 범주에 해당하는 교류도 진행하였다. 학급운영, 학생지도와 관련된 내용이 주로 수업 외적인 교류들이었다. 처음 데이터 상태에서는 <표 6>과 같이 '교과'와 '교과 외'만을 구분할 수 있었기 때문에 이를 다시 수업과 수업 외적 내용으로 분류하기 위하여 개별 정보 제공자에 대한 모든 데이터에 대하여 내용 분석을 실시하였다.

<표 6> 정보 제공자들의 총 교류 현황(N=608)

정보 제공자 \ 구분	질문/답변	교과	교과 외	영역 합
A교사	질문	14	17	31
	답변	39	26	65
B교사	질문	35	2	37
	답변	68	3	71
C교사	질문	14	18	32
	답변	55	66	121
D교사	질문	3	26	29
	답변	66	38	104
E교사	질문	26	12	38
	답변	46	34	80
합계		366	242	608

<표 7>은 정보 제공자 중의 한 사람인 B교사 개인의 총 교류 현황을 다시 정리한 것이다. 앞서 언급한 바와 같이 이 현황 안에는 수업과 관련한 데이터 및 관련이 없는 데이터가 혼재되어 있기 때문에 이 현황을 그대로 사례로 활용하기에는 무리가 있었다. 가령 B교사의 교류 내용 중에는 진로 적성검사, 학생지도 방법, 청소 지도 등 교사 전문성의 영역에는 포함되지만 수업전문성으로 보기에는 힘든 것도 있었다. 따라서 <표 7>에 나와 있는 내용을 일일이 확인하여 연구 문제와 관련이 있는 것만을 목록으로 정리하였다.

<표 7> B교사의 교류 데이터(일부)

구분	영역	제목	작성자	답변	조회	작성일시
질문	교과	체육수업을 할 때 동기유발은 어떻게 하는 것이 효과적인가요?	스포츠맨	3	22	2008-12-21
		진로적성검사를 무료로 할 수 있는 사이트가 있나요?	진로희망	1	12	2008-12-21
		저학년 학생들의 쌓기 나무 지도방법에 대하여 문의	치킨맘	2	11	2008-12-21
		미술과 감상수업 지도방법에 관한 자료나 아이디어 요청	예쁜샘	1	16	2008-12-21
		환경교육 학습 자료 및 노하우	환경사랑	1	12	2008-11-30
		읽기 능력 증진 및 읽기 전략 학습 프로그램	read.	0	9	2008-11-30
		뉴스포츠 수업자료	스포츠맨	2	21	2008-11-30
	교과 외	책자 편집 프로그램 추천	편집맨	1	8	2008-11-30
		괴롭히는 학생을 지도할 때 발뺌을 하는 학생 지도 방법	성실이	0	6	2008-12-21
답변	교과	성교육 지도	차근차근	−	−	2008-12-21
		2007 개정 체육과 교육과정 내용	체육조아	−	−	2008-12-21
		방패연 만드는 방법	연사랑	−	−	2008-12-24
		디카 활용 방법	디카사랑	−	−	2008-12-24
		미술시간 지도	추상화	−	−	2008-12-24
		위치를 바꾸는 방법	소리샘	−	−	2008-11-30
		단청과 전통 문앵	단청	−	−	2008-11-30
	교과 외	시트지 뒷면을 이용해 보세요.	공주쌤	−	−	2008-11-24
		민속놀이를 해 보시길	에헤야	−	−	2008-11-30
		놀이로 활용하는 방법	우유좋아	−	−	2008-11-30
		사이버논술 학급 방법도 활용	사이버	−	−	2008-11-30
		요일별로 청소를……	쓱쓱싹싹	−	−	2008-11-30
		잘 활용하면 효과적입니다.	책벌레	−	−	2008-11-30

그 결과 <표 8>과 같은 최종적인 연구 대상이 되는 사례 데이터를 정리하였다. <표 8>은 정보 제공자 중의 한 사람인 A교사에 대하여 수업과 관련한 교류 데이터만을 별도로 추려내어 최종적으로

정리한 것이다. 질문과 응답으로 구분하였고 각 데이터에는 고유의
코드를 부여하였다. 예를 들어 <AQ01>의 경우 A교사의 질문(Q)
중 첫 번째(01번)를 지칭한다. 답변에 있는 숫자는 각 질문에 대하여
등록된 답변의 건수이다. 작성자는 실명을 사용하는 경우도 있었지
만 닉네임을 혼용하여 사용하였기 때문에 질문이나 응답을 작성할
때마다 다른 닉네임을 쓸 수도 있었다.

〈표 8〉 A교사의 최종 교류 데이터(일부)

구분	코드	영역	제목	작성자	답변
질문	AQ20	초등학교	공개 수업 지도안 수정 요청	공주쌤	1
	AQ19	초등학교	체육수업을 할 때 동기유발은 어떻게 하는 것이 효과적인가요?	스포츠맨	3
	AQ18	초등학교	저학년 학생들의 쌓기 나무 지도방법	치킨맘	2
	AQ17	초등학교	미술과 감상수업 지도방법에 관한 아이디어	예쁜쌤	1
	AQ16	초등학교 학년	환경교육 학습 자료 및 노하우	환경사랑	1
	AQ15	초등학교 4학년	읽기 능력 증진 및 읽기 전략 학습 프로그램	read	0
	AQ14	초등학교 6학년	뉴스포츠 수업자료	스포츠맨	2
	AQ13	ICT 활용	책자 편집 프로그램 추천	편집맨	1
답변	AA41	초등학교	교육과정 재구성	공주쌤	–
	AA40	초등학교 1학년	잘 관찰하셔서	공주쌤	–
	AA39	초등학교 6학년	낱말 카드나 괄호 넣기 게임을	공주쌤	–
	AA38	초등학교 6학년	세계 풍물 퍼레이드	공주쌤	–
	AA37	독서/논술	저는 꿀맛닷컴 사이버논술을 활용합니다	공주쌤	–
	AA36	초등학교 4학년	먼저 많이 듣도록	공주쌤	–
	AA35	초등학교 5학년	교사의 자리를 다양하게 해 보세요.	큰소리	–
	AA34	초등학교 1학년	여러 곳에서 들어보아요.	여기저기	–
	AA33	초등학교 1학년	활동 상황 일지를 통해 학부모와 상담을	공주쌤	–
	AA32	재량활동	늘 생활 속에서	공주쌤	–
	AA31	독서/논술	논술 사이트를 활용해 보시는 것도……	공주쌤	–

이와 같은 방식으로 정보 제공자 5명의 사례 데이터를 정리하였

다. 그 결과 <표 9>와 같이 총 326건에 해당하는 교류 내용을 최종적인 분석 대상으로 확정하였다.[16] 데이터의 정리는 제목과 내용을 동시에 검토하는 것으로 진행하였고 교과, 수업 및 수업전문성과 관련이 있는 내용들을 중심으로 선정하였으며 일반적인 교사 전문성의 영역에 해당하는 학생지도, 상담, 특별활동, 학급운영 등에 대한 내용은 제외하였다. 통합교과로 구분된 것은 질의응답 과정에서 2개 교과 이상의 학습 내용이 언급되면서 교류가 이루어진 경우와 교육과정에 해당되는 내용이지만 교과를 특정할 수 없는 경우, 범교과 내용인 경우 등이다. 교과 외로 분류된 것은 수업과 관련되지만 특정 교과의 학습 내용에 대한 언급 없이 수업을 지원하는 도구라든지, 수업기술, 비교과 재량활동 등이다. 이 과정에서 검증 역할을 맡았던 2명의 참여 교사에게 협조를 구하여 교류 데이터 수집 및 분류 과정에서 의견을 제시하도록 하였다. 검증에 참여한 교사들은 일반적인 교사 전문성 영역과 수업전문성 영역의 구분, 교과 및 교과 외 교류 사례의 분류 등이 보다 타당성 있게 이루어지도록 의견을 개진하였다.

---

16) 단일한 질의 또는 응답의 건수가 326건이라는 것은 아니다. 왜냐하면 정보 제공자가 질문을 올린 경우 그에 대하여 답변을 올린 교사들이 3명이라면 데이터 수는 총 4건이 되기 때문이다. 마찬가지로 정보 제공자가 답변자로 참여한 경우에도 질문 데이터와 함께 답변에 참여한 교사들의 사례까지 하면 데이터 수 자체는 326건을 훨씬 넘는다. 따라서 여기서 교류 사례 수는 정보 제공자 교사가 질문이든, 답변이든 교류에 참여한 경우 질의응답 과정이 완전하게 포함된 모든 단위 교류 사례 내용을 묶어 하나의 분석 사례로 본 것이다.

<표 9> 정보 제공자의 지식교류 사례 최종 선정(N = 326)

정보 제공자 구분	질문/답변	교과	통합교과	교과 외	합계
A교사	질문	8	2	10	20
	답변	17	4	18	39
B교사	질문	18	0	8	26
	답변	31	0	15	46
C교사	질문	9	0	6	15
	답변	15	3	21	39
D교사	질문	1	1	8	10
	답변	27	8	10	45
E교사	질문	26	0	6	32
	답변	38	1	15	54
합계		190	19	117	326

제5장

온라인 지식교류 활동분석 및 수업전문성의 재개념화

1. 온라인 지식교류, 왜 참여하고 어떻게 시작하는가?

　　교사들이 어떤 동기에서 온라인 지식교류 활동에 참여하고, 어떤 방식으로 지식교류 활동을 시작하는가를 알아보는 것은 향후 지식교류 활동의 성격과 내용을 규정한다는 점에서 중요한 의미를 가진다. 또한 지식교류 활동에 참여해 보기로 마음먹는 과정은 학교 안에서 동료교사와의 교류 방식에 대한 문제의식과 연동되어 있기 때문에 일차적으로 학교 안에서의 동료교사들과의 교류가 만족스럽게 이루어지고 있는지 알아보았다. 즉 정보 제공자 교사들이 학교 안에서 동료교사들과 수업담화를 충분히 나누고 있는지, 만약 수업담화가 충분하게 이루어지지 않는다면 그 원인은 무엇인지 학교의 구조 및 근무환경 그리고 교사들의 인식으로 구분하여 알아보고자 하였다. 아울러 정보 제공자 교사들이 어떤 동기와 맥락에서 지식교류 활동에 접근하게 되었는지, 최초로 지식교류 커뮤니티에 접근하였을 때 어떤 활동부터 시작하는지, 처음으로 교류하는 내용과 이에 대한 교사들의 인식 변화를 면담을 통하여 분석하여 보았다. 면담을 통하여 알아본 결과 대부분의 정보 제공자 교사들은 수업과 관련된 정보에 대한 갈증을 느끼고 있는 것으로 드러났다. 그러나 학교 안에서는 업무의 과다, 폐쇄적 분위기 등으로 동료교사들과 수업 관련 이야기를 적극적으로 나누지 못하고 있었다.

대부분의 정보 제공자 교사들은 중앙교수학습센터에 접속하였다가 '지식교류' 메뉴가 신설된 것을 보고 둘러보기와 검색과정을 거쳐 질의응답 과정에 참여했다고 답하였다. 정보 제공자 교사들은 상대방의 얼굴을 보지 못하는 상태에서 웹기반 텍스트로 주고받는 상호작용 방식에 대하여 어색해하기도 하였으나 점차 지식교류 활동에 적응하여 갔다. 아울러 처음 질의응답 활동에서는 주로 단순 명료한 수업 자료나 정보를 구하고, 또 이에 대하여 답하는 활동을 시작하였지만 시간이 갈수록 수업 이야기를 나누는 방식으로 활동이 변화되어 감을 관찰할 수 있었다.

1) 학교 안에서 동료교사와의 교류

정보 제공자 교사들과의 면담을 통하여 학교에서 다른 교사들과 수업에 관한 이야기를 충분히 나누고 있고, 그것이 본인의 수업전문성 신장에 도움이 되는지, 또 학교나 교실의 구조가 교사가 수업전문성을 신장하기에 적절하다고 생각하는지를 물었다. 이러한 질문은 교사들이 직무를 수행하는 공간에서 가장 중요한 업무 중의 하나인 수업과 관련하여 그들의 동료와 충분한 협의를 하고 있는가를 알아보려 함이다. 사실 학교 안에서 교사들이 수업과 관련한 정보를 제공받고 있고 또 동료교사들과 협의를 거쳐 수업을 진행하고 있으며,

그런 과정들에 대한 만족도가 높으면 굳이 다른 방식으로 수업전문
성 신장 노력을 기울이려 하지 않을 것이기 때문이다.

> 초등의 경우 주로 교실에서 생활합니다. 필요할 때 교무실에 가기는 하
> 지만 그렇다고 다른 교사들과 대면할 시간이 있는 것은 아니고…… 학년
> 협의실이 있지만 교재연구를 하기 위한 이상적인 구조는 아니에요. 주로
> 학급에 공통적으로 전달되어야 할 사항이나 생활지도 사항이나 학교 업무
> 처리 등이 논의됩니다. 사실 서로의 수업에 대하여 이야기하기는 쉽지 않
> 고요. 그럴 시간도 부족한 편이죠. (B교사, 1차 방문 면담, 2009년 1월
> 23일)

> 교과협의회가 있기는 한데요. 구체적인 교과지도의 내용에 대하여 협의
> 가 이뤄지지는 않고요. 그러니까 식사를 같이하면서 학생지도에 대한 어려
> 운 점이랄지 이런 것은 이야기를 해도 수업 자체에 대한 이야기는 거의
> 이루어지지 않는다고 봐야죠. 그러나 과학 행사처럼 교사들의 협조가 필요
> 한 부분을 협의할 때에는 자주 모이기도 합니다. (D교사, 1차 방문 면담,
> 2009년 1월 28일)

> 부서별로 배치된 교무실에서 근무를 하고 있는데, 앞과 옆에 높은 칸막
> 이가 있어서 다른 교사들이 무엇을 하는지 잘 알 수가 없어요. 일부러 찾
> 아가지 않는다면 멀리 떨어져 있는 교사들과는 대화를 나눌 기회가 거의
> 없죠. 물론 개인의 연구에 몰입할 수 있는 장점도 있지만…… 제 경우 그
> 런 구조가 교재연구를 하기에는 바람직하지만 동료교사와의 교류는 저해하
> 고 있다고 생각해요. (E교사, 1차 온라인 면담, 2009년 2월 25일)

B교사의 발언에 의하면 수업 시간은 물론이고 수업 후에도 초등
교사들의 경우에는 퇴근 전까지 교실에 혼자 머무는 경우가 많다고
하였다. 어떤 날은 교무실에 한 번도 가지 않는 경우도 있다고 하였
다. 초등 교사들이 학교에서 주로 머무는 공간은 '자신의 교실'이라
는 것이다. 때로 교실을 벗어나 학년 협의회에 참여하기도 하지만

수업에 대한 이야기를 나누기보다는 학생들의 생활지도 문제나 업무 처리를 위한 전달 사항에 대한 논의가 대부분이라고 말한다. 과학교사인 D교사가 생각하는 교과협의회는 교과 지도의 구체적 내용에 대한 협의가 이루어지는 장이라기보다 '식사를 같이하면서 학생지도에 대한 어려운 점이나 과학 행사처럼 교사들의 협조가 필요한 부분에 대한 이야기'를 주로 나누는 장이다. E교사는 교무실의 칸막이 구조가 개인적인 교재연구를 하기에는 편리하지만 같은 교무실의 교사들끼리 대화를 나누기에는 오히려 불편한 구조라고 하였다.

대체로 정보 제공자 교사들은 현재 학교 구조가 교사들끼리의 수업 지식을 교류하기에는 적당하지 않다고 응답하였다. 교사들의 개인적인 연구 공간을 확보해 주기 위하여 설치된 칸막이 구조는 오히려 교사들의 교류를 가로막는 장애로 작용하고 있었으며 교무실 구조는 행정 업무를 능률적으로 처리하기 위한 업무 중심 배치라는 것이다. 초등의 경우 자신의 교실에서 혼자 고립된 채 하루의 거의 모든 시간을 보내고 있었으며 중등의 경우에도 칸막이가 설치된 행정 업무 중심의 교무실 구조에 근무하고 있었다. 모든 학교에 공식적인 교과협의회가 존재하지만 내실 있게 진행된다는 보고는 없었다. 교과협의회는 평가를 위한 출제 역할 분담이나 진도 맞추기 등의 협소한 논의가 이루어지는 정도로 기능하고 있었으며 교사들의 수업 고민을 나누는 장으로 활용되지 못하였다. 학교나 교실의 구조 외에 어떤 이유로 교사들이 학교 안에서 동료교사들과 허심탄회하게 수업에 대한 담화를 나누지 않는가 하는 문제를 질문하여 보았다.

수업에 관하여 대화를 나누는 동료교사는 대부분 동 학년 교사들입니다.

하지만, 동 학년 교사들끼리도 수업 자료, 간단한 아이디어, 선진도 반의 경험담, 문제 학생 사례 공유 등의 간단한 정보 교류 정도의 대화를 나눌 뿐이지 근본적인 수업의 계획이나 목표, 수업방법, 기술 등에 대해 진지하게 대화를 나누는 것은 아닙니다. 수업 준비보다는 당장 해결해야 할 학교 행사, 업무분장, 공문 처리 등에 시간을 할애하기 때문입니다. 행사 계획, 공문 처리 등으로 대화를 나누는 경우가 수업에 관해 대화를 나누는 경우보다 더 빈번합니다. (A교사, 1차 온라인 면담, 2008년 12월 14일)

실제적으로 내가 하고 있는 수업을 다른 교사에게 완전히 공개를 하고, 나의 노하우를 전수해 주겠다는 경우는 거의 없는 것 같아요. 교사들이 조금 폐쇄적인 경향이 있어서 자기가 하고 있는 수업이 아무리 잘하고 효과가 높고 그렇더라도 다른 선생님들이 이걸 어떻게 생각할까라는 식의 그런 생각을 많이 하고 있는 것 같습니다. 또 제가 즐겨 쓰고 있는 교수학습 기술이나 방법들이 다른 학급, 다른 교사들한테 적용을 시켰을 때 또 나만큼의 효과를 볼 수 있을지에 대한 의문 또는 내가 이것을 얘기했을 때 저 사람들이, 다른 교사들이 받아들일 때…… '나도 할 수 있는데, 나는 그것보다 이게 더 좋은데'라는 그런 의식이 없지 않거든요. (B교사 1차 방문 면담, 2009년 1월 23일)

A교사는 동 학년 교사들과 수업에 관한 이야기를 나누고 있지만 수업 자료, 간단한 아이디어, 선진도 반의 경험담, 문제 학생 사례 공유 등의 간단한 정보 교류 정도의 대화를 나눌 뿐이지 근본적인 수업의 계획이나 목표, 수업방법, 기술 등에 대해 진지하게 대화를 나누는 것은 아니라고 말한다. A교사는 수업에 대한 진지한 이야기가 이루어지지 못하는 이유로 수업 준비보다는 당장 해결해야 할 학교 행사, 업무분장, 공문 처리 등에 많은 시간을 할애하기 때문이라는 것이다. 이미호(2006)는 교사들의 학습공동체 형성을 위한 반성적 실천 연구에서 협력적 실천을 위해서는 교사들이 함께 모여 대화를 해야 하는데 학교운영에 따른 업무 및 교육청에서 시달되는 공문

처리 등으로 시간적 여유가 없어 함께 협의하거나 논의하는 것이 불가능할 때가 많았다고 밝혔다. 이는 아직도 학교 안에서 교사에게 주어지는 직무가 교사들의 수업을 지원하는 형태는 아니라는 것을 말해 주고 있다. 아울러 B교사의 발언에서 드러난 바와 같이 교사들은 학교 안에서 매일 얼굴을 마주 대하는 동료교사들끼리 자신의 수업에 대한 고백을 바탕으로 담화하기를 꺼리는 것으로 보인다. 그 이유는 여러 가지가 있겠으나 수업 외의 업무로 바쁘기 때문(A교사), 수업에 대한 교사들의 폐쇄적인 성향(B교사) 등으로 답변하고 있다.

한편 정보 제공자 교사들 중 가장 경력이 높은 C교사는 조금 다른 각도에서 이 문제에 접근하였는데 한 공간에서 지속적으로 좋은 관계를 유지하기 위해서는 동료교사들 간에 상대방의 수업에 관한 이야기를 가급적 피하는 것이 어느 정도는 이해될 수 있는 문화라는 것이다.

> ……같이 생활하고 지속적으로 좋은 관계를 유지한다고 생각하면 다소 미흡한 부분이 있다고 하더라도 개인적인 자리에서 충분히 할 수 있는 것이고, 전체적으로 수업을 협의하는 자리에서는 실제로 대놓고 하기가 어렵지 않겠어요? (C교사, 그룹 면담, 2009년 4월 26일)

교사들의 업무가 바쁘고, 성향이 폐쇄적인 탓도 있지만 교사들은 서로를 감싸주려는 마음이 있다는 것이다. C교사의 발언은 한 공간에서 장기간 생활해야 하는 교사들에게 형성되는 '온정주의' 문화를 가리키고 있다. 온정주의는 서로를 감싸주려는 마음임과 동시에 상대방에게 불편함을 주지 않는 대신 나 스스로도 상대로부터 부정적 지적을 받지 않겠다는 바람이 포함된 교사들 특유의 문화이다.

교사들 간 정보 제공자들의 말을 종합하여 보면 교사들이 학교 안에서 수업에 대한 이야기를 충분히 나누지 못하는 이유는 수업과 관련이 없는 학교 행정 위주의 자리 배치, 교사들의 수업방법 교류에 대한 폐쇄적 성향, 업무 과다로 인한 교류 시간 부족, 서로를 감싸주려는 온정주의 문화 등으로 나타났다.

2) 지식교류 활동 참여 동기

정보 제공자들이 어떤 동기에서 지식교류에 참여하게 되었는지를 알아보았다. 어떻게 지식교류를 알게 되었는지, 참여한 이유는 무엇인지를 구분하여 질문하였다. 어떻게 지식교류를 알게 되었는가 하는 문제는 물리적인 문제로 참여자들의 인터넷 사용 특성이 반영되며, 왜 참여하게 되었는가를 묻는 것은 참여자들이 어떤 요인으로 최초의 질문이나 혹은 답변을 통하여 지식교류 활동에 참여하게 되었는지를 묻기 위함이었다.

……수업에 대하여 고민은 많았지만 해결할 수 있는 부분이 없었어요. 연수를 받거나 공개 수업을 참관하는 것으로는 수동적인 차원에서 그치고 정작 제가 궁금한 것을 해결하기 힘들었어요. 뭔가 도움을 받을 수 있는 방법이 없을까 인터넷을 여기저기 뒤져보다가 에듀넷의 지식교류 활동이 활발하게 이루어지고 있는 것을 보고 저도 참여하고 싶어졌지만…… 처음에는 많이 망설였어요. (A교사, 1차 방문 면담, 2009년 1월 11일)

ICT 활용교육에 대하여 관심을 가지고 어떻게 하면 수학과에서 효과적으로 ICT를 적용할 수 있을까 고민하고 있었거든요. 그래서 원격교육연수원을 통하여 연수를 듣게 되었는데 연수 내용 중에 홈페이지를 개설하는 과제가 있었고 에듀넷에 가면 무료로 온라인 교과방을 개설하여 아이들과 상호작용을 할 수 있다는 것을 알게 되었어요. (중략) 교과방을 통해 자연스럽게 에듀넷에 드나들다 보니까 어느 날 지식교류에 참여해 보라는 공지가 뜬 것을 보고 나도 한 번 참여해 봐야지라는 마음으로 시작하게 되었습니다. (C교사, 1차 방문 면담, 2009년 1월 17일)

……대학원에서 과학교육을 전공하였는데 새로운 교수법을 적용하여 지도안을 작성하는 과제가 많이 있었어요. 관련된 자료를 찾기 위해 인터넷에서 정보 수집을 많이 했는데 에듀넷에 접속했을 때 자료를 찾다가 지식교류 코너가 있다는 것을 알게 되었죠. 처음 참여할 때는 질문부터 올렸는데…… 학교 안에서는 잘 나누지 않는 그런 내용을 올렸는데 답변이 금방 올라오는 것을 보고 신기하게 생각했지요. 그래서 이렇게 얼굴이 보이지 않는 곳에서 답변을 해 주시는 분도 계시다는 것을 알게 되었고 참여하는 데 자신감이 조금 생겼죠. (D교사, 1차 방문 면담, 2009년 1월 28일)

대부분의 정보 제공자들이 평소에 에듀넷을 사용하고 있던 상태에서 지식교류라는 메뉴가 생긴 것을 보고 참여하게 되었다고 응답하였다. 지식교류 활동에 참여하는 방식은 처음에는 다른 교사의 사례 엿보기를 거쳐 지식 검색을 통한 수업지식 획득, 그리고 질문 올리기를 거쳐 답변하기의 순으로 이루어졌다. 대체로 첫 질문의 경우 상당히 망설이다가 조심스럽게 올리는 경우가 많았으며 첫 질문에 대한 답변을 얻은 경우 온라인 교류에 대한 신기함과 자신감을 동시에 갖게 되었음을 이야기하고 있다. 모든 정보 제공자들이 자신의 수업전문성을 신장하기 위해서 교과연구회나, 연수 프로그램 참여, 학교 안에서의 동료장학에 참여해 본 경험을 가지고 있었으며 지식교류 활동 경험 후에는 자연스럽게 각 활동들의 장점을 취하여 자신의 전문성을 확보해 가는 모습을 보였다.

학교 안의 동료장학 프로그램을 비롯한 기존의 방법으로는 수업지식에 대한 갈증을 해소할 수 없었기 때문에 지식교류에 최초의 질문을 올리게 되었으며 최초의 질문으로부터 답변을 열람하기까지는 망설임과 기대가 교차되는 것으로 보인다. 어떻든, 활동은 첫 번째의 질문 올리기로부터 시작된다는 것은 모든 정보 제공자들의 공통 사항이었고 답변을 한두 번 올린 다음부터는 어느 정도 자신감을 가졌다.

정보 제공자 교사들은 공통적으로 평소에 자주 방문하던 중앙교수학습센터에서 지식교류 활동을 발견하고 참여하게 되었다고 말한다. 그러나 보다 근본적으로는 자신이 근무하는 학교에서 동료교사와의 교류나 전달 위주의 교사연수로는 본인이 원하는 수업전문성 신장에 대한 갈증을 채울 수 없었기 때문에 온라인으로 다른 교사들을 만나보고 싶은 생각에 지식교류 활동에 참여하기 시작했다고 말한다.

3) 지식교류 활동의 시작

지식교류 활동에 참여하는 과정을 살펴보면 먼저 지식교류 활동의 존재를 알고 그것이 무슨 활동인지 탐색하는 과정을 거쳐 질의와 답변을 올리는 교류 방식으로 나아갔다. 대부분의 참여자들이 수업 경험에서 오는 막연한 답답함을 가지고 있었고, 이를 학교 안에서 동료교사들과 풀기에는 여러 가지 제약이 있는 상태에서 지식교류 활동에 참여하였다. 정보 제공자 교사들은 평소에도 온라인 학습방이나 온라인 교사 커뮤니티 활동의 경험을 가지고 있었기 때문에 지식교류 커뮤니티까지 접근하는 데 있어 특별한 부담감을 느끼지는 않았다. 처음에는 엿보기의 형태로 그저 다른 교사들이 이미 질의, 응답한 흔적을 보고 탐색하는 과정을 거쳤다. 그러다가 본인이 평소에 수업에서 느꼈던 답답했던 경험을 질문 형태로 만들어 올렸다. A교사는 첫 질문을 등록한 후 느낌에 대하여 다음과 같이 말하였다.

> ……질문을 올려도 될까? 이런 질문도 올릴 수 있는 것인가? 이렇게 망설이다가…… 당시에 제가 관심이 많았던 경제교육에 대하여 질문을 올려보자고 생각했습니다. 질문을 하고 나서 어떤 답변이 올라올지 무척 궁금하였습니다. 그래서 답변을 보려고 계속 접속하여 살펴보았지요. 나의 고민이 조금이라도 해결되기를 바라는 간절한 마음으로 답변을 기다렸었던 기억이 납니다. (A교사, 1차 온라인 면담, 2008년 12월 14일)

온라인 네트워크에서는 상대방의 얼굴을 보거나 자신의 실명을 밝히지 않고 담화를 진행할 수 있다. 이것은 자신의 존재를 드러내지 않음으로써 부담 없이 교류 활동을 할 수 있다는 장점으로 작용하기도 하였지만 모르는 상대를 온라인상으로 만나 자신의 수업에 대한 이야기를 진행해야 한다는 낯설음을 동시에 가져다주는 행위라고 볼 수 있다. A교사는 질문을 올린 후에 어떤 답변이 등록되었는지 계속 접속하여 살펴보았다는 말로 첫 교류의 설레는 마음을 표현하였다. B교사는 첫 교류 당시 과연 누가 자신의 고민에 동참해 줄 것인가에 대하여 회의를 가졌었다고 고백하였다.

> 처음 질문을 올릴 때에는 과연 누가 나의 고민에 동참해 줄 것인가에 대하여 회의를 했던 것이 사실입니다. 그러나 일면식도 없는 다른 교사가 답변을 올려준 것을 보고 상당히 고마웠고 그 내용도 많은 도움이 되었습

니다. 학교 안에서는 교사들이 폐쇄적인 성향 때문에 자기의 수업 고민을 남에게 거의 이야기하지 않는데 여기서는 훨씬 부담을 던 상태에서 질문을 할 수 있었던 것이 좋았습니다. (B교사, 1차 온라인 면담, 2009년 1월 23일)

B교사는 평소 학교 안에서 동료교사들의 '폐쇄적 성향'에 대한 문제의식을 가지고 있었기 때문에 온라인 지식교류 활동을 처음으로 시작할 때에도 회의를 가졌다. 그러나 질문을 올린 후에 일면식도 없는 다른 교사가 답변을 올려준 것을 보고 상당히 고마움을 느꼈다고 한다. 첫 교류에서의 많은 도움을 받은 것이 B교사에게는 지식교류 활동에 적극적으로 참여하는 계기가 되었다. E교사의 경우 교사로서 의욕과 열정이 매우 강했기 때문에 지식교류 활동을 통하여 다른 교사에게 도움을 주었을 때도 더 큰 자부심을 느끼는 것으로 보였다.

처음 지식교류 활동을 할 때, 제가 수업에 대하여 타 지역에 있는 동료교사에게 질문을 하고 또 답변을 해 준다는 것이 정말 신선한 충격이었고 자부심을 갖게 되는 활동이란 생각이 들었습니다. 답변 하나를 작성하는 데 몇 시간이 걸렸고 제가 가진 자료를 모두 찾아서 재구성해서 답변을 했던 기억이 납니다. (E교사, 1차 온라인 면담, 2008년 12월 18일)

학교 안에서는 동료교사의 질문에 답하기 위해 몇 시간 자료를 마련하고 재구성한다는 것이 쉽지 않은 일이다. 매일 얼굴을 마주 대하여 같은 공간에서 생활하는 교사들이 서로 간의 수업에 대한 진지한 성찰을 통해 교류하는 것은 대단한 용기를 필요로 한다. E교사는 본 연구 데이터 수집 기간 이전에 첫 교류 활동을 경험하였지만 그

때의 신선한 충격을 잊지 못한다고 말한다. 또한 자신의 답변이 어떤 교사에게 도움을 줄 수 있다는 사실에 자부심도 느낀다고 했다. 처음 지식교류 활동에 어떤 방식으로 입문하는지는 교류 교사들의 지속적 활동 여부에 상당한 영향을 미쳤다. 데이터 수집 기간 동안 E교사는 학교와 가정에서 빈번하게 지식교류에 접속하였으며 정보 제공자 교사 중에서 가장 많은 질문과 답변 활동을 진행하였다.

2. 지식교류 활동 분석

수업과 관련한 교사들의 교류 행위를 보고 그것이 어떤 관점에 기초한 접근인지를 판단하는 것은 대단히 어렵고 조심스러운 일이었다. 특정 수업 관련 행위에 대한 판단이 이른바 '딱지 붙이기'로 귀결될 수도 있다는 우려가 있었으며 분류의 오류라든지 복합적 성격을 갖는 수업 행위를 단순하게 치환함으로써 수업이 갖는 역동성과 맥락성에 대한 해석이 심층적으로 이루어지지 않을 가능성도 있었다. 따라서 연구자는 이러한 개념 분류상의 오류를 최소화하기 위하여 Hatch(2002)의 유형적 분석(typological analysis) 방법을 하나의 준거로 설정하였다. 본 연구에서 유형적 분석의 적용 방법은 핵심 개념에 따른 표제어의 확인, 유형 내에서의 패턴과 관계 찾기, 그리고 이러한 패턴이 데이터에 의하여 지지되는지를 확인하고 이를 문장으로 기술하는 방식으로 하였다. 반성과 내러티브의 도구로 Clandinin 과 Connelly(2000)가 제안했던 저널, 인터뷰, 이야기, 관찰 방법 등에서 주로 '교사들의 온라인 수업담화'에 주목하였다. 유형은 앞에서 분류한 바에 따라 크게 전통적 관점과 대안적 관점으로 크게 나누고 대안적 관점의 경우 반성적 실천가, 교육과정의 개발 및 재구성자, 내러티브 탐구의 주체, 연계적 전문가로서의 교사 등으로 분류하였다. <표 10>은 정보 제공자 A교사의 질문 내용에 대한 유형 분류이다.[17) 데이터 수집 기간 동안 이루어진 20건의 수업 관련 질문 중에서 기술적 합리성 관점에 가까운 질문이 12건으로 가장 많았고, 반성적 실천 관점에 가까운 질문이 3건, 교육과정 개발 및 재구성 관점이 2건, 내러티브 탐구 관점 1건, 연계적 전문성 관점이 2건으로 판단되었다.

<표 10> A교사의 질문에 대한 유형 분류

코드명	카테고리	질문 제목	유형
AQ20	초등학교	공개 학습지도안 조언 요청	교
AQ19	초등학교	체육수업을 할 때 동기유발은 어떻게?	반
AQ18	초등학교	저학년 학생들의 쌓기 나무 지도방법 문의	기
AQ17	초등학교	미술과 감상수업 지도방법에 관한 자료나 아이디어가 있으면 알려 주십시오.	기
AQ16	초등학교 4학년	환경교육 학습 자료 및 노하우	연
AQ15	초등학교 4학년	읽기 능력 증진 및 읽기 전략 학습 프로그램	기
AQ14	초등학교 6학년	뉴스포츠 수업자료	교
AQ13	ICT 활용	책자 편집 프로그램 추천해 주세요	기
AQ12	ICT 활용	한글 문서를 pdf파일로	기
AQ11	ICT 활용	듀얼 모니터로 쓰고 싶어요	기
AQ10	ICT 활용	사진파일의 용량 줄이기	기

---

17) 유형 판단은 주제어에 의한 것과 내용 분석을 병행하여 기술적 합리성은 '가', 반성적 실천은 '반', 교육과정 개발 및 재구성은 '교', 내러티브 사고의 주체는 '내', 연계적 전문가는 '연'으로 표기하였다. 분류에 있어 '요점정리 자료 요청', '교과학습 부진에 대한 지도 자료 요청' 등과 같이 질문에 어떤 유형인지 바로 드러나는 경우도 있지만 대부분은 질문 내용에 대한 분석과 정보 제공자의 의견을 참고하여 판단하였고, 2가지 이상의 관점이 혼재된 경우에는 보다 비중이 큰 쪽으로 분류하였다. 판단이 힘든 경우에는 미분류로 하였다.

코드명	카테고리	질문 제목	유형
AQ06	재량활동	도서관 활용 수업지도안	연
AQ05	ICT 활용	하이퍼텍스트와 하이퍼링크?	기
AQ04	학생지도/학급운영	방학과제물 처리 방법	반
AQ03	특별활동	정보의 바다 탐구대회 학교대표 지도방법	기
AQ02	수업사례	네트형 게임 수업에서 사용될 수 있는 네트 대용물은 어떤 것이 있나요?	기
AQ01	초등학교 4학년	초등학교 4학년 사회과 경제	내

A교사의 답변에서는 내러티브 탐구 관점에 가까운 사례가 많이 나타났다. 데이터 수집 기간 중 이루어진 총 39건의 답변 중에서 기술적 합리성 관점 5건, 반성적 실천 4건, 교육과정 개발 및 재구성 7건, 내러티브적 사고의 관점 16건, 연계적 전문성 관점 4건, 미분류 2건 등의 분포를 보였다. 다른 정보 제공자 교사들에 비하여 A교사의 경우 내러티브적 사고의 관점과 교육과정 재구성 관점에 기초한 답변 활동이 많이 발견되었다. <표 11>은 A교사의 답변 내용을 유형으로 분류한 것이다.

〈표 11〉 A교사의 답변에 대한 유형 분류(일부)

코드명	카테고리	답변 제목	유형
AA39	초등학교 1학년	잘 관찰하셔서	내
AA38	초등학교 6학년	낱말 카드나 괄호 넣기 게임을	내
AA37	초등학교 6학년	세계 풍물 퍼레이드	교
AA36	독서/논술	저는 꿀맛닷컴 사이버 논술을 활용해요	기
AA35	초등학교 4학년	먼저 많이 듣도록	내
AA34	초등학교 5학년	교사의 자리를 다양하게 해 보세요.	내
AA33	초등학교 1학년	여러 곳에서 들어 보아요.	내
AA32	초등학교 1학년	활동상황 일지를 통해 학부모와 상담을	반
AA31	재량활동	늘 생활 속에서	내

코드명	카테고리	답변 제목	유형
AA30	독서/논술	논술 사이트를 활용해 보시는 것도……	기
AA29	초등학교 4학년	이런 동시 어떠세요?	교
AA28	사회	도움이 되는 사이트	기
AA27	초등학교 5학년	시 감상 지도	내
AA26	초등학교 4학년	학생과의 외부 활동	미
AA25	초등학교 2학년	요즘 아이들 정서에 맞게	내
AA24	초등학교 2학년	원리를 통해 지도하는 것이	내
AA23	초등학교 5학년	흥겨운 노래로 선정해서	내

이와 같은 방식으로 정보 제공자 교사들의 모든 교류 사례를 분석하여 <표 12>와 같은 유형으로 분류하였다. 총 326건의 교류 사례 중 기술적 합리성 관점에 가까운 교류가 191건으로 가장 많았으며 그 다음으로 내러티브 탐구 관점이 39건으로 뒤를 이었다. 반성적 실천 관점은 25건, 연계적 전문성 관점이 32건, 교육과정 개발 및 재구성 관점은 31건으로 나타났다.

〈표 12〉 정보 제공자 대상 지식교류 사례 유형 분류(N=326)

정보 제공자	구분	기술적 합리성	반성적 실천	교육과정 개발 및 재구성	내러티브 탐구	연계적 전문성	미분류	계
A교사	질문	12	3	2	1	2	0	20
	답변	5	4	7	16	4	2	38
B교사	질문	21	3	1	0	1	1	27
	답변	23	4	4	9	3	2	45
C교사	질문	13	0	2	0	0	0	15
	답변	19	2	6	1	8	3	39
D교사	질문	6	1	1	0	2	0	10
	답변	28	1	1	6	9	0	45

정보 제공자 \ 구분 \ 유형		기술적 합리성	반성적 실천	교육과정 개발 및 재구성	내러티브 탐구	연계적 전문성	미분류	계
E교사	질문	26	3	4	0	0	0	33
	답변	38	4	3	6	3	0	54
계		191	25	31	39	32	8	326

　정보 제공자들의 지식교류 사례를 분석해 본 결과 A교사의 경우 다른 교사들에 비하여 '내러티브 탐구 영역'이 상당히 높게 발견되었다. A교사의 답변 내용은 자신의 실천 경험을 이야기 방식으로 풀어서 교류한 것이 총 답변 38건 중 16건에 달하였다. B교사와 C교사는 질문에서 기술적 합리성 관점에 가까운 교류가 많았고(B교사는 총 질문 27건 중 21건, C교사는 15건 중 13건), 답변에서는 내러티브 탐구(B교사)와 연계적 전문성(C교사) 관점이 다소 높게 나왔다. 중학교에서 과학교과를 맡고 있는 D교사의 경우에는 연계적 전문성 관점에 가까운 답변이 상대적으로 많았는데(총 답변 45건 중 9건), 주로 초등학교－중학교 과학교과 내용의 연계와 과학적 지식과 실생활과의 연계 사례를 자주 활용하였다. E교사는 기술적 합리성 관점이 두드러졌고(33건 중 26건), 약간의 내러티브적 접근에 의한 답변(54건 중 6건)이 있었다. 지식교류 유형 분류를 수치로만 분석해 보면 기술적 합리성에 가까운 관점을 보이는 교류가 191건(58.59%)으로 가장 많았으나 대안적 관점에 가까운 사례의 합도 127(38.96%)건으로 적지 않게 나타나서 지식교류 활동이 대안적 수업전문성 신장을 촉진하는 환경적 조건임이 확인되었다. 각 유형별 사례에 대한 분석은 다음과 같다.

1) 기술적 합리성

 교사의 수업 관련 행위에 대하여 그것이 기술적 합리성 혹은 도구적 관심에 기초한 것이라고 판단하기란 대단히 어렵다. 수업 관련 행위는 흔히 두 가지 이상의 관점이 복합적으로 작동되는 것이 보통이며 수업이 가진 역동성과 맥락으로 인해 수시로 변하기도 하고 다른 관점들과 관련성을 가지면서 그 비중이 변화해 나가기 때문이다. 이러한 분류의 위험성과 어려움에도 불구하고 연구자는 일차적으로 정보 제공자들이 남긴 데이터와 면담 자료를 분류하고 해석하였다. 분류는 표제어 분석과 내용 분석을 병행하였으며 지식관 영역에서 절대적 지식관, 교과지식의 중시, 지식의 전수를 강조하고 있는 데이터들이 분류되었다. 교사의 역할 영역에서는 교사를 교육과정의 단순 실행자로 보고 있는 경우, 교사 개인의 자질과 능력을 수업전문성과 동일시하고 있는 경우, 수업관찰에 의하여 교사의 결핍 사항을 처방하고자 하는 경우는 기술적 합리성 유형으로 분류하였다.

 교사의 수업기술이나 수업관찰에 의한 처방을 강조한다고 해서 무조건 기술적 합리성으로 분류하는 것은 늘 오류의 위험성을 내포하고 있기 때문에 이런 경우에는 주제어뿐만 아니라 내용 분석과 면담에 의한 확인 작업을 거치면서 해석을 시도하였다. 이러한 일련의 해석 과정을 거쳐서 기술적 합리성 유형으로 분류한 데이터들은 '즉답 구하기'와 '교과 중심 사고', '수업기술의 강조' 등의 특징을 가지고 있다는 점이 발견되었다.

(1) 즉답 구하기

‘즉답 구하기’는 수업을 진행하다가 생긴 궁금증에 대한 답변을 바로 구하는 것을 말한다. 이런 경우 수업에 대한 이해와 해석보다는 수업 자료나 수업기술에 대한 사항을 급하게 찾는 경우가 대부분이다. 예를 들면 특정 수업 장면에서 필요한 자료를 구하는 질문, 개념에 대한 정의를 요청하는 질문 등이 이에 해당한다. 학습 효과를 높이기 위하여 특정 자료를 찾는 경우 역시 대표적인 즉답 구하기 형태에 속한다. 수업에서 활용할 동영상 자료를 구하는 질문을 올린 C교사의 경우 방학을 이용하여 연수에 참여하였는데 그 연수에서 소개된 동영상을 보고 본인도 수업 시간의 도입부에 활용할 만한 동영상을 구하고 싶다는 질문을 올렸다.[18]

<CQ02>
질문: 수업 활용에 유익한 동영상 자료 다운로드 방법
김○○(2008-08-25 15:56) 답변: 2[19] | 조회: 23
　　안녕하세요? 중학교에 근무하는 수학교사입니다. 이번 방학에는 오프라인상에서 알찬 연수의 시간을 보냈습니다. 특히 강의 서두에 감동적인 동영상을 감상하고 수업을 시작할 때 훨씬 효과적인 느낌이 들었습니다. 인터넷에 보면 수업시간 도입 부분에 활용할 만한 동영상이 많이 있을 텐데 자료를 어디에서 구하는지, 또 동영상 자료를

---

18) 사례의 기술은 정보 제공자가 행한 질문이나 답변은 특별한 경우가 아니면 전재하였다. 정보 제공자가 아닌 교사의 경우 질문은 전재하였으며 답변은 전체 맥락을 해치지 않는 범위에서 전체 생략, 중략 혹은 후략의 방식으로 생략하였다. 또 답변을 할 때 파일을 올려서 답변 내용을 보충하는 경우가 있었는데 이때는 답변의 말미에 ‘파일 첨부’, ‘관련 자료 첨부’ 등으로 기술하였다.

19) 답변 수는 이 질문에 대하여 이루어진 답변의 개수를 말한다. 조회 수는 이 질문을 조회한 교사의 수를 말한다. 이 숫자는 계속 증가하고 있는 가변적 수치이다. 즉 교류가 오래된 자료일수록 교사들에 의한 열람이나 검색에 노출될 기회가 많기 때문에 수치가 상대적으로 높다. 아울러 여기에 기록된 답변 수, 조회 수는 데이터가 수집될 당시를 기준으로 한 것이다.

쉽게 다운받아 활용할 수 있는 방법은 무엇인지 알고 싶습니다. 선생님들의 답변을 기대합니다.

[답변1] 주위의 분들에게 도움을 요청하시는 것은 어떨지…….
답변자: 우야(2008－08－25　22:42)

　안녕하세요? 선생님. 저는 경남의 도서 벽지학교에서 근무하는 초등 교사입니다. 사실 저도 영재원 학생들을 대상으로 한 수업이나 다른 선생님들을 대상으로 한 연수 강의 등에서 선생님 말씀처럼 동영상을 이용한 수업을 많이 합니다. 물론 그 효과는 선생님도 느껴보셨으니 따로 말씀 안 드려도 아실 것 같고요. 제일 문제는 수업에 필요한 동영상 자료를 구하기가 너무 어렵다는 거지요. 예전에는 P2P를 이용한 동영상의 교환이 이루어졌지만, 요즘은 저작권의 강화로 이런 행동은 당연히 불가능합니다. 대신에 저 같은 경우는 주위의 동료나 친지들의 인맥을 이용해서 필요한 동영상 자료를 구합니다. 주위에 있는 분 중에 동영상 CD나 파일 등을 꽤 저장하고 있는 경우도 많거든요……. (후략)

[답변2]　아이스크림[20)]……
양○○(2008－08－26　10:28)

　안녕하세요! 저는 초등학교 5학년 담임교사입니다. 정말 말이 필요 없습니다. 아이스크림 사이트에 가시면 수업에 필요한 동영상 자료가 상당히 많습니다. (해당 사이트의 주소와 홈페이지의 스크린 샷 탑재)

　즉답 구하기 유형의 질의응답은 지식교류 활동 전반을 통하여 가장 많은 분포를 보인다. 또 지식교류에 처음으로 접근한 교사들의 경우 수업에 당장 활용하기 좋은 자료를 구한다든지 평소에 가지고 있었던 의문점 등을 질문으로 올리는 경우가 많았다. 정보 제공자들에 의하여 답변이 이루어진 질문들 중에도 즉답 구하기가 많았다.

---

20) 수업에 필요한 동영상 자료를 교과별 단원별로 제작, 편집하여 교사들에게 제공하는 민간 사이트.

교사들이 수업에 바로 쓸 수 있는 자료나 사이트를 선호하는 이유는 수업자료를 개발하거나 지도안을 작성하지 않고도 이미 있는 자료를 구하여 그것을 바로 수업에 활용할 수 있기 때문이다. 위 교류 내용을 살펴볼 때 '오프라인 연수에서 감동적인 동영상을 보고 수업에 활용하여 보겠다.'고 마음을 먹는 행위와 그 뒤에 그것을 구하는 행위는 '즉답 구하기'가 가진 빠른 효과와 수업 적용의 편리함을 알기 때문에 이루어질 수 있는 것이다. C교사는 '답변2'를 통하여 알게 된 동영상 제공 사이트에서 본인의 수업에 활용할 수 있는 동영상 학습 자료를 구할 수 있었다. 그룹 면담에서 C교사는 이 질문을 하게 된 동기와 동영상 자료를 수업에 적용해 본 후의 느낌을 다음과 같이 말하였다.

제가 학습자가 되어서 연수를 여덟 시간 받다 보니까 너무 지루했어요. 강의 일변도 수업이었는데…… 아이들 입장을 알겠더군요. 그런데 강의 중간 중간에 동영상을 통해서 분위기 전환을 하고 활력을 주는 것을 보았어요. 동영상을 적절하게 활용하면 도움이 될 것 같아서 앞으로 수업 시간에 활용하고 싶은데 도움을 달라는 글을 올렸더니 선생님들께서 답변을 주셨거든요. 그 답변을 통해서 동영상 다운로드 받는 법을 배우고 폴더를 만들어서 활용했습니다. 단원의 시작 부분이라든가 5교시 아이들이 지루한 시간을 활용해서 2, 3분 정도 되는 동영상을 보여 주니까 분위기가 부드러워지고 학생들의 집중도가 높아졌어요. (C교사, 그룹 면담, 2009년 4월 26일)

물론 C교사는 단원의 시작 부분이라든가 5교시 학생들이 지루한 시간에 2, 3분 정도 되는 동영상을 제한적으로 사용함으로써 수업의 맥락을 해치지 않기 위해 노력하였다. 그러나 수업 주제와 연계를 갖지 않는 동영상을 시청하는 경우 학생들이 동영상 자체에 몰입하게 됨으로써 수업의 본령을 해치는 경우도 발생한다. 이와 같은 '즉답 구하기' 유형의 질문은 지식교류 내내 지속되는 경우도 있고 좀 더 높은 차원의 수업 지식을 공유하는 단계로 나아갈 수도 있다. 그것은 질문자가 지식교류 활동에서 갖게 되는 경험과 무관하지 않다. 즉답 구하기 유형을 지속시키는 경우란 수업 주제에 맞는 동영상을 직접 제작하거나 수정해 본다든지, 동영상과 수업의 관계를 좀 더 맥락적으로 고민해 보는 과정으로 발전하지 못하고 수업 주제와 관련성이 떨어지더라도 어떻게든 구하여 보여 주고 싶은 욕구가 점점 더 커지는 것을 말한다. 이와 같이 즉답 구하기 사례는 장단점을 동시에 가진다. 필요한 자료를 빠르게 구하여 수업에 적용하고 효과까지도 볼 수 있다는 점은 큰 장점이다. 그러나 교사 입장에서 자료를 개발하거나 수정하기보다 이미 잘 만들어진 자료에 대한 의존성이 높아진다는 점, 수업 맥락에서 벗어날 수 있다는 점 등은 즉답 구하기 사례의 단점이라고 할 수 있다.

과학과 수업 모형 설명과 수업 모형에 따른 지도안을 부탁하는 아래 예는 학년에 상관없이 과학과 수업 모형에 관한 설명과 수업 모형이 잘 나타나 있는 교수학습지도안 자료를 구하는 질문 내용이다.

질문: 과학과 수업 모형 설명과 수업 모형에 따른 지도안 부탁드립니다.
양○○(2008-08-11 15:15) 답변: 5 | 조회: 64
무더운 여름 수고가 많으십니다. 학년 상관없이 과학과 수업 모형에 관한 설명과 수업 모형이 잘 나타나 있는 교수학습지도안 자료가 필요합니다. 혹시 자료를 가지고 계시거나 어느 곳에서 자료를 찾을 수 있는지 알려 주세요.

기술적 합리성 관점의 대표적인 교류 형태인 즉답 구하기는 많은 경우 탈맥락적 특징을 보인다. 과학과 수업 모형에 관한 설명과 수업 모형이 잘 나타나 있는 교수·학습지도안 자료를 찾는 교류 행위는 (자료를 획득한 다음에 본인의 수업에 맞게 수정, 가공하여 사용할 것이라는 예상에도 불구하고) 본인이 처한 교수 환경이나 학습의 조건에 대한 고려보다는 일단 교수·학습지도안 자료를 구하는 것에 비중을 두고 있는 것이라 볼 수 있다. 결국 이런 질문에는 수업과 관련한 이야기보다는 학습지도안을 구할 수 있는 곳에 대한 안내(D 교사 답변)가 뒤따르거나 직접 지도안을 구하여 탑재해 주는 방식(답변 2, 답변 5)의 교류가 이어졌다.

<DA05>

[답변1] 과학과 수업모형과 지도안
답변자: 황○○(2008-08-14 16:24)

안녕하세요. 저는 서울 ○○여중 과학교사 황○○입니다. 과학과 수업모형에 대한 설명과 이에 관련된 교수학습지도안이 있는 곳을 알려 달라고 하셨지요? 앞에서 여러 선생님들께서 좋은 사이트를 많이 알려 주셨네요. 저에게도 많은 도움이 되었습니다.^^ 저도 제가 잘 애용하고 있는 곳을 한 군데 안내하여 드리겠습니다. CHEMED4U(화학교육홈페이지)입니다. (후략, 해당 화면 스크린 샷 탑재)

[답변2] 자료 올려드립니다.
답변자: 에너자이저(2008-08-12 11:45)

안녕하세요. 선생님? 방학은 잘 보내고 계신가요? 과학과 수업모형과 지도안을 찾고 계시네요. 저도 이전에 선생님과 비슷한 고민을 한 적이 있어서 어느 정도는 해결해 드릴 수 있으리라 생각됩니다. (관련 자료 첨부)

[답변3] KICE - 교수학습개발센터의 자료를 이용해 보세요.
답변자: 원추리(2008 - 08 - 12 22:01)
   안녕하세요! 저는 익산 ○○초등학교 김○○입니다. 과학과 수업
모형과 교수학습지도안을 찾고 계셔서 제가 이용하고 있는 사이트의
자료를 소개해 드릴까 합니다. 바로 한국교육과정평가원 - 교수학습개
발센터의 자료입니다. (후략)

[답변4] 관련 사이트
답변자: 민둘(2008 - 08 - 12 23:14)
   안녕하세요. 서울에서 근무하고 있는 초등교사입니다. 과학과 수업
모형에 대한 자료가 필요하시군요. 교사의 입장에서 수업모형에 대하
여 자세하게 안내한 자료가 있어서 소개해 드립니다. 서울특별시과학
전시관 홈페이지를 방문하시면 아래쪽에 과학포럼 배너가 보입니다.
클릭하시면 동영상자료와 지도안 자료를 보실 수 있습니다. (후략)

<BA04>
[답변5] 과학과 수업모형과 지도안
답변자: 이○○(2008 - 08 - 13 11:21)
   안녕하세요. 저는 인천의 초등학교에서 6학년을 맡고 있는 교사입
니다. 과학과 수업에 대한 고민을 많이 하시는군요. 저도 언제나 과
학수업에 대한 많은 고민을 하고 있는데 항상 어렵다는 생각이 듭니
다. 선생님께서 궁금해 하시는 과학수업에 대한 수업모형과 지도안이
잘 정리되어 있는 자료를 첨부합니다. (후략, 관련 자료 첨부)

   답변에 나선 다섯 명의 교사들 모두 본인이 평소에 즐겨 이용하는
사이트나 자료를 직접 소개하는 방식으로 교류하고 있다. 정보 제공
자 중에서 D교사의 경우에는 사이트를 자세하게 소개하는 글을, B
교사는 관련 자료를 파일로 첨부하여 질문자에게 도움을 주고자 하
였다. 사실 학교 안에서 동료교사에게 바로 도움을 얻기가 힘든 수
업 자료나 사이트에 대한 질문을 올렸을 때 이렇게 여러 명의 교사

가 앞서거니 뒤서거니 답변을 올려준다는 것 자체만으로도 질문자는 커다란 만족을 느낄 수 있다. 또 이미 한 번 답변을 올린 교사도 뒤이어 올라오는 답변들을 보면서 본인의 수업지식을 좀 더 풍부하게 만들어 갈 수 있는 장점도 있다. 동일한 주제에 대하여 복수의 교사가 협력적으로 참여할 수 있다는 것은 그만큼 질문자가 요청하는 것을 최대한 가깝게 제공할 수 있는 가능성을 높여 주기도 하였다. 그럼에도 불구하고 이러한 종류의 '즉답 구하기' 교류 유형은 수업을 탈맥락화시켜서 자료 혹은 사소한 팁 중심의 수업이 되게 하는 위험을 안고 있다.

(2) 교과지식 및 수업기술의 강조

기술적 합리성에 기초한 수업전문성 개념이 교과지식의 효과적 전수를 강조하는 것은 맞지만 여러 지식교류 활동 사례를 보고 단순히 '교과지식'을 강조했다고 해서 이를 전통적 관점으로 분류하는 것은 많은 문제를 내포한다. 똑같은 교과지식의 강조라 하더라도 그것이 목표로 하는 바가 무엇인가를 함께 생각하지 않으면 혼동이 올 수 있기 때문이다. 본 연구에서 기술적 합리성에 기초한 교과지식은 지식의 생성보다는 수용 관점에서 교과서 내용을 충실하게 전달하고자 하는 교류 형태를 보이는 것을 말하고 있다. 이는 몇 개의 주제어를 보고 판단할 수 있는 문제가 아니기 때문에 전체적인 맥락에 대한 분석과 정보 제공자들의 발언을 통하여 확인하는 과정을 거쳐 분류하였다.

B교사에 의하여 이루어진 아래 질문은 초등학교 6학년 과학교과

에서 계절의 변화를 지도할 때 교사가 간단히 준비하는 실험을 통해 결과를 잘 볼 수 있는 효과적인 방법을 묻고 있다. 과학 개념상의 문제를 어떻게 하면 학습자들에게 효과적으로 설명할 것인가에 대한 도움을 요청하고 있는 것으로 질문과 답변 모두 교과지식의 충실한 전수라는 특징을 가진다.

<BQ17>
질문: 6학년 과학, 계절의 변화 지도할 때
이○○(2008 - 11 - 19 10:30) | 답변: 3 | 조회: 16
　초등학교 6학년 담임을 맡고 있는 교사입니다. 과학과에서 계절의 변화를 가르치면서 어려움을 느껴 이렇게 문의를 드립니다. 지구 자전축이 수직일 때와 23.5도 기울어진 상태에서 공전할 때의 비교 실험으로 우리나라의 4계절이 생김을 지도했습니다. 그런데 자전축이 수직인 지구본도 없고, 전등 불빛의 차이가 정확하지 않아 두 비교 실험 결과가 제대로 나오지 않았습니다. 몇몇 아이들만 이해한 상태에서 설명으로 마무리 짓고 수업을 마쳤습니다. 결국 다음 시간에 다시 설명을 하고 사진 자료만 보여 주기로 했는데요. 이 실험을 교사가 간단히 준비하면서 결과를 잘 볼 수 있는 효과적인 방법이 있을까요?

[답변1] 저도 비슷한 경험이 있는데, 그림을 이용하여 설명하였습니다.
답변자: 네임펜(2008 - 11 - 19 22:57)
　안녕하세요? 저는 6학년을 담당하고 있는 초등교사입니다. 선생님이 고민하신 문제는 얼마 전 저도 고민했던 문제라 공감이 많이 됩니다. 저도 선생님처럼 실험을 해 보았지만 사용한 전등의 문제인지 비교 실험이 제대로 이루어지지 않아 난처했습니다. 결국 칠판에 그림을 그려 놓고 설명하니 아이들이 이해를 잘하는 것 같았습니다.
　그림을 설명하자면 우리나라를 기준으로 적도에서 적당한 위치에 'ㅗ'(사람이라 가정한다면)를 세운다고 가정할 때, '가'의 경우 여름을 나타냅니다. '가'에서는 그림처럼 태양의 고도가 높고('나'에 비해), 그림자의 길이도 짧습니다. '나'의 경우 그림처럼 태양의 고도가 낮고 그림자의 길이가 길어집니다. (후략)

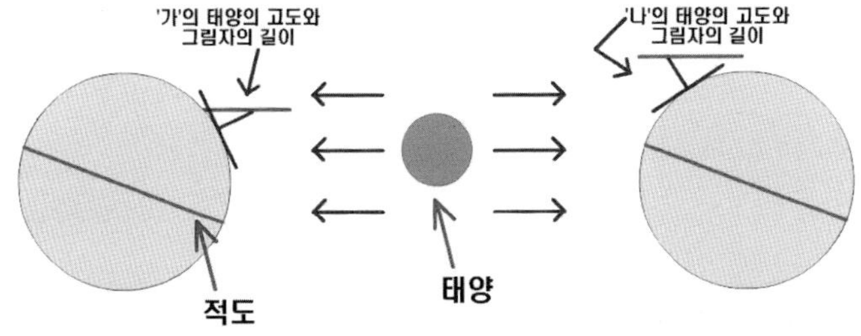

[그림 5] 태양의 고도와 그림자의 길이 비교 그림

**[답변2] 물을 붓는 것을 비유로 하여 설명하면 어떨까요? 답변자:
어린왕자(2008 - 11 - 20 21:15)**

안녕하세요. 저는 대전 ○○고에서 지구과학을 담당하는 교사 이
○○입니다. 선생님의 질문과 답변을 보면서 별생각 없이 받아들였던
부분들이 부끄럽게 느껴졌습니다. 양동이를 세우고 위에서 수직하게
물을 부을 때와 그것을 비스듬하게 기울이고 물을 부을 때에 서로 양
동이에 담긴 물의 양이 달라진다는 것을 이용하면 어떨까요? (후략)

<DA33>
[답변3] 계절의 변화 지도
황○○(2008 - 11 - 23 23:44)

안녕하세요. 저는 서울 ○○여중 과학교사 황○○입니다. 지구의
자전축이 기울어진 상태에서 태양을 공전하기 때문에 나타나는 계절
의 변화에 대한 지도 방법을 질문하셨네요. 이 부분은 학생들의 이해
력을 요하는 부분이므로 자칫 사고의 혼돈을 일으킬 수 있는 곳이지
요. 그래서 선생님들도 학생들의 쉬운 이해를 위해 교수 방법을 고민
하는 부분입니다.

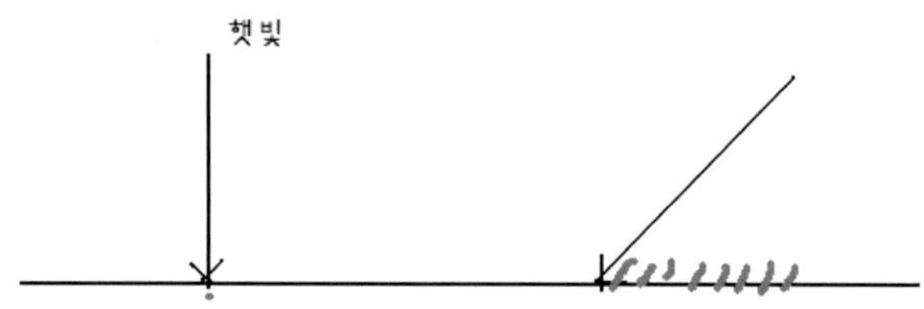

[그림 6] 태양의 고도와 면적당 온도 상승

말씀하신 대로 전등 불빛을 가지고 실험할 수 있는 방법이 있는데
이 방법은 실제로 실험해 보면 명확한 결과의 차이를 구분해 내기 어
렵습니다. 그러므로 그림을 가지고 상황을 이해시킨 다음에 확인 과
정에서 실험을 도입하는 것이 좋을 것 같습니다. 도입에 앞서 학습되
어 있어야 할 부분은 태양의 고도입니다. 그림과 같이 햇빛이 수직으
로 입사하는 경우 태양의 고도가 높아지게 되고 햇빛은 빨간 점으로
표시한 곳으로 한곳에 집중되므로 온도가 높아집니다. 오른쪽과 같이
비스듬하게 입사하는 경우에는
태양의 고도가 낮아지고 빨간
빗금 친 부분으로 햇빛(태양 복
사열)을 나누어 갖게 되므로 면
적당 온도가 높지 않게 되지요.
그러므로 두 가지 경우를 비교
하여 보면, 왼쪽 그림과 같이
태양의 고도가 높을 때 같은
면적당 온도 상승률이 훨씬 높

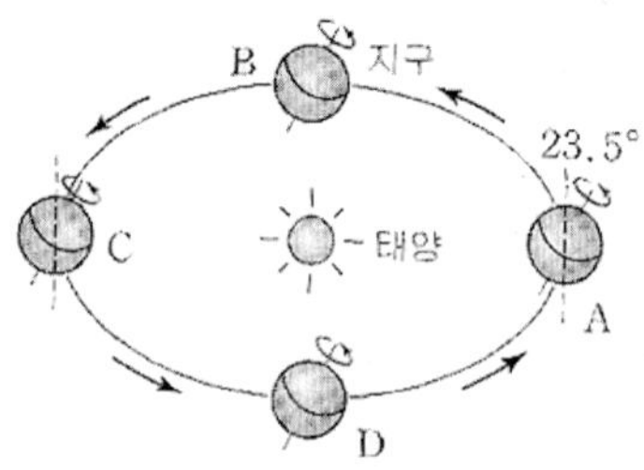

[그림 7] 위도에 따른 태양의 고도

게 됩니다. 이러한 개념을 먼저 설명해 주셔서 개념이 확실해진 후
에…… 지구 자전축이 기울어져 위도에 따라 태양의 고도가 다름을
도입합니다. 오른쪽 제가 이 부분을 설명할 때 칠판에 그려 주는 그
림입니다. 우리나라의 경우는 북반구이므로 위 왼쪽 그림처럼 태양이
북반구 부근을 거의 수직으로 비추는 때(C)가 여름이 되며, 호주와
같은 남반구는 C위치에서 겨울이 됩니다. 반면 태양이 남반구를 수
직으로 비추는 A지점에서 북반구인 우리나라는 겨울이며, 호주와 같
은 남반구의 나라는 태양의 고도가 높아져 여름을 맞게 되는 것이지

요. 이런 식으로 태양의 고도가 달라지므로 온도의 변화가 생겨 4계
절이 생기게 된다고 설명하면 학생들은 잘 이해하게 될 것입니다. 지
도에 도움이 되셨으면 좋겠네요……. 감사합니다.^^21)

닉네임 '네임펜' 교사는 질문자처럼 실험을 해 보았지만 비교 실
험이 제대로 이루어지지 않아 난처했다고 고백하면서 결국 칠판에
그려 놓고 설명하니 아이들이 이해를 잘하는 것 같았다는 답변을 올
렸다. 닉네임 '어린왕자' 교사는 질문자의 질문과 이전에 올라간 답
변을 보고 별생각 없이 받아들였던 부분들이 부끄럽게 느껴졌다고
하면서 '양동이를 세우고 위에서 수직하게 물을 부을 때와 그것을
비스듬하게 기울이고 물을 부을 때에 서로 양동이에 담긴 물의 양이
달라진다.'는 점을 설명하였다. 정보 제공자 D교사는 질문에 해당하
는 부분이 학생들의 이해력을 요하는 부분이므로 자칫 사고의 혼돈
을 일으킬 수 있는 곳임을 전제하면서 그림을 첨부하여 상세하게 설
명(답변3)을 시도하였다. D교사의 답변은 말 그대로 교과지식의 충
실한 이해를 돕는 설명이며 학생들에게 어떻게 쉽게 전달할 것인가
하는 수업기술의 문제라고 볼 수 있다.22)

한편 '수업기술'은 기술적 합리성을 지향하는 수업에서도, 이해를
중시하는 대안적 관점의 수업에서도 구사될 수 있는 교사의 능력이
다. 여기서 사례로 드는 것은 구사된 수업기술이 기술적 합리성과

---

21) 교류 활동에 참여하는 교사들은 질문과 답변 과정에서 종종 ^^, ~*, ^^;, ㅠㅠ 등의 이모
티콘을 사용하였다. 이미 온라인 학습방 등을 통하여 학생들의 온라인 문화를 많이 접한 까
닭에 교사들은 몇 가지 종류의 이모티콘을 스스럼없이 사용하고 있었다. 그러나 의미를 훼손
할 정도는 아니었으며, 질문답변 과정에서의 작성자의 감정의 흐름 등을 잘 나타내어 주었다.

22) 물론 이 교류에서 D교사의 답변 방식을 포함한 교류의 전반적 유형은 경험과 사례를 풀어내
고 있다는 점에서 내러티브적 유형으로도 볼 수 있다. 여기서는 교과지식을 어떻게 충실하게
전달할 것인가의 측면에서 비중을 두고 접근한 것이기 때문에 앞서 제시한 분석틀에 의하여
기술적 합리성으로 분류하였다.

도구적 관심으로부터 비롯된 것들이다. 교사의 수업 행위를 보고 어느 하나의 관점으로 판단을 내린다는 것의 위험성으로 인해 여기서는 일단 지식교류 사례 데이터와 정보 제공자들의 제보 내용을 해석의 대상으로 삼았다. 기술적 합리성을 지향하는 차원에서 수업기술을 강조하는 관점은 수업을 '투입－산출 모형'으로 보고 있는 경향이 강하였다. 따라서 눈으로 확인되지 않는 '수업 이해'의 측면이나 '수업 맥락'과 같은 요소들은 종종 교사의 능력에서 배제되는 경향이 있었다.

<BQ02>

[질문] 과학과 실험 실습 시 효과적인 지도방법

이○○(2008－08－13 11:44) 답변: 2 | 조회: 42

　　저는 인천의 초등학교 6학년을 가르치고 있는 교사입니다. 과학 수업에 대해 선생님들의 고견을 듣고 싶어 이렇게 글을 올립니다. 과학 수업 특히 실험실습 수업은 대규모 학급에서 과학실이 부족하여 실험 단원을 지정해서 실습을 하게 됩니다. 실습을 할 때 시범 실험을 하면 학생들이 집중을 잘하지 못하고 그렇다고 조별 실험을 하면 교사가 돌아다니면서 모두 다 설명을 해 줘야 하는 부담이 있습니다. 물론 학생들의 실습 태도를 지도하면 되겠지만 실험실에 오랜만에 오다 보면 아이들이 많이 들뜨고 떠드는 경향이 있습니다. 이에 선생님들께서는 실험 단원 실험 시 과학실에서 어떻게 수업을 하시는지 노하우를 부탁드립니다.

　정보 제공자 B교사는 과학교과에서 실험 학습을 할 때 효과적인 학생 지도 방법에 대하여 질문을 올렸다. B교사는 대도시 학교의 다인수 학급을 맡고 있는데 학교의 과학실이 부족하여 실험 단원을 지정해서 실습을 한다는 것이다. 실습을 할 때 시범 실험을 하면 학생들이 집중을 잘하지 못하고 그렇다고 조별 실험을 하면 교사가 돌아다니면서 모두 다 설명을 해 줘야 하는 부담이 있다는 것이 B교사가 가진 고민이다. B교사는 다인수 학급의 학생들을 효과적으로 통제하면서 교육과정에 있는 실험 실습을 무리 없이 진행하고자 다른 교사들의 조언을 요청하였다.

[답변1] 실험보고서를 활용해 보시는 것이 어떨까요?
답변자: 네임펜(2008 - 08 - 14 19:16)
　안녕하세요? 저는 강원도 ○○초등학교에서 근무하고 있는 교사 허○○입니다. 실험실에서의 학생지도는 선생님과 저뿐만 아니라 많은 분들의 고민이라 생각이 되네요. 저는 실험보고서를 활용합니다.
(후략)

<DA07>
[답변2] 과학 실험실 수업 중 학생지도
답변자: 황○○(2008 - 08 - 14 15:50)
　안녕하세요. 저는 서울 ○○여중 과학교사 황○○입니다. 교실을 벗어나 특별실에서 수업을 할 때면 학생들은 괜히 들떠서 수업분위기가 어수선하기 쉽지요. 더욱이 실험기구들이 많이 있는 과학실 실험을 할 때면 그런 분위기는 더욱 심해지는 것 같습니다. 과학 실험실에서는 안전상의 문제에도 유념을 해야 하는데 학생들이 차분하지 못한 상태라면 더욱 위험할 수도 있으므로 교실 수업보다 훨씬 더 긴장되는 것은 사실입니다. 그러면 제가 사용하는 실험 시 학생 태도 지도 방법을 몇 가지 말씀드리겠습니다.
　첫째, 실험실에 앉을 때는 번호별로 지정석에 앉도록 합니다. 그리고 수업 시작 전에 실험 외의 잡담을 나누거나 소란스러운 학생은 자리로 확인하여 태도점수를 감점할 것임을 미리 공고합니다.
　둘째, 실험 안내 시간에는 모두 앞으로 집중하도록 하며 이때에는 실험기구에 손을 대지 않도록 합니다. 실험의 개요와 실험 시 유의점을 설명할 때에는 모두 집중하도록 한 뒤 시작합니다.
　셋째, 실험 진행 중에는 시간을 정해 줍니다. 실험 시작부터 끝날

때까지 2, 3가지로 분류하여 그 시간 안에 해당 과제를 마칠 수 있
도록 시간 안배를 짧게 지정하여 집중하도록 합니다.
　　넷째, 실험 진행 시 각 조별로 개별 지도를 하며 진행 상황을 살펴
보고 흥미를 진작시켜 줍니다.
　　다섯째, 실험 결과보고서를 시간 안에 제출하도록 합니다.
　　학생들에게 큰 부담이 되지 않도록 양은 조절하되 수업종이 끝나
기 전에 반드시 제출해야 함을 공고하여 학생들이 긴장하여 수업에
집중할 수 있도록 합니다. 다른 선생님들께서는 어떤 노하우를 갖고
계신지요? 저도 궁금합니다.

　　실험실에 오랜만에 오다 보면 아이들이 많이 들뜨고 떠드는 경향
이 있기 때문에 학생 통제가 힘들다는 것이 질문의 요지이다. 정보
제공자 D교사의 답변 내용에는 과학교사로서 실험실 수업을 많이
해 본 경험이 있기 때문에 '실험실에서의 효과적 학생 통제'에 대한
몇 가지 노하우가 포함되어 있다. 실험실에 앉을 때는 번호별로 지
정석에 앉도록 하기, 수업 시작 전에 실험 외의 잡담을 나누거나 소
란스러운 학생은 자리로 확인하여 태도점수를 감점할 것임을 미리
공고하기, 실험 안내 시간에는 모두 앞으로 집중하도록 하며 실험기
구에 손을 대지 않도록 하기, 실험의 개요와 실험 시 유의점을 설명
할 때에는 모두 집중하도록 한 뒤 시작하기, 실험 진행 중에는 시간
을 정해 주기, 실험 진행 시 각 조별로 개별 지도를 하며 진행 상황
을 살펴보고 흥미를 진작시켜 주기, 실험 결과보고서를 시간 안에
제출하도록 하기 등의 노하우는 실험실을 자주 이용하기 때문에 효
과적 학생 통제 방법을 동원할 수 있었던 D교사의 경험이 녹아 있
다. 답변을 한 입장에서 느낌을 묻는 연구자의 질문에 D교사는 다음
과 같이 말하였다.

질문을 올려주신 것을 보았을 때 남의 얘기가 아니라고 생각했어요. 과학과 실험이 굉장히 많이 힘들다는 것을 겪어왔기 때문에…… 저도 이렇게도 해 보고 저렇게도 해 보고 여러 방법을 해 봤는데…… 가장 효과적인 방법은 그 시간 내에 해결해야 되는 과제를 주는 것이거든요. 과제가 있어야지 실험에 몰두합니다. 과제가 없으면 잡담도 많이 하고 실험 도구 가지고 노는 아이들이 많아요. 과제를 주면 아이들이 수업에 대한 도전 의식도 생기고 동기가 부여되어서 더 잘하더라고요. (D교사, 그룹 면담, 2009년 4월 26일)

C교사 역시 질의와 답변에서 기술적 합리성 관점에 속하는 내용이 많았다. 다음은 C교사가 수학 교과의 평가 문항을 효과적으로 재구성하기 위한 노하우를 묻는 질문이다. 특정 자료를 구할 수 있는 사이트를 묻고 있다는 점에서 기술적 합리성의 특징을 드러내는 질문이라고 볼 수 있다.

<CQ14>
질문: 중학교 수학 수업 활용 자료
김○○(2008-12-16 13:51) 답변: 1 | 조회: 33
안녕하세요? 중학교에 근무하고 있는 수학 교사입니다. 선생님들께서도 효율적인 수업자료의 활용을 위해 자체 제작은 물론 여러 참고 사이트를 활용하고 계신 줄 압니다. 저 역시 단원 종합 평가 등을 위해서 사이트 두 곳을 활용하여 문제를 재구성하여 활용하고 있습니다. 선생님들께서는 각 단원에 알맞은 플래시 자료나 PPT 자료 등을 활용하실 때 어떤 사이트를 참고하시는지요? 중학교 수업에서 선생님들께서 활용하고 계신 단원별 특징을 살린 참고 사이트나 활용 자료에 대한 조언을 부탁드립니다.

[답변] 중학교 수학 수업자료 사이트
답변자: 나누미(2008-12-16 14:18)
안녕하세요. 저도 주변 선생님의 요청으로 인해 선생님께서 원하시

는 중학교 수업자료와 연관된 사이트를 소개해 준 적이 있습니다. 제가 인터넷을 통해 여러 사이트를 검색해 보았지만 그중에서도 중학교 수학 수업에 필요한 자료를 아주 체계적으로 수록한 사이트를 몇 개 소개해 드리려고 합니다. (후략)

정보 제공자 C교사는 효율적인 수업자료의 활용을 위해 각 단원에 알맞은 플래시 자료나 PPT 자료 등이 있는 사이트에 대한 조언을 요청하였다. 이 같은 질문은 특정 수업 내용이 아닌 자료가 있는 곳을 묻는 '즉답 구하기'이면서 '효과적 수업기술의 공유'를 요청하는 것이라는 점에서 전형적인 '기술적 합리성' 관점이라고 볼 수 있다. C교사는 답변 활동에서도 기술적 합리성 관점에 가까운 답변을 많이 하였다. 아래 질문은 수학 교과에서 '그림이나 도형을 쉽게 그릴 수 있는 프로그램'을 요청하는 질문이다. 질문자는 수학교과에서 평가문항을 작성할 때 효과적으로 사용할 수 있는 프로그램을 구하고 있다.

질문: 수학 프로그램
김○○(2008-09-09 13:08) 답변: 2 | 조회: 19
　　중학교 수학교사입니다. 매번 시험문제나 학습지를 만들 때마다 느끼던 문제인데요. 그림이나 도형을 쉽게 그릴 수 있는 프로그램이 없을까요? 저는 엑셀이나 한글에서 직접 그리는 편이거든요. 다른 선생님들의 노하우를 나눠주세요. 어떤 방법들을 사용하고 계시나요?

<CA35>
[답변1] 도형 관련 문제 재가공 활용
답변자: 김○○(2008-09-09 14:41)
　　안녕하세요? 저는 중학교에 근무하는 수학교사입니다. 매번 시험문제나 학습지를 만들 때마다 엑셀이나 한글에서 직접 도형을 그리신

다고요? 시간도 오래 걸리고 많이 힘드시지요? 정보화 시대에 주어
진 자료를 재가공하여 의도하고자 하는 문제를 출제한다면 일석이조
라고 생각합니다. 저는 첨부하는 사이트 등에서 수학 자료실 문제를
사용하여 도형부분은 제가 출제하고자 하는 부분을 찾아 숫자나 기호
를 출제의도에 맞는 내용으로 수정하여 활용합니다. 아래 사이트를
참고해 보세요. (이하 사이트의 URL 첨부)

[답변2] 아래아한글의 그리기도구를 최대한 활용합니다.
답변자: 셈돌이(2008 - 09 - 09 23:54)
　(내용 생략)

　위 질문에 대하여 C교사는 이미 제작되어 있는 도형 등을 수정,
재가공하여 사용할 것을 권하면서 참고 사이트의 URL을 첨부하였
다. C교사는 사이트 등에서 수학 자료실 문제를 사용하여 도형 부분
은 출제하고자 하는 부분을 찾아 숫자나 기호를 출제 의도에 맞게
수정하여 활용하고 있다고 하였다. 평가 문항을 작성하는 것은 수식
입력 및 도형 그리기의 문제로 인해 수학교사들이 겪는 어려움 중의
하나이기 때문에 교사들이 사용하는 이러한 노하우는 평가문항 효과
적으로 작성하도록 도와주는 '수업기술'이라고 볼 수 있다. B교사와
C교사의 경우 교과지식 및 수업기술을 강조하는 질의응답이 상대적
으로 많았다. 온라인 면담 및 방문 면담에서 B교사는 '교과지식의
전수 및 효과적 수업기술'을 상당히 중시하고 있음이 드러났고 지식
교류를 통하여 '결핍 사항을 처방하는 수업기술의 습득'에 많은 도
움을 받았다고 이야기하고 있다.

　　지식교류 활동은 수업 결핍 사항에 대한 처방을 통한 수업기술의 향상
에 도움이 된다고 생각합니다. 내가 어려워하고 있는 부분에 대하여 좀 더

전문적인 능력을 가진 선생님들의 처방을 통하여 나의 수업기술이 향상될 수 있다고 생각합니다. 수업기술과 관련하여 어떤 부분에 대해서는 정말 배우고 싶은데 자존심이나 폐쇄적인 성향으로 다른 사람의 의견을 접할 기회가 없을 경우 지식교류에서 결핍사항에 대한 처방을 통한 수업기술의 향상은 상당히 의미가 있다고 생각합니다. (B교사, 2차 온라인 면담, 2009년 2월 25일)

B교사는 지식교류 활동이 '수업 결핍 사항에 대한 처방을 통한 수업기술의 향상'에 도움이 된다고 생각하고 있었다. '내가 어려워하고 있는 부분에 대하여 좀 더 전문적인 능력을 가진 교사들의 처방'을 통해 수업기술을 향상할 수 있다는 것이다. B교사는 본인의 생각과 지식교류에서의 활동이 일치하는 부분이 많았던 경우이다. 한편 정보 제공자 교사들이 생각하는 지식교류를 통하여 신장된 능력과 실제 지식교류 현황이 다소 다르게 나타나기도 하였다. 가령 C교사의 경우 지식교류 활동이 수업에 대한 반성과 성찰 능력 향상, 수업 사례 나누기를 통한 나와 타인의 수업에 대한 이해에 도움이 되었다고 말하였지만, 질의응답 내용에서는 기술적 합리성 관점에 가까운 교류 내용이 많았다. 교과지식 및 수업기술을 강조하는 관점은 정보 제공자 교사들뿐만 아니라 지식교류에 참여했던 교사들의 사례 중 가장 높은 빈도를 보인 교류 유형이었다.

2) 반성적 실천

지식교류 활동과 관련한 반성은 크게 두 가지 유형으로 나타난다. 하나는 개인 반성이고 다른 하나는 집단 반성이다. 지식교류 활동에서는 집단 반성이 더 자주 일어났으며 그 형태는 '수업담화'였다. 즉 어느 한 사람이 자기의 수업을 고백하고 개선점에 대한 조언을 구하면 다른 교사들이 이에 대하여 의견을 올리는 과정에서 집단 반성의 분위기가 형성되고 교류에 참여한 교사들은 질문자이든 답변자이든 자신의 수업 개선 내용을 획득하게 된다.

지식교류 활동에 참여하는 교사들은 처음에는 엿보기를 통하여 다른 교사들의 실천 행위로부터 간접 체험을 하려고 한다. 즉 질문이나 답변 활동을 하는 대신 이미 진행된 교류활동에서 자신의 경우와 흡사한 질의응답 상황이 있는가를 보고, 더 나아가서 지식교류 커뮤니티 상단에 마련된 검색창을 이용하여 자신의 경우와 유사한 내용의 교류를 찾아보는 시도를 한다. 이렇게 하여 만족할 만한 정보를 얻게 되면 검색하기를 중단하고 자기의 수업에 활용하지만, 원하는 정보가 나오지 않을 때에는 지식교류 커뮤니티에 머물기를 포기하거나 아니면 용기를 내어 질문을 올리게 된다. 지식교류 커뮤니티에 질문을 올린다는 것은 자신의 수업을 고백하는 것을 전제로 한 행위이기 때문에 다소간의 결단이 필요한 과정이며 절실함을 내포하고 있는 과정이기도 하다.

특정 지식교류 사례로부터 반성적 실천 유형을 분류해 내는 방법으로는 주제어와 내용분석을 주로 하였다. 선행 연구에서 반성적 교사의 실천 행위로 언급하고 있는 저널쓰기, 이야기하기, 자서전적 회고 등이 드러나 있는 사례들이 우선 분석 대상이 되었으며 교류 내용에서 해석 과정을 통해 드러난 반성 과정들에 주목하였다. 다만, 반성적 실천을 교류 텍스트로부터 판단하는 것은 반성을 도구화시킬 우려가 있기 때문에 교사들이 수업 행위를 보는 관점에 주목하였으머 이를 위하여 정보 제공자들의 의견을 충분히 들었다.

(1) 수업 되돌아보기

다음 사례는 학부모 공개 수업을 하면서 겪었던 중학교 영어 교사의 자기 고백이다. 이 교사는 본인이 진행했던 수업이 '지루하지 않느냐'는 학부모의 의견을 듣고 적지 않은 상처를 받았다. 교사가 자신의 수업에 대하여 타인의 반응을 들어볼 기회는 그렇게 많지 않다. 또 교사끼리 동료장학 등의 프로그램에 의하여 공식적으로 주고받는 의견 중에는 서로 상처가 되는 말은 삼가는 것이 관행처럼 되어 있다. 이 교사의 경우 수업관찰자는 학부모였고 그 반응은 썩 긍정적인 것이 아니었다. 학부모의 반응에 고민하던 '이○○' 교사는 지식 교류 커뮤니티에 질문을 올려 도움을 요청하였다.

> **질문: 제 수업이 지루하다고 합니다.**
> 이○○(2008 – 09 – 19 14:38) 답변: 2 | 조회: 20
> 　중학교에서 영어를 가르치고 있어요. 어제 오후 수업이 학부모 공개수업이었는데요. 예상외로 참여율이 높아서 좀 놀랐답니다. 특히 1학년의 경우 열 분 이상 오신 학급도 있었어요. 진도가 본문이었는데 중학교 영어에서 본문을 배우는 방법이야 뭐 학생들은 교과서 시디로 두어 번 듣고 한 문장씩 따라 읽어보고 제가 해석해 주고 주요 문법 짚어주는 거잖아요. 저는 이 외에도 파워포인트 써서 그림 자료 보여주고 post reading 과정으로 true/false 문제를 주고 시키는 내용을 추가했거든요.
> 　가뜩이나 아이들도 많은데 참관하시는 어머님들 아버님들까지 좁은 교실이 꽉 차서 답답했는데 수업 종이 울리자 어떤 어머님께서 오시더니 누구 엄마라고 하시면서 '새로 오신 샘이라고 들었는데 얼마나 계실 것이냐', '우리 애가 중간고사 때는 몇 등 했고 기말고사 때

는 몇 등 했는데 발표를 잘 안 하는 거 같으니까 앞으로 계속 시켜
달라'는 등…… 말씀을 하시더니 '근데 수업이 좀 지루한 것 같은데
요' 이러시더군요. 본문 배우는 부분이라 듣기 읽기를 주로 해서 그
렇다고 말씀은 드렸는데 여태까지 이런 평가는 첨이라서 기분이 좀
좋지 않네요. 영어 샘들 본문 가르치실 때 좋은 아이디어 좀 알려주
세요. 플리즈~.

질문을 올린 교사는 영어교과에서 본문 수업을 진행할 때는 '교과
서 CD로 두어 번 듣고 한 문장씩 따라 읽어 보고, 교사가 해석해
주고 주요 문법을 짚어주는 것'이 기본이라는 생각을 가지고 있다.
본인은 그것 외에도 파워포인트를 써서 그림 자료를 보여 주고 읽기
후속 과정으로 진위 문제를 주고 학생들에게 시켰는데 학부모로부터
'수업이 지루한 것 같다.'는 평가를 받고 기분이 좋지 않은 상태이다.
위 교사가 근무하고 있는 학교에서 동료 교사에게 이런 기분을 피력
하기에는 쉽지 않았을 것이다. 수업 진행에 대한 자존심이 걸린 문
제이기도 하고 이미 알고 있는 동료교사들의 속성상 시원한 답변을
듣기는 힘들다고 판단을 내렸을 수도 있다. 그러한 고민이 위 교사
로 하여금 지식교류 커뮤니티를 찾게 한 동기였다고 판단된다. 이
질문에 대하여 답변을 진행한 교사는 영어과 교사가 아니고 정보 제
공자 교사인 국어과의 E교사와 과학과의 D교사였다. 먼저 E교사는
상처받았을 질문 교사를 위로하는 것으로 답변을 시작하였다.

<EA29>

[답변1] 학부모의 교사 수업 평가
답변자: 해오름(2008-09-20 18:00)
　선생님, 안녕하세요? 저는 고등학교에서 국어를 가르치고 있는 교
사입니다. 선생님의 글을 읽고 저도 공감되는 부분이 많아 답글을 씁

니다. 좀 더 재미있고 활기찬 수업을 진행하는 것은 모든 교사의 소
망이겠지요. 하지만, 한 시간의 짧은 참관으로 교사의 수업을 평가하
는 학부모의 말에 너무 기운 빠지시지는 않았으면 합니다. 수업은 부
모가 받는 것이 아니라 학생이 받는 것이거든요. 학생이 어떻게 받아
들였는지가 더 중요하다고 봅니다. 물론 활기차고 재미있는 수업이
되면 더욱 좋겠지만, 학습목표에 충실히 도달했다면 크게 걱정을 안
하셔도 좋을 것 같습니다. 교사가 개그맨이 아니기에 수업을 무조건
웃기게 해야 하는 것은 아니라고 봅니다. 어떨 때는 숙연하고 진지하
게 진행할 필요도 있다고 봅니다.

　다만, 한 가지 본문 읽고 정리할 때에 좀 더 활기찬 수업을 원하신
다면 아이들의 발표를 많이 시켜 보세요. 특히, 학부모님이 참관하실
때는 아이들의 활동이 많은 부분을 정해서 하시는 것도 좋다고 봅니
다. 다른 선생님들의 도움 말씀도 기대해 봅니다.

　E교사는 질문을 올린 교사의 처지에 공감을 표하는 한편 우선 수
업의 본령에 대하여 상기할 것을 주문하고 있다. 재미있고 활기찬
수업을 진행하는 것이야 모든 교사의 소망이지만 한 번의 짧은 참관
으로 수업에 대한 소감을 밝힌 것에 대하여 너무 크게 상심하지 않
도록 격려하고 학생이 어떻게 받아들였는가를 중심에 놓고 생각해
보자고 권유한다. 다만, 활기찬 수업을 위해서는 '학습자가 참여하는
수업'이 좋지 않겠느냐는 의견을 제시하였다. 질문을 올리고 첫 답변
을 듣기까지 단계에서 질문자는 학부모의 '지루한 수업'에 대한 의
견에 대하여 불안감 혹은 정말로 내가 그러한 수업을 하였는지에 대
한 확인 욕구 같은 것이 있었을 것이다. 이러한 방식의 답변은 불안
한 심리 상태에 있는 질문자에게 안정감을 주는 효과가 있다. 본인
의 문제가 그렇게 큰 문제는 아니며, 또한 부분적인 개선으로도 좋
은 수업을 진행할 수 있겠구나 하는 자신감을 갖게 되었을 것이다.

혼자의 고민으로 끝났을 수도 있었을 문제가 다른 교사를 만나 긍정적 에너지로 작용하고 있는 것이다.

D교사 역시 질문에 대하여 공감을 나타내고 그러나 수업 시간을 재미로만 채울 수야 없지 않겠냐며 답변을 올렸다.

<DA16>

[답변2] 수업에서 재미만 강조할 수는 없죠.
답변자 : 황○○(2008-09-21 15:20)
　안녕하세요. 저는 중학교 과학 교사 황○○입니다. 선생님의 솔직하신 글을 읽고 저도 웃었네요. 재미없는 선생님 같진 않은데요? ^^ 저를 비롯하여 선생님들은 모두 재미있는 수업에 대한 강박관념은 조금씩 갖고 있을 것이라 생각합니다. 점점 더 재미를 추구하는 사회 분위기에 편승하여 마치 재미있게 수업해야 실력이 좋은 것처럼 평가받기도 하니까 말이죠.
　저 또한 수업시간에 졸고 있는 아이들을 볼 때마다 가슴에 돌덩어리를 얹은 것처럼 무거워지기도 합니다. 그렇지만 수업을 재미로 채울 수만은 없지요. 물론 재미 요소를 가미하여 핵심내용을 잘 전달한다면 더욱 좋겠지만 어디까지나 주안점은 학습 내용이 되어야 하므로 재미만 추구하다가는 자칫 수업의 흐름을 놓칠 수도 있습니다. 그러므로 교사로서 자신의 수업방식에 자신감을 갖고 소신 있게 수업하시는 것이 더 좋다고 생각합니다. 그러니 학부모님이 하신 말씀에 너무 의기소침해하실 필요는 없다고 봅니다. 수업을 보는 학부모님 입장과 학생들의 입장은 다를 수밖에 없습니다.
　학생들은 공부하는 입장이므로 학습 내용에 관심을 가져야 하지만 학부모님들은 수업 참관 시 학습내용에는 별 관심이 없으십니다. 학부모님들의 관심은 오직 자신의 자녀가 수업에 얼마나 집중하는가, 얼마나 똘망한 표정과 자세로 수업시간에 활동하는가, 발표를 하며 적극적인 모습을 보이는가……입니다. 오직 하나의 관심사인 자신의 자녀가 수업에 열심이고 발표라도 한다면 학부모님은 수업참관 시간 내내 즐거웠을 것이고, 아이가 소극적인 표정으로 수업에 집중하지 않는다면 학부모님 역시 안타까움에 수업이 지루했다고 느끼게 되는 것이겠지요.

　앞서 답변 주신 선생님도 말씀해 주셨지만, 제 생각에도 학부모 참관 수업 시에는 학생활동 부분을 늘리는 것이 좋다고 생각합니다. 학생들도 뒤에 부모님이 계시므로 더 열심히 발표를 하려고 할 것이며 또한 학부모님께도 자기 자녀의 수업 참여도를 관찰하여 자녀 교육에 도움이 될 수 있는 시간이 될 것입니다. 기분 푸시고 힘내세요~. 화이팅~ ^^.

　D교사는 질문을 보고 '저 또한 수업시간에 졸고 있는 아이들을 볼 때마다 가슴에 돌덩어리를 얹은 것처럼 무거워'진다면서 먼저 본인의 수업을 성찰하는 자세를 보이고 있다. 이 같은 수업담화 방식 역시 질문을 올린 교사가 심리적 공감대를 갖게 하는 효과가 있다. 본인의 수업에 대한 반응이 궁금하지 않은 교사는 없으며 어떤 반응이든 민감하게 생각할 수밖에 없는 교사들의 입장이라고 할 때 이러한 고민이 나 혼자만의 고민이 아니고 교사들 사이에 폭넓게 퍼져 있는 고민거리라는 생각이 들면서 좌절에 빠져 있기보다 개선점을 찾으려는 쪽으로 노력할 것이기 때문이다. D교사는 '재미만을 추구하는 수업'이 가질 수 있는 함정을 경계해야 한다고 지적하면서도 학습자를 수업에 적극적으로 참여시킬 수 있는 방안을 찾아볼 것을 권하고 있다. D교사에게 이 질문에 대하여 답변할 당시의 심경을 질문하여 보았다.

　이 질문이 좀 눈에 띄는 질문이었어요. 학부모님이 수업 참관하신 다음에 수업이 지루하다는 말씀을 던지고 가셨다는데…… 교사 입장에서는 굉장히 충격적인 것이지요. 그것을 제가 읽으면서 저 이야기가 남 이야기가 아니라는 생각이 먼저 들었어요. 모든 선생님께서 공감하는 부분이고 고민하는 부분이기 때문이죠. 저도 수업 시간이 되면 졸고 있는 아이들이 있거

든요. 그런 아이들을 보면 내 수업이 그렇게 지루한가 하는 생각에 마음이
굉장히 무거워져요. '가슴에 돌덩이를 얹은 것 같다.' 이렇게 공감을 하면
서 답변을 했던 것으로 생각이 납니다. (D교사, 그룹 면담, 2009년 4월
26일)

요컨대 D교사는 질문자의 고민을 자기의 것으로 가져오는 과정을
통하여 성찰적으로 수업을 보는 관점을 형성해 가고 있다. 교류 내용
에서 D교사의 조언이 '반성적 실천'에 가까운가를 구분하는 것보다
중요한 것은 바로 이 과정에 참여한 교사가 어떤 프레임을 통하여 수
업을 바라보고 있고, 학습자를 어떤 존재로 생각하고 있는지, 자신의
관행을 스스로 개선해 가고 있는지를 관찰하는 일이다. 이 교류를 어
떻게 '자기화'하고 있는지 D교사의 이야기를 좀 더 들어본다.

……선생님들이 수업 고민을 올려 주시는 것이 '자기를 진솔하게 고백
했다.'라는 것이고 상당한 용기가 필요한 것이잖아요? 같은 학교에 근무하
는 선생님들끼리는 '내 수업이 지루했다.'는 학부모님의 말을 못 할 것 같
아요. 온라인이니까 가능했고 같은 교사로서 공감을 하면서 나의 경험이라
든가 이런 이야기를 주고받으면서 제가 답변하는 입장이었지만 제가 오히
려 배울 수 있는 사례였다고 생각합니다. (D교사, 그룹 면담, 2009년 4월
26일)

D교사는 반성저널과 같은 반성 도구가 없이도 온라인 교류를 통
하여 자기를 돌아보는 경험을 하게 되었고, 이는 질문자 개인의 실
천행위로 시작되어 다수의 성찰과정으로 이어지는 집단반성의 모습
을 보이고 있다. E교사와 D교사로부터 '학습자의 적극적 수업 참여
유도'라는 공통된 답변을 들은 질문 교사는 학부모의 지적이 약이
되었음을 깨닫고 학습자가 적극적으로 참여하는 수업을 진행하기 위

해 고민을 하게 될 것이다. 결국 혼자의 고민이 집단의 고민으로 발전되고 각자가 자신의 수업을 돌아보는 과정과 대안을 언급하는 과정까지 개인 반성에서 집단 반성으로 이어지는 전형적 반성 절차를 밟고 있다.

(2) '좋은 수업'에 대한 열망[23)]

다음은 고등학교에 근무하는 교사의 '좋은 수업을 위해서 아이들과 일체감을 갖는 방법과 아이들의 흥미를 이끌어 들일 수 있는 방안'을 찾는 질문이다. '세월의 흐름이 교단에서 도움이 되는 것만은 아니라는 것을 깨달았다.'는 문맥으로 보아 상당한 경력의 소유자라고 판단된다. 후배 교사들이 더 많았을 학교 안에서라면 조언을 구하기 힘든 내용이다. 질문의 말미에 '학교 급별이나 과목에 관계없이 많은 선생님들의 경험'을 듣고 싶다고 밝혔다는 것은 상투적인 교수학습 이론, 동기유발 방략 같은 것을 배제하고 생생한 경험을 듣고 싶다는 뜻이다.

질문: 아이들과 공감대를 형성하고 흥미를 이끌어 내는 방법
박○○(2008-07-22 17:23) 답변: 3 | 조회: 34
　저는 고등학교에 근무하고 있습니다. 교사의 길을 걸으면서 세월의 흐름이 교단에서 도움이 되는 것만은 아니라는 것을 깨닫고 있습니다. 좋은 수업을 위해서는 아이들과의 일체감을 가져야 하고 그리고 아이들의 흥미를 이끌어 들일 수 있는 방안을 찾는 것이 필요하더군

---

23) '좋은 수업'은 특정 관점에서만 호칭되는 개념은 아니다. 기술적 합리성 관점을 가진 교사도 좋은 수업에 대한 열망을 가질 수 있기 때문이다. 여기서는 질의와 응답과정을 통하여 수업기술의 함양보다는 '반성적 실천'의 요소들이 드러나는 부분에 주목하여 '좋은 수업'이라는 용어를 사용하였다.

요. 저도 나름대로 이런저런 방법을 찾아서 아이들과 가까이하려고
노력해 보고 있습니다만 항상 부족함을 느끼고 있습니다. 그래서 선
생님들께서 가지고 계신 아이들과 하나 되는 방법들과 아이들의 흥미
를 이끌어 내는 방법들을 들으면서 그리고 선생님의 소중한 경험을
통해 저도 나름대로의 수업 노하우를 찾아보려고 합니다. 학교 급별
이나 과목에 관계없이 많은 선생님들의 경험 기다리고 있겠습니다.

'세월의 흐름이 교단에서 도움이 되는 것만은 아니라는 것을 깨닫
고 있다.'는 질문 내용으로 보아 질문자는 상당한 경력의 소유자임을
알 수 있다. 좋은 수업을 위해서는 아이들과의 일체감, 흥미를 이끌
어 들일 수 있는 방안이 필요하다고 느끼는 질문자는 나름대로 이런
저런 방법을 써 보았으나 항상 부족함을 느낀다면서 다른 교사들의
경험을 듣고 싶어 한다. 경력이 많은 교사가 학교 안에서 동료들에
게 이런 조언을 구하기는 쉽지 않았을 것이다. 경력이 많은 교사들
의 경우 하루가 다르게 변화해 가는 학생들의 문화를 이해하는 데
어려움을 겪고 있다. 이 질문에 대하여 세 명의 교사가 답변에 응하
였다.

[답변1] 아이들 눈높이에 맞추고, 충실한 교재연구
답변자: 뮤직샘(2008 - 07 - 25 11:04)
　무엇보다도 아이들에게 배척당하는 선생님이 되면, 그때부터는 수
업시간이 고통의 시간이 됩니다. 요즘 애들은 학원을 다니며 다양한
선생님을 겪어보게 됩니다. 수업시간에 학원에서 배우지 못하는 사항
들을, 다양하게 제시해 줄 필요가 있습니다. (후략)

[답변2] 수업에서 흥미를 이끌어 내는 방안은?
답변자: 베짱이(2008 - 07 - 23 13:13)
　안녕하세요? 충북 ○○고 사회과 교사 김○○입니다. 지식교류를

통하여 교사들끼리 수업 노하우를 비롯한 각종 정보를 교류하는 것이 학교 수업개선이나 교사 자기연수 등에 많은 도움이 되지요. 선생님이 질문하신 내용의 요지는 수업흥미도 증진 방안으로 이해가 되네요. 제가 주로 활용하는 방안은 '확산적 질문'의 적용입니다. (후략)

<EA04>

[답변3] 좋은 수업을 하기 위해서는 첫 시간이 중요!
답변자: 백○○(2008 - 07 - 23 18:00)

선생님, 안녕하세요? 저는 서울 ○○고에서 국어를 가르치고 있는 백○○라고 합니다. 저도 선생님과 비슷한 내용으로 고민을 하고 있는지라 선생님의 글을 읽고 무척 반가웠습니다. 선생님께 조금이나마 도움이 될 것 같아 저의 경험을 말씀드리겠습니다.

저는 방학 때, 즉 학기가 시작되기 전에 이 부분에 대해 많은 준비를 합니다. 학급운영이나 수업지도나 첫 시간, 첫 만남이 아주 중요하다고 보기 때문에 첫 시간, 첫 만남을 위해 준비를 하는 것이지요. 아이들은 매시간 선생님들을 만나지만 선생님이 어떤 분이고, 무엇을 중시하느냐에 따라 아이들은 아주 다르게 행동을 하는 것을 보았습니다. 따라서 첫 시간, 첫 만남에서 선생님의 수업방식에 대해 또는 중시하는 것에 대해 자세히 안내를 해 줄 필요가 있고 선생님이 어떤 분인지를 각인시켜 줄 필요가 있습니다. (중략)

또, 저는 아이들의 동기유발과 적극적인 수업참여를 유도하기 위해 한 학기에 5번 이상씩 발표를 하도록 합니다. 즉 수업 중간에 제가 질문을 했을 때 답변을 하거나 친구가 발표한 내용에 대해 어떤 반응을 보여 주는 것입니다.

이렇게 했을 때 아이들은 수업에 아주 적극적으로 참여할 뿐만 아니라 집중을 하게 되고 교사와 일체가 된 수업을 진행할 수 있게 됩니다. 저는 지난 한 학기 이런 방식으로 수업을 했는데요, 2학기에도 이런 방법을 쓰려고 합니다. 선생님의 이런 고민, 열정, 노력만으로도 아마 좋은 수업, 아이들과 일체가 된 수업을 하시리라 봅니다. 다른 선생님들의 도움 말씀도 기대해 봅니다.

닉네임 '뮤직샘' 교사의 답변은 수업의 본령에 충실할 것을 주문하고 있다. 즉 눈높이와 교과 내용의 완전한 이해를 통해 수업을 진행하라는 것인데 '수업 시간에 학원에서 배우지 못하는 사항들을 다양하게 제시'해 줌으로써 수업의 주도권을 회복하라는 조언을 하고 있다. 닉네임 '베짱이' 교사는 확산적 질문을 통한 흥미 유발 방안을 제시하였는데(답변2), 이는 부족한 사항에 대한 보완 내지는 처방의 관점에서 조언하고 있는 것이다. 이와는 달리 정보 제공자 E교사는 질문자와 비슷한 내용으로 고민하고 있음을 밝히면서 '첫 시간, 첫 만남의 시간'의 중요성을 강조하였다. 아이들은 선생님이 어떤 분이고, 무엇을 중시하느냐에 따라 아주 다르게 행동을 한다는 것이다. 첫 시간, 첫 만남에서 선생님의 수업방식에 대해 또는 중시하는 것에 대해 자세히 안내를 해 줄 필요가 있고 선생님이 어떤 분인지를 각인시켜 줄 필요가 있다는 조언이다. 이는 전형적인 '함께 반성하기'의 과정으로 학교 안에서 동료교사들과 대화로는 해결할 수 없는 개인적인 문제가 온라인 지식교류에서 다른 교사들과의 담화를 통해 어느 정도 개선될 수 있음을 보여 준다. 지식교류 공간이 교사들에게 어떤 역할을 하는지 E교사에게 물었다.

……(지식교류 공간은) 교사들이 수업을 하거나 학생들을 지도하면서 주위에 있는 동료교사에게 문의하기가 어렵거나 곤란한 문제에 대해 전국의 많은 교사들에게 도움을 요청하여 답을 얻을 수 있는 곳이며 자신이 갖고 있는 좋은 수업자료나 수업방법을 함께 나눌 수 있는 공간이라고 생각합니다. 또한, 익명으로 질문을 하고 답변을 주고받을 수 있기에 허심탄회하게 속사정을 말할 수 있어서 학교현장에서 일어나는 문제들을 나눌 수 있다고 봅니다. (E교사, 2차 온라인 면담, 2009년 3월 7일)

E교사의 발언 중에는 중요한 시사점이 있다. '(지식교류 활동에서

는) 주위에 있는 동료교사에게 문의하기가 어렵거나 곤란한 문제에 대해 전국의 많은 교사들에게 도움을 요청할 수 있고, 자신이 갖고 있는 좋은 수업자료나 수업방법을 함께 나눌 수 있으며 또 허심탄회하게 속사정을 이야기할 수 있다.'는 것이다. 이는 교사 반성의 전제조건이 어떤 절차나 도구를 떠나 '반성이 가능한 분위기와 공간'이 주어질 때 가능하다는 지적이다. 서경혜(2005b)는 반성적 교사교육에서 가장 심각한 문제로 '반성이 교사가 갖추어야 할 하나의 기술로 전락한 것'을 지적하였는데 이는 언제 어디서든 반성적 절차와 저널 등의 반성 도구만 제시하면 반성이 이루어질 수 있다는 도구적 관점을 비판한 것이다. 즉 반성은 도구를 통하여 주어지는 형식적 절차가 아닌 교사들의 맥락적인 수업 성찰 과정인 것이다.

교사들의 반성과 관련한 아래와 같은 질문은 보다 근본적인 물음을 던진다. '좋은 수업'에 대하여 의견을 묻고 있는데 '선생님이 생각하는'이라는 전제를 달아 '표준화된 모형으로서의 좋은 수업'이 아닌 답변자 개인의 의견을 듣고 싶다는 것이다. 아마도 질문자가 '넓은 범위의 답이 아니고 바로 써먹을 수 있는 답이라면 더욱 좋겠다.'라는 질문자의 요구는 '이론보다는 실제'를 원한다는 것이다. 이 같은 질문을 대하는 답변자는 '모범답안'을 적어야 한다는 부담감 없이 자신의 이야기를 풀어갈 수 있다.

질문: 선생님이 생각하는 좋은 수업이란 어떤 수업일까요?
정○○(2008 - 08 - 26 16:48) 답변: 4 | 조회: 32
　안녕하세요? 어떤 수업이 좋은 수업일까 늘 고민하는 교사입니다. 수업의 방향이 늘 바뀌고 있는 이유도 있고요. 어떤 수업은 보여 줘야 좋은 수업이고, 또 어떤 수업은 실험해야 하고, 또 견학이, 전통적인 수업방식이 좋을 수도 있겠고요. 학생들 마인드 속에 파고 들어가는 수업도 있을 수 있겠고…… 선생님이 생각하시는 좋은 수업의 모델을 들려주시면 많은 도움이 될 것 같습니다.

<CA07>
[답변1] 좋은 수업에 대한 의견
답변자: 김○○(2008-08-26 18:34)

선생님! 안녕하세요? 저는 ○○중학교에 근무하는 교사 김○○입니다. 좋은 수업에 대한 질문을 올리셨네요! 저는 개인적으로 좋은 수업이란 다른 말로 즐거운 수업이라고 말하고 싶습니다. 교사가 아무리 열심히 준비하여 스스로는 열심히 수업을 한다고 해도 아이들과 소통이 되지 않는 수업은 결코 좋은 수업이 될 수 없다고 생각합니다. (중략)

좋은 수업에 대한 제 생각을 말씀드리면 먼저 교사는 아이들에게 즐거움과 기대를 줄 수 있는 수업이 되어야 한다고 생각합니다. 수업 도입부분에 유머를 포함한 수업 관련 즐거운 이야기 토막이나 동영상 자료 등 분위기를 주도할 수 있는 매체가 있으면 좋을 것 같습니다. 학습목표에 도달하기까지 지루하지 않게 진행되는 수업이야말로 좋은 수업이라고 생각합니다. 또한 함께 상호작용이 이뤄지는 수업이라고 생각합니다. 교사 혼자 주도권을 잡고 일방적으로 진행하는 수업은 학생들에게는 지루하고 힘든 수업이 될 것입니다. 다른 선생님들도 좋은 의견을 올려 주세요.

[답변2] 좋은 수업이란?
답변자: 오○○(2008-08-26 20:18)

안녕하세요? 저는 충북 ○○고에 재직 중인 오○○입니다. 선생님께서 궁금하신 '좋은 수업'과 관련해서 서○○ 교수님이 쓰신 글이 있어서 자료를 올려드립니다. (파일 첨부)

<AA08>
[답변3] 좋은 수업이란?
답변자: 공주쌤(2008-08-27 02:11)

선생님, 안녕하세요? 수업과 지도에 급급하다 보니 정말 '좋은 수업'에 대해 고민하는 시간들을 잊고 지냈던 것 같습니다. 선생님 덕분에 저도 다시금 '좋은 수업'에 대해 고민해 보는 좋은 기회가 되었습니다.

좋은 수업이란…… 글쎄요, 아이들이 "선생님, 이거 더하면 안 돼요?" 하는 수업이 아닐까요? 일단 아이들이 흥미 있게 달려들고 집중하는 수업이 좋은 수업이라고 생각합니다. "벌써 끝났어, 좀 더하고 싶은데…….", "아, 그렇구나. 이제 알았어…….", "이젠 할 수 있겠다." 이런 감탄사가 아이들 입에서 저절로 터져 나오게 하는 수업이 좋은 수업이라고 생각합니다. 그러려면 여유를 갖고 차분히 생각할 수 있는 시간을 줄 수 있어야 한다고 생각합니다. 수업량은 많고 시간은 짧고…… 그래서 아이들에게 '빨리빨리'를 자주 외치게 되는데요, 아이들에게 차분히 생각할 수 있는 시간을 주지 않고서는 수업의 충실감을 기대할 수 없다고 봅니다. 그러면 아이들도 재미를 느끼지 못하는 수업이 될 것이고요.

또, 아이들 스스로 행하는 작업을 가능한 한 많이 도입하는 수업이 좋은 수업이라고 생각합니다. 즉 함께 협력하여 학습의 즐거움을 느끼게 하는 수업을 말하지요. 자유롭게 하고 싶은 이야기를 할 수 있고, 남의 이야기에 진지하게 귀 기울이며 각 아이들의 문제를 학급 모두의 문제로 받아들여서 서로 협력해서 해결하려는 그런 수업이 좋은 수업인 듯합니다. 인성교육이 녹아든 교과 수업이라고나 할까요?

선생님 덕분에 신임교사 때의 시절로 돌아가'좋은 수업'에 대해 진지하게 생각해 보는 시간을 가질 수 있었습니다. 감사드리며, 선생님 질문에 올라오는 답변들을 저도 참고해 보려고 합니다.

[답변4] 좋은 수업
답변자: 디카찍사(2008 - 08 - 27 14:57)

안녕하세요? 대전 ○○초등학교에 근무하는 교사 윤○○입니다. '좋은 수업'을 어떻게 말로 정의할 수가 있을까요? 수업한 교사가 뿌듯하고, 학생들이 즐겁게 목표에 달성할 수 있다면 좋은 수업이라고 할 수 있지 않을까요? 마침 제가 이번 여름 방학에 좋은 수업에 대한 연수를 받았는데 교재의 내용 중 좋은 수업에 대한 개념 정리 부분을 소개해 드리겠습니다. (후략)

지금까지 '좋은 수업'은 대체로 '유능한 교사가 탁월한 수업기술을 바탕으로 학습목표를 잘 달성하는 수업'이라는 인식이 강했다. 즉 도달해야 할 기준이 있고, 그 기준에 맞게 수업을 잘 계획하고 수행할 때 좋은 수업이 될 수 있다는 것이 상식적 경향이었다. 교수의 이론을 소개하는 '오○○' 교사나 본인이 이수했던 연수 교재의 내용 중 일부를 소개한 닉네임 '디카찍사' 교사의 경우가 이에 해당한다.

한편 정보 제공자 C교사는 좋은 수업이란 '아이들에게 즐거움과 기대를 줄 수 있는 수업', '학생과 함께 상호 작용하는 수업'이라는 의견을 밝히고 있다. 정보 제공자 A교사는 아이들이 "선생님, 이거 더하면 안 돼요?" 하는 수업, 일단 아이들이 흥미 있게 달려들고 집중하는 수업을 좋은 수업으로 꼽았다. C교사와 A교사의 답변 내용은 반성적 실천과 관련하여 좀 더 주목된다. '교사가 아닌 아이들이 즐거운 수업', '서로 소통하는 수업', '함께 협력하여 학습의 즐거움을 느끼게 하는 수업', '자유롭게 하고 싶은 이야기를 할 수 있고, 남의 이야기에 진지하게 귀 기울이며 각 아이들의 문제를 학급 모두의 문제로 받아들여서 서로 협력해서 해결하려는 수업'이라고 자신의 경험에 비추어 좋은 수업에 대한 의견을 밝힌 C교사와 A교사의 답변은 이른바 '표준화된 모범적 수업'이 아닌 본인의 실천과 경험에서 정리된 실천적, 개인적 지식이라는 점에서 의미를 가진다.[24]

---

24) '선생님이 생각하시는 좋은 수업의 모델을 들려 달라'는 질문의 내용이나 A교사와 C교사의 답변 내용은 반성적 실천의 전형을 담고 있지만, 내러티브적 사고의 주체로서 교사의 모습 또한 뚜렷하게 담고 있다. 질문자의 요청은 학습의 성취를 효과적으로 가져오는 정형화된 수업 모델로서 좋은 수업이 아니라 교사들 각자의 마음속에 있는 좋은 수업에 대한 경험적 상을 공유하고 싶다는 것이다. A교사와 C교사 역시 자신의 경험을 충실하게 반추하고 이를 교실에서 실천적으로 구현하고 있다는 점에서 내러티브적 사고 관점을 반영하는 사례로도 분류할 수 있다. 이는 반성과 내러티브가 독립항으로 존재하는 것이 아니라 같은 관점과 맥락에서 사고될 수 있는 대안적 관점이라는 것을 생각하게 한다.

즉 수업은 다양한 교실에서 다양한 성향의 학습자들의 조건을 반영하는 지극히 맥락적인 과정이라는 것이다. 질문자 덕분에 신임교사 때의 시절로 돌아가 좋은 수업에 대해 진지하게 생각해 보는 시간을 가질 수 있었다는 A교사의 고백은 질문의 내용이 답변자들에게 자연스럽게 수업에 대한 성찰을 요구하고 있음을 보인다. 이는 나와 타자 사이의 서로에 대한 경험이 '이해에 기초한 전수, 수용, 상호교환에 의해서 서로의 변화를 가져올 수 있다는 것'을 뜻하며(진권장, 2005: 386), 절차와 도구에 의한 기존의 반성 이론들이 가지고 있는 '형식'이 갖는 현실 부적합성을 반증하는 것이기도 하다. C교사는 반성의 전 단계로 자신의 수업을 고백하는 것이 어떠하였는지를 묻는 연구자의 질문에 다음과 같이 답하였다.

> 이것이 꼭 정답이라고 이야기할 수 있는 그런 수업은 누구도 자신할 수 없다는 생각이 들거든요. 저 역시도 제가 진행했던 수업을 소개하고 다른 선생님들과 같이 공유하자는 입장에서 공개를 했지만……. 그런 가운데도 더 좋은 수업의 형태가 있을 수 있겠다는 여지를 가지고 공유의 장에서 그런 얘기들이 적극적으로 거론이 되었으면 하는 바람이 있었습니다. (C교사, 방문 면담, 2009년 1월 17일)

위 교류에서 답변에 나선 교사들은 각각 좋은 수업에 대한 본인이 생각하는 상을 가지고 있었지만 좋은 수업을 '모범적인 수업'으로 고정시켜 생각하지는 않았다. C교사가 발언한 내용처럼 '이것이 정답이다.'라고 할 수 있는 수업은 어디에도 존재하지 않으며 이 교실에서 효과적이었던 수업 방식이 다른 교실에서도 똑같은 효과를 볼 것이라고 장담할 수 없는 것이 수업의 속성인 것이다. 교류에 참여했던 교사들은 모두가 자신의 경험 속에서 느낀 '좋은 수업'에 대한 이야기를 하고 있다. 그것은 당연히 교실마다 다르고, 개인마다 다르며, 학습자의 조건에 따라 다를 수밖에 없는 '상황성'을 반영한다. 이에 대하여 질문을 올린 교사는 본인의 상황을 생각하면서 그에 맞는 답변 내용들을 취사선택하거나 재구성하여 적용하게 된다.

정보 제공자 교사 중 특별히 반성적 실천과 관련하여 높은 빈도의 사례 수를 보이는 경우는 없었다. 또 종종 교과지식이나 수업기술의 강조 같은 전통적 관점과도 연동되어 나타났다. 그런 까닭에 지식교류 활동 중에서 반성적 실천가로서의 교사 모습을 보여 주는 사례를 분류해 내는 것은 매우 힘든 작업이었다. 반성은 맥락적이기 때문에 기존의 반성 이론만으로는 실제에서 일어나는 반성을 설명하지 못하는 경우가 많다는 지적(유솔아, 2006)은 반성적 실천이 텍스트와 행위만으로 판단하기가 쉽지 않은 개념이라는 것을 함의하고 있다. 이는 확인 가능한 교사들의 행위로 반성적 실천을 사고했을 때 필연적으로 마주하게 되는 어려움이다.

수업과 관련한 어떤 행위가 있고 그 행위를 통해 자신의 수업을 돌아보고, 부족한 점을 개선하며 다시 수업 관련 행위를 반복하는 하나의 절차만으로 반성을 생각한다면 이는 반성을 도구적으로 사고하는 것이다. 반성적 실천은 그 행위 자체에 주목하기보다는 행위를 보는 관점, 즉 '안목과 틀'을 중시한다. 따라서 지식교류 내용 자체가 반성적 교류에 해당되는지 아닌지를 따지는 것보다 지식교류 행위를 통하여 변화되는 시각을 보는 것이 더 올바른 접근 방식이라고 보았다. 본 연구에서는 가능한 반성을 도구적으로 해석하지 않으려고 노력하였으며 사례에 대한 판단뿐만 아니라 정보 제공자 교사들의 느낌과 의견에 주목하였다.

반성적 실천이 온라인 지식교류 활동에서 의미를 획득한 것은 '집단반성'이었다. 질문을 올리기까지는 텍스트를 생성하는 개인의 실천 활동이었지만 복수 개의 답변과 댓글이 탑재되면서 집단 고민과 피드백 과정을 생성하였다. 교류에 참여한 교사들은 질문자의 고민에 정답을 처방하기보다 '자기화'하는 과정을 거쳐 성찰하고, 협력적 해결을 도모하였다. 네트워크가 교수 활동에 대한 반성적 성찰을 가능하게 한다는 의견(Darling-Hammond & Mclaughlin, 1995)은 학교 안에서 고립화되어 있는 교사들의 인식이 온라인 지식교류 활동을 통하여 상호 관심사를 공유하고 의견을 교환하는 가운데 서로를 변화, 성장시켜 줄 수 있다는 믿음을 갖게 만들었다.

3) 교육과정 개발 및 재구성

7차 교육과정에서 교육과정 개발이란 단위 학교에서 '범교과 학습'이나 '창의적 재량활동' 과정을 학교의 실정에 맞게 개발하는 것을 포함하여 이수 과목의 선택이나 수준별 학습 등 예전에 비하여 그 폭이 넓어진 상태이다. 뿐만 아니라 교과 내에서도 주제 통합 및 학습 시기 조정 등 교사의 교육과정에 대한 재량권이 상당 부분 확대된 상태이다. 이러한 제도적인 보장이 있지만 현실적인 상황에서 일선 교사들이 교육과정을 개발하여 사용한다는 것은 대단히 어려운 일이다. 교사들의 교육과정 개발 능력도 문제가 되지만 교육과정 개발이 평가의 문제, 입시 시스템의 문제 등과 연동되어 있는 까닭이다. 박윤경(2003)은 교육과정 실행에서 교사의 판단 능력과 능동성을 강조하더라도, 교사의 역할을 실질적인 교육과정 개발자의 측면에서 이해하는 것은 무리가 따른다고 보았다. 개별 교사는 교육과정 실행에서 '제한된 교육과정 재구성자'로서의 역할을 수행하는 것으로 보는 것이 타당하다는 것이다. 지식교류 활동 사례에서도 독립적인 교육과정 개발에 대한 교류보다는 주로 교육과정 재구성과 관련한 사항들이 많았다. 교육과정 재구성의 의미와 방식 자체에 대한 의견을 교환하는 방식의 교류도 있었으며 학습지도안의 수정, 매 차시 안에서의 학습 주제 조정, 기말고사 후 방학까지의 시기에서 효과적 교육과정 구성 방법 등에 대한 교류가 있었다.

(1) 교육과정 재구성 방식에 대한 교류

한 초등학교 교사가 올린 질문은 '교육과정 재구성의 의미와 방식'에 대한 것이었다. 이 질문에 대하여 다섯 명의 교사들이 자신들이 생각하고 있는 교육과정 재구성의 의미에 대한 답변이 있었다.

질문: 교육과정 재구성이라는 것의 실체를 좀 알려 주세요.
민○○(2008-12-22 14:02) 답변: 5 │ 조회: 43
　안녕하세요? 저는 초등학교 교사이구요. 3학년 담임을 하고 있습니다. 저는 '교육과정 재구성'에 대해 알고 싶습니다. 흔히 만들어 가는 교육과정이라는 이름으로 교육과정 재구성을 많이 거론하는데요. 실제 학급 수준에 맞는 재구성이라는 것이 단순히 시수를 늘리거나 줄이거나 하는 것을 의미하는지, 아니면 개별 학생 수준에 맞게 자료나 방법 모든 것을 재구성하는 것을 의미하는지 궁금합니다. 그리고 원론적인 것도 중요하지만 실제 초등학교 현장에서 교육과정 재구성이 어떻게 이루어질 수 있는지도 궁금합니다. 이제 제 경력도 15년을 넘어서고 있습니다. 그래서 제대로 된 나만의 교육과정을 가져보고 싶습니다. 그러자니 교육과정 재구성이라는 담을 넘어야 하겠더군요.

질문을 올린 교사는 7차 교육과정 시행 이후에 지역 및 학교단위 교육과정을 개발 적용할 수 있다는 지침상의 문제뿐만 아니라 실제로 현장 교사가 어떤 방식으로 '교육과정 개발 및 재구성 과정'에 참여할 수 있을지를 질문하고 있다. 질문을 올린 교사는 경력이 15년 정도 된 교사이기 때문에 적어도 세 번 정도의 교육과정 개편기를 거치며 수업에 임해 왔다고 볼 수 있다. 특히 질문을 올린 교사가 궁금해하는 내용은 교육과정 재구성 과정이 실제 학급 수준에 맞는 재구성이라는 것이 단순히 시수를 늘리거나 줄이거나 하는 것을 의미하는지, 아니면 개별 학생 수준에 맞게 자료나 방법 모든 것을 재구성하는 것을 의미하는지 알고 싶다는 것이다. 더 나아가 실제 초등학교 현장에서 어떤 방식으로 교육과정 재구성이 이루어질 수 있을지 답변을 구하고 있다. 이 질문에 대하여 모두 다섯 명의 교사들이 교류 활동에 참여하였다.

[답변1] 교육내용과 방법의 재구성 아닐까요?
작성자: 사랑듬뿍(2008 – 12 – 22 19:04)
　안녕하세요? 저는 교직 20년차 초등학교 교사입니다. 교과서와 교사용 지도서에 가르칠 내용과 방법이 제시되어 있지만 교사는 이것을 토대로 교육목표의 큰 틀이 흔들리지 않는 선에서 재구성하여 학생들에게 적합한 교육을 수업으로 실현하는 게 아닐까 합니다. (후략)

[답변2] 제7차 교육과정 수시 개정에 근거하여…….
답변자: 교육과정(2008 – 12 – 22 22:01)
　(전략) 교육과정 재구성은 각 학교의 상황과 지역사회 등의 요구를

반영하게 됩니다. 교육과정을 재구성하게 되면, ① 교과목 변경, ② 단위 시수 변경, ③ 교과 지도계획 및 평가계획 변경, ④ 교육계획서 변경 등을 할 수 있습니다. 도움이 되었으면 합니다. (후략)

[답변3]: 학생, 학교, 지역 특성에 맞추어 재구성하는 것이라 생각합니다.

답변자: 서○○(2008-12-23 10:05)

　안녕하세요? 선생님! 저는 ○○고등학교에 근무하는 교사 서○○입니다. 교사 수준에서 할 수 있는 교육과정의 재구성은 국가수준, 시도, 학교교육과정의 틀 안에서 학생의 특성, 학급의 특성, 학교 환경의 특성에 맞추어 재구성하는 것이라 생각합니다. 예컨대 교과서 순서대로 가르치는 것이 아니라 뒤의 것을 먼저 가르치는 것이 효과적이라면 단원의 순서를 바꿀 수도 있고, 다른 과목과 통합이 가능하면 통합하여 팀티칭으로 가르치는 것도 하나의 교육과정 재구성 방법이라 생각합니다. (후략)

[답변4] 교육과정의 재구성에 관하여

답변자: 푸른연꽃(2008-12-24 16:12)

　(내용 생략)

<AA41>

[답변5] 교육과정 재구성

답변자: 공주쌤(2009-04-02 10:58)

　선생님, 안녕하세요? 저도 교육과정 재구성에 대한 관심이 많은 서울의 한 초등학교 교사입니다. 위에서 답변하신 선생님들의 의견 중에 좋은 내용이 많이 있는 것 같습니다. 저는 오히려 교육과정을 재구성하는 것에 대한 기법뿐만 아니라 교사의 입장에서 교육과정 재구성의 의미를 생각해 보고 싶습니다.

　교사는 잘 구성된 교육과정을 가지고 단지 아이들과 수업만 하면 된다고 생각할 수 있겠지만, 잘 구성된 교육과정이라 할지라도 모든 지역, 모든 교실에 딱 들어맞을 수는 없다고 생각합니다. 그 학급의 아이들을 가장 잘 아는 것은 담임교사이기 때문에 담임교사가 적극적으로 교육과정을 재구성하여 새로운 과정을 재탄생시킨다면 훨씬 아이들에게 도움이 된다고 생각합니다.

　제가 생각할 때 단위학교 또는 동 학년 차원에서 동료교사들과 협의를 통한 재구성도 가능하고 선생님 개인적인 차원에서도 가능하다고 봅니다. 제가 경험해 본 것 중에서 효과적인 것 중의 하나로 학습주제를 중심으로 하는 교과 통합인데요. 예를 들어 환경문제로 학습주제를 잡았을 경우 사회 - 과학 - 국어 - 미술의 관련 단원을 분석하여 각 교과에서 달성해야 할 학습목표를 보고 그것이 가장 효과적으로 달성될 수 있도록 학습 요소를 추출하는 것입니다. 자원 재활용 문제라고 하면 사회과에서는 자원의 활용, 국어과에서는 글감에 대한 이해 및 글쓰기, 미술과에서는 관련 학습 요소를 그림으로 옮겨 보기 등등으로 얼개를 잡고 교과 통합을 하는 것입니다. 물론 차시는 2~3차시 정도로 넉넉히 잡아주었습니다. 그렇게 하였더니 저도 공부를 많이 하게 되어 좋고 아이들도 지식을 폭넓게 받아들이는 방식으로 공부하니까 좋은 것 같더군요. 조금 어려움을 느끼는 아이도 있지만 몇 번 습관이 되면 곧잘 적응합니다.

　또 한 가지는 재구성을 위한 재구성이 아니라 재구성을 하였을 때 더 큰 효과가 있을 것이라 예상되는 주제를 중심으로 재구성을 해야 한다는 것이죠. 단원 통합을 해 놓았는데 자칫 더 어색하거나 생소한 수업이 될 수도 있거든요. 어디까지니 제 경험을 말씀드린 것이니 선생님의 수업에 적절히 참고하실 수 있었으면 좋겠습니다. 서울의 한 초등학교에서 한○○ 드림

교육과정 재구성에 관한 질문과 그에 대한 답변 다섯 건을 보면 교사들이 교육과정 재구성을 어떤 방식으로 사고하고 있는지 알 수 있다. 교육방법과 내용의 재구성이라고 답변한 원론적인 답변부터(답변1) 교육과정 편성운영 지침을 예로 들어 형식적 재구성에 대한 것(답변2), 몇 가지의 사례를 들어 교육과정 재구성을 설명(답변3)하는 답변이 있었고 비슷한 고민으로 답변을 대신한 경우(답변4)도 있었다. 그중 정보 제공자인 A교사가 답변한 내용(답변5)이 질문자의 의도에 맞게 충실하게 이루어졌음을 확인할 수 있다. A교사는 본인의

경험을 바탕으로 몇 가지의 구체적인 사례를 들어가며 교육과정 재구성에 대한 의견을 피력하였고 마지막에 유의할 사항까지 덧붙여 기술하였다. A교사는 교육과정 재구성 방법 중에서 '학습주제를 중심으로 하는 교과 통합'에 대하여 소개하였다. '환경문제로 학습주제를 잡았을 경우 사회, 과학, 국어, 미술 교과의 관련 단원을 분석하여 각 교과에서 달성해야 할 학습목표를 보고 그것이 가장 효과적으로 달성될 수 있도록 학습 요소를 추출하는 것'이라는 A교사의 설명은 경험에 근거한 교육과정 통합 및 재구성의 실제를 보여 주고 있다. 아울러 "재구성을 위한 재구성이 아니라 재구성을 하였을 때 더 큰 효과가 있을 것이라 예상되는 주제를 중심으로 재구성을 해야 한다."는 유의사항까지 덧붙이고 있다. 이는 교육과정 재구성이 기계적, 형식적으로 이루어질 수도 있음을 경계하는 언급으로 실제 경험을 해 본 교사만이 느낄 수 있는 문제점이다. 교육과정 재구성이 어떤 지침에 의한 것이 아니라 교사의 필요에 의하여 자발적으로 이루어질 때 효과를 볼 수 있는 것임을 암시한다.

(2) 교수·학습 지도안의 수정

A교사는 본인의 수업 지도안을 올려 검토를 요청하기도 하였는데 수업 지도안을 공개하고 이에 대한 타인의 의견을 들어 수정하는 과정 역시 포괄적 교육과정의 재구성에 해당된다. 단위학교에서 편성 운영할 수 있는 범위 안에 있는 범교과 학습이나 창의적 재량활동 외에도 단위 교과 내에서 지도의 순서를 일부 바꾸거나, 단위 차시 내에서 지도 방법의 수정 등도 교육과정 재구성의 부분으로 볼 수

있다. A교사가 올린 공개 수업 지도안 수정 요청에 대한 질문 내용은 다음과 같다.

<AQ20>
질문: 공개 수업지도안 수정 요청
한○○(2009-03-16 02:38) 답변: 1 | 의견: 2 | 조회: 114
　안녕하세요? 저는 올해 6학년 담임을 맡게 된 초등학교 교사입니다. 교사들의 고민은 늘 수업이고, 수업을 위해서는 지도안을 짜는 일이 무척 중요하다고 생각합니다. 하지만, 지도안을 짜보고 또 짜보아도 혼자서는 부족한 부분을 알아채기 쉽지 않습니다. 특히, 다음 주 화요일에는 학부모 공개수업이 있는 날입니다. 학부모님들께 보여 드리는 수업이기 때문에 더욱 수업지도안에 신경이 쓰입니다. 여러 선생님들께서 제 지도안을 보시고 의견을 주시면 감사히 배우겠습니다.
　과목은 국어과를 선택하였습니다. 둘째 마당, 6차시, 묘사하는 방법으로 인물이나 사물을 소개하는 차시를 선택하여 지도안을 작성하여 보았습니다. 동기유발부터 너무 평이한 것 같아 고민이 많습니다. 또, 수업의 흐름이 자연스럽지 못한 것도 같고, 학습 목표에 도달할 수 있을지도 의문입니다. 여러 선생님들의 고견을 주시면 정말 감사하겠습니다. 선생님들의 고견을 반영하여 지도안을 수정해 보려 합니다. (지도안을 파일로 첨부)

학부모 공개 수업을 준비하는 과정에 있었던 A교사는 국어과 6학년 둘째 마당, 6차시, 묘사하는 방법으로 인물이나 사물을 소개하는 차시를 선택하여 지도안을 작성한 후 이것에 대한 다른 교사의 조언을 구하고 있다. 우선 A교사는 본인의 지도안에 대하여 동기유발부터 너무 평이한 것 같고 수업의 흐름이 자연스럽지 못하며 학습 목표에 도달할 수 있을지도 의문이라는 걱정을 표하였다. 이에 대하여 닉네임 '봄샘' 교사의 답변이 올라왔다. 답변은 다소 길게 진행되었는데 교육과정 재구성 과정에서 '지속적 협력'이라는 특징이 드러나 있어 전재한다.

[답변] 오히려 제가 배울 점이 많은 수업지도안이군요.
답변자: 봄샘(2009 - 03 - 31 09:48)

　선생님 안녕하세요? 저는 중학교에서 수학을 가르치고 있는 교사입니다만, 요즘 통합교육에 관심이 많아서 다른 교사 수업 사례도 살펴보고 열심히 배우고 있는 중입니다. 선생님께서 올려 주신 지도안 잘 보았습니다. 제 능력으로 뭔가를 수정해 드릴 것은 없는 것 같고…… 선생님께서 공들여 작성해 주신 지도안에 대한 느낌만 말씀 드리려고 합니다.

　우선 도입부가 상당히 참신하다는 생각이 들었습니다. 유명한 프로젝트 학습의 하나인 몬스터 교환 프로젝트[25]의 창조적 변용과도 같은 느낌으로 보았습니다. 다른 점이 있다면 몬스터 교환 프로젝트는 학생들끼리 주고받은 의사소통의 내용으로 그림을 그려 가지만 선생님의 수업지도안에서는 교사가 이야기를 들려주고 이것을 학생들이 그림으로 표현한 후 나중에 비교한다는 차원에서 우리 교실의 실정을 잘 반영한 방법이 아닌가 생각됩니다.

　또 도입부에서 학생들의 흥미를 유발하고 간단한 활동 후에 대략 10분이 지난 후에 학습문제 "묘사의 방법으로 인물이나 사물을 소개하여 보자."를 제시한 것도 제 개인적인 생각으로는 참신한 방법입니다. 학습목표를 명세화하여 행동적 목표로 표현해야 한다는 수업지도안 작성의 지침이 워낙 뿌리 깊은 우리의 교단인지라 이렇게 동기유발 후 목표제시가 쉽지 않을 텐데……. 그것도 공개수업에서 말이죠. 이런 시도가 선생님의 수업을 더욱 활기차고 풍부하게 만드는 요소인 듯합니다.

　대상을 묘사할 때도 전체에서 부분으로, 순서를 정하여, 인상적인 부분을 중심으로 학습자에게 선택하게 한 것도 교사가 제시하는 모범적 방법을 획일적으로 제시하지 않고 학생들의 조건과 흥미를 세심하게 고려하고 있다는 점에서 저도 배울 점이 많은 부분이라고 느꼈습니다.

　결과 발표와 평가 부분에서도 사진이나 이야기 방식으로 이끌어

---

25) http://www.monsterexchange.org

부담을 줄이는 가운데 흥미를 지속시키는 것도 좋은 방법이라 생각됩니다. 무엇보다 제가 주목했던 것은 학습 내용을 정리하는 부분에서 플래시 자료를 통한 노래 부르기를 도입한 것인데요. 선생님께서 많은 준비를 하셔서 학생들이 도입부에서 생겨난 동기를 지속적으로 유지하고 다음 시간까지도 기대를 갖게 하는 방법으로 유도를 하신 것 같아서 전반적으로 학습지도안이 학생들의 활동을 중심으로 흥미를 지속시키면서 학습주제에 더욱 가깝게 다가오는 역할을 하게 만들고 있다는 느낌이 들었습니다. 결국 제가 도움을 드릴 수 있는 코멘트가 필요한 것이 아니라 오히려 선생님의 지도안을 통하여 저도 많은 부분 느끼고 배우는 계기가 되었습니다. 감사드립니다.

　　다만, 한 가지 걱정이 되는 것은 '도입부-문제탐색 및 해결-대상 묘사-평가-정리 단계'에서 학생들의 활동을 위주로 지도안을 잡다 보니 혹여 활동 시간의 부족이 생기지 않을까 하는 우려입니다. 시간 다루개를 통하여 배려를 하고 있고 시간 부족의 경우에 생략할 활동까지도 명시를 하고 있습니다만 혹 선생님께서 진행하시면서 서두르게 되거나 그런 어려움은 없겠는지요? 조심스럽게 의견을 제시하여 봅니다. 수업이 어떻게 진행되셨는지요? 그 내용도 꼭 듣고 싶군요. 서울에서 봄샘 드림

　　수업지도안 수정 요청에 대하여 닉네임 '봄샘' 교사는 자신의 의견을 피력하였는데 답변 기술 방식이 질적 비평에 가깝다. 지도안에 대한 몇 가지의 긍정적인 느낌과 시간 부족에 대한 조심스런 의견 제시가 답변의 주된 흐름이다. 봄샘 교사는 A교사가 올린 지도안의 도입부에서 학생들의 흥미를 유발하고 간단한 활동 후에 대략 10분이 지난 후에 학습문제 '묘사의 방법으로 인물이나 사물을 소개하여 보자.'를 제시한 것이 참신한 방법이라고 말하고 있다. 사실 수업 시작과 동시에 학습목표부터 명시적으로 제시하는 뿌리 깊은 관행이 있는 현장 상황에서 이같이 다소 늦은 목표 제시는 다소간의 용기를 필요로 하는 과정이다. 그러나 오히려 그것이 참신해 보인다는 봄샘

교사의 논평은 A교사에게 용기를 주는 과정이 되었다. A교사는 답변이 등록된 후에 바로 댓글을 달아 감사의 마음을 표현하였다.

<댓글 1>: 한○○(2009 - 04 - 02 10:19)
　　봄샘 선생님, 지도안을 성의 있게 보아 주시고 코멘트를 해 주셔서 정말 감사드립니다. 선생님께서 지적해 주신 대로 시간이 조금 부족하였습니다. 특히, 제가 사물을 묘사할 때 TV에 나오는 인물을 도입하여 퀴즈 형식으로 진행하는 내용을 더 추가시키는 바람에 아이들이 흥미를 보이고 발표를 많이 하였지만 시간이 부족한 단점이 있었습니다. (중략) 선생님의 답변에 많은 힘을 얻었고, 학습문제 제시법이라든지 동기유발 등에 대해 더욱 깊게 생각해 볼 수 있었습니다. 선생님과 많은 교류를 갖고 싶습니다. 다른 수업지도안 한 번 더 봐 주실 수 있으신지요? 수업에 대해 함께 고민해 주실 분이 생겼다는 것이 무엇보다 큰 힘이 됩니다. 묻고 답하기에 다른 지도안 질문을 올리고 싶습니다. 선생님께서 함께 고민해 주셨으면 합니다.

　　예상대로 A교사는 조금 부족한 시간 속에서 학부모 공개 수업을 하였고 '봄샘' 교사의 조언에 대한 감사의 글을 다소 긴 댓글로 올렸다. 지식교류 활동에서 이런 댓글 교환은 자주 있는 일은 아니다. 이는 두 사람 간의 지식교류 활동이 지속적으로 이루어질 것을 예고한다. A교사는 댓글에서 수업 진행에 대한 본인 스스로의 평가와 반성의 글을 올리고 봄샘 교사와 더 많은 교류를 갖고 싶다면서 다른 수업지도안을 한 번 더 봐달라는 부탁을 하고 있다. 수업에 대해 함께 고민해 주실 분이 생겼다는 것이 무엇보다 큰 힘이 되었다는 것이다. A교사의 댓글에 대하여 다시 봄샘 교사의 댓글이 이어졌다.

<댓글 2>: 봄샘(2009 - 04 - 02 14:27)

　　선생님의 진솔한 수업 이야기를 들어 보는 것만으로도 역시 저에게는 많은 도움이 됩니다. 수업에서 생길 수 있는 모든 상황을 예측하여 대처한다는 것은 무척 어려운 일인 것 같습니다. 그러하기 때문에 모든 수업에 공통적으로 들어맞는 아주 모범적인 예시는 기대하기 힘든 것인지도 모르겠습니다. 제가 답변을 드리면서도 저 역시 회의를 많이 하니까요. 다만, 이렇게 서로 고민을 터놓고 이야기는 과정에서 조금씩 수업을 보는 안목이 높아지는 것을 느낍니다. 저도 아직 멀었지만요…….~~ 다음 수업안도 보고 싶습니다. 늘 건강하시기를 바라며……. 봄샘 드림

지식교류 활동에서 '질문-답변-댓글-재댓글'로 이어지는 교류는 흔치 않은 사례이다. 이는 지식교류의 향후 발전 경로를 암시하는 사례로서 지식교류는 물론이고 완전한 수업담화의 장으로 기능할 수 있음을 보여 준다. 재댓글에서 닉네임 '봄샘' 교사는 모든 수업에 공통적으로 들어맞는 모범적 예시에 대한 경계를 하자고 제안하면서 서로 고민을 털어놓고 고민하는 과정을 통하여 안목이 높아지는 것을 느낀다고 하였다. 이 교류 사례는 수업 지도안을 어떻게 교실에서 적용할 것인가에 대한 의견교환 후 수업 지도안이 수정되고 교실에서 적용되었다는 측면에서 교육과정 재구성 유형으로 분류하였지만, 내용을 분석하여 볼 때 수업에 대한 구체적 경험의 고백, 반성적 담화 등을 통한 내러티브적 사고의 주체로서 교사의 모습을 보인다고도 할 수 있다. 따라서 이 교류는 형식적으로 교육과정 개발 및 재구성, 내용적으로는 내러티브적 수업담화로 분류가 가능한 사례이기도 하다.

(3) 학급 간 협력학습과 교육과정 재구성

다음 질문은 초등 6학년 사회과의 세계사 단원을 수업하면서 어떻게 하면 재미있는 수업을 할 수 있을까를 고민하던 교사가 학생들에게 산 경험을 줄 수 있는 수업 방법에 대한 사례를 요청한 것이다. 지식교류 사례를 살펴보면 질문에서는 특정 관점이 드러나지 않았지만 답변 과정에서는 답변자의 관점에 따라 다양한 유형이 나타나기도 하였다. 아래 사례의 경우 애초 질문자는 교육과정의 재구성까지 염두에 둔 것은 아니었으나 답변 과정에서 교육과정 재구성이 언급되었다.

질문: 초등 6학년 사회과 세계사 부분
최○○(2008-10-29 14:47) 답변: 2 | 조회: 14
　　안녕하세요~. 6학년 세계화 단원을 수업하면서 어떻게 하면 재미있게 수업할 수 있을까 많이 생각해 봤습니다. 아직 세계사를 다루기에는 너무 어려운 것 같고, 교과서에 나온 내용으로만 하기에는 뭔가 부족한 감이 듭니다. 학생들이 세계여행을 하는 것처럼 자신이 살고 있는 대한민국에서 벗어나 더 넓은 세계가 있음을 가슴으로 느낄 수 있는 수업을 하고 싶습니다. 다른 선생님들은 어떻게 수업하고 계시는지 조언을 듣고 싶네요.^^

<AA38>
[답변1] 세계 풍물 퍼레이드
답변자: 공주쌤(2008-10-29 22:43)
　　안녕하세요? 저는 서울에 있는 초등학교 교사입니다. (중략) 교육과정을 재구성하여 시수를 조정하고 학습목표를 알맞게 설정하여 세계 풍물 퍼레이드를 준비하여 학습을 해 보는 것은 어떨까요? 즉 각 반에서 한 나라를 선정하여 그 반에서는 그 한 나라를 집중 탐구하는 것입니다. 의복, 요리, 특색, 기후, 풍토, 생활습관, 문화재…… 그리

고 탐구된 내용을 실제 그 나라의 풍물관처럼 교실을 꾸미고, 그 반
의 아이들은 각 분야에서 안내요원이 되어 안내 및 설명을 합니다.
　　이렇게 각 교실을 돌면서 세계 풍물 퍼레이드를 하면 한 반에서는
한 나라를 집중 탐구하였지만, 각 교실을 도는 과정에서 설명도 듣고
꾸며진 풍물관도 보면서 9개의 나라에 대해 눈으로 보는 공부를 할
수 있는 기회가 된답니다. 물론, 몇 차시로 재구성하여 준비하는 과
정, 발표하는 과정을 거치게 됩니다. 고민하시는 만큼 많은 지혜를
얻으실 것이라고 생각됩니다.

[답변2] 먼 나라 이웃 나라……
답변자: 전○○(2008 - 10 - 31 22:35)
　　이원복 교수님이 집필한 '먼 나라 이웃 나라'라는 책 아시죠? 그
책을 읽어보시면 무지무지 도움이 됩니다. 나름대로 그림과 재미있는
야사까지 곁들여 있는지라 참 재미있고 이해도 쉽더군요. 그 외 '또
박또박 세계사'란 책도 있는데 참고하시구요. (후략)

　　질문자가 조언을 구하고자 하는 내용은 '학생들이 세계여행을 하
는 것처럼 자신이 살고 있는 대한민국에서 벗어나 더 넓은 세계가
있음을 가슴으로 느낄 수 있는 수업'이다. 이에 대하여 정보 제공자
인 A교사가 경험을 바탕으로 수업 방법을 소개하였는데 자신이 소
개하는 수업 방법의 효과적인 적용을 위해 '교육과정을 재구성하여
시수를 조정하고 학습목표를 알맞게 설정'할 것을 우선 제안하고 있
다. 특히 수업 내용의 필요에 따른 재구성을 하고 있다는 점이 눈에
띄는데 이는 재구성을 위한 재구성이 아닌 수업 주제에 대한 내용을
먼저 설계하고 그것이 요구하는 바에 따라 단원 및 시수의 조정을
하고 있다는 점에서 시사하는 바가 크다. A교사는 몇 개 반이 동시
에 참여하는 대규모 협력학습 방식을 제안하고 있는데 각 교실을 돌
면서 세계 풍물 퍼레이드를 하면 한 반에서는 한 나라를 집중 탐구

하지만, 각 교실을 돌면서 설명도 듣고 꾸며진 풍물관도 보면서 9개의 나라에 대해 눈으로 보는 공부를 할 수 있는 기회가 된다고 이 방법의 장점을 소개하고 있다. 이는 교육과정 재구성이 협력학습과 동시에 일어날 때 효과적임을 보여 주고 있다. 또 집중 탐구 영역과 관람 영역을 구분하는 '전문가 그룹' 학습 방법을 포함하여 다양한 시도를 하고 있다. 이러한 형태의 동 학년 협력학습은 각 반의 교과 진도가 조정되어야 한다는 점, 담임교사들 간의 일정 협의가 수시로 이루어져야 한다는 점, 학생들도 이동 반경이 큰 것은 물론이고 안내 요원 및 발표 역할 등 자기 책임이 주어진다는 점에서 적극적이면서도 규모가 큰 교육과정 재구성의 형태이다.

(4) 학습 내용의 대체

한편 지식교류 사례를 분석해 본 결과 앞에서의 예처럼 학급 간 협력학습까지를 동반하는 적극적 재구성도 있지만 교과 내에서 단원을 조정하거나 지도 내용의 일부 삭제, 삽입과 같은 소극적 재구성 사례도 있었다. 아래 질문은 경력 8년 차인 초등학교 교사가 실과 교과의 컴퓨터와 나의 생활에 대한 교육과정을 재구성하고자 조언을 구하는 내용이다. 질문자는 교과서 내용이 담당하고 있는 아이들의 수준과 맞지 않을 때, 교육과정을 벗어나지 않는 범위에서 대신 가르칠 수 있는 내용이나 교과내용과 관련하여 추가적으로 가르칠 수 있는 내용들에 대한 의견을 묻고 있다.

[질문] 6학년 실과 7단원 '컴퓨터와 나의 생활'에서 학습 내용의 대체
초등교사(2008-11-27 10:26:54) 답변: 3 | 조회: 24

　안녕하세요? 저는 교직 8년차 초등학교 교사입니다. 지식교류를 알게 되어 요즘 많이 활용하고 있습니다. 어느덧 2학기도 한 달밖에 남지 않았습니다. 제가 질문 드리고 싶은 것은 6학년 실과 7단원 '컴퓨터와 나의 생활'의 내용이 현재 아이들과 잘 맞지 않습니다. 1학기 때 사이버가정학습을 운영하면서 필요한 능력을 이미 습득했기 때문입니다. 특히 메일에 관한 내용과 공개자료실 이용하기 같은 내용은 이미 저희 반 아이들 대부분이 사용하는 방법에 대해 잘 알고 있습니다. 그래서 이론적으로 메일에 대한 구조, 첨부파일 보내는 방법, 자료실에 등록하는 방법 등을 가르쳐 주었는데, 이미 알고 있는 내용들이라 아이들이 흥미를 가지지 않습니다.

　위에서 제시한 교과서 내용이 제가 담당하고 있는 아이들의 수준과 맞지 않을 때, 교육과정에서 벗어나지 않는 범위하에 대체로 가르칠 수 있는 내용이나 교과내용과 관련하여 추가적으로 가르칠 수 있는 내용들이 어떤 것들이 있을까요? 현재 아이들은 인터넷 사용을 많이 하기 때문에 저와 같은 고민을 하시는 분들이 있을 것 같습니다. 많은 답변 부탁드립니다.

위와 같은 질문에 대하여 모두 세 명의 답변자가 자신의 생각을 올렸는데 닉네임 '멍멍' 교사의 경우 교과서대로 가르치기보다 아이들의 수준에 맞추어 지도한 경험을 말하였다. 교육과정상의 목표도 고려하면서 요즘 사회적으로 중요하게 대두되는 정보통신윤리 영역의 내용을 좀 더 강화하여 지도했다는 것이다. 닉네임 '원추리' 교사도 교과서 재구성에 대한 긍정적인 의견을 표하면서 청소년 YP 활동을 예로 들어 답변을 작성하였다.

[답변1] 컴퓨터와 나의 생활에서 추가적으로 가르칠 수 있는 부분
답변자: 멍멍(2008/11/28 00:19:14)
　안녕하세요? 저는 서울에 있는 초등학교에서 6학년을 담당하고 있

는 교사입니다. 학교 수업 등등으로도 바쁘실 텐데 사이버 학급까지 운영하여 학생들을 지도하신다니 존경스럽네요. 몇 년째 6학년을 담당하였기에 저도 선생님처럼 컴퓨터 관련 실과 단원을 지도할 때 나름대로 고민이 많았습니다. 선생님 말씀처럼 교과서 수준을 넘어서는 아이들이 너무 많았기에 교과서대로 가르치는 것이 너무 재미가 없었습니다. 그래서 나름대로 제가 좀 더 수준을 높여 아이들을 지도하고 있습니다. (후략)

[답변2] 청소년 스스로 지킴이 활동을 해 보는 것도 좋아요.
답변자: 원추리(2008/11/29 01:39:18)

안녕하세요? 저는 익산 ○○ 초등학교 김○○입니다. 선생님의 말씀대로 요즘 어린이들을 컴퓨터에 관한 다양한 상식을 가지고 인터넷을 대부분이 할 줄 압니다. (중략) 그런 반면 교과서는 아직도 학생들이 컴퓨터나 인터넷을 거의 모른다고 생각하며 가르치려 드니까요. 아이들은 당연히 따분해하고 교사도 가르칠 맘이 나질 않겠죠. 이런 아이들에게 앞서 답변을 주신 선생님처럼 재구성하여 가르치면 도움이 될 것 같습니다. (후략)

위 질문에 대하여 답변에 참여한 닉네임 '멍멍' 교사와 닉네임 '원추리' 교사 모두 현행 '컴퓨터와 나의 생활' 교과서의 수준과 학생들의 수준이 맞지 않다고 지적하고 있다. 답변에 임한 두 교사의 의견으로 볼 때 많은 교사들이 교과서를 재구성하거나 다른 내용을 추가로 도입하여 지도하고 있다는 것을 알 수 있다.

위 질문에 대하여 정보 제공자 B교사도 답변을 달았다. '교육과정에서 벗어나지 않는 범위하에서 대체하여 가르칠 수 있는 내용이나 교과내용과 관련하여 추가적으로 가르칠 수 있는 내용'으로 질문 내용을 다시 한 번 확인한 후 본인의 경험을 적어 나갔다. B교사는 '컴퓨터 교육에서 중요하다고 생각한 것은 활용 능력과 의사소통기술'이라고 강조하고 있으며 본인은 '블로그와 카페를 이용하여 한 가지 주제에 대한 정보 만들기' 등의 협력학습을 해 보았다고 조언하였다. 이때 국어나 사회, 과학 등 다른 교과의 학습 과제를 사용하여 자연스럽게 교과를 통합하여 수업할 수 있는 장점도 있다는 것이다.

<BA48>
[답변3] 컴퓨터와 나의 생활 학습 내용 대체
답변자: 이○○(2009－04－02 17:05:07)
　10년 경력의 초등학교 교사입니다. 저 역시 선생님과 아주 비슷한 고민을 했었습니다. 선생님께서 고민하시는 내용이 '교육과정에서 벗어나지 않는 범위하에서 대체로 가르칠 수 있는 내용이나 교과내용과 관련하여 추가적으로 가르칠 수 있는 내용들'에 대한 질문이시군요. 제 경험을 말씀드리겠습니다. 위에서 말씀하신 기본적으로 컴퓨터를 다룰 때에 알고 있어야 할 필수 내용에 대하여는 조사를 통하여 아직 잘 모르고 있는 아이들을 대상으로 지도를 합니다. 그리고 제가 가장 컴퓨터 교육에서 중요하다고 생각한 것은 활용 능력과 의사소통기술입니다. 제가 사용했던 방법은 블로그와 카페를 이용하여 한 가지 주제에 대한 정보 만들기가 협력학습이었는데요. 이때 국어나 사회, 과학 등 다른 교과의 학습 과제를 사용하면 일거양득입니다. 자연스럽게 교과를 통합하여 수업할 수 있는 장점도 있지요.
　블로그나 카페를 사용할 때에는 악성 댓글이나 친구를 비방하는 글을 쓰지 않도록 해야 합니다. 습관적으로 그렇게 하는 아이들도 있거든요. 이럴 때는 정보통신윤리 내용 관련 동영상을 보면서 수업을 진행하는 것이 한 방법입니다. 민간회사에서 제공하는 블로그나 카페의 경우 밖으로 많이 노출되기 때문에 고민이 되신다면 에듀넷에 있는 온라인 학습방이나 학교 홈페이지에 있는 학급홈피 기능을 이용하셔도 좋습니다. 좋은 수업 결과 있기를 바라겠습니다.
　인천에서 이○○ 드림

　B교사의 답변 내용을 살펴볼 때 교육과정 재구성과 교과 통합은 일맥상통하는 점이 있다는 것이 실천 과정에서 확인이 되고 있다.

교육과정의 재구성과 학습 주제를 중심으로 하는 교과 간 연계가 잘 드러나고 있는 답변이었다. B교사는 컴퓨터 교육에서 컴퓨터 활용 능력과 의사소통기술을 중요하다고 생각하고 있으며 의사소통기술의 향상을 위하여 블로그와 카페를 이용하여 한 가지 주제에 대한 정보 만들기가 협력학습을 소개하였다. 특히 B교사는 블로그와 카페를 이용한 협력학습을 소개하는 데 그치지 않고 국어나 사회, 과학 등 다른 교과의 학습 과제를 동시에 수행하면 좋다고 함으로써 자연스럽게 교과를 통합하여 수업을 해 보자는 데까지 나아가고 있다. 이는 교육과정 재구성 활동이 교사의 연계적 전문성 신장과 병행하여 일어났을 때 더욱 효과적이라는 것을 보여 주는 답변이다.

정규 교육과정 외에 시도해 볼 수 있는 학습 내용에 대한 조언을 구하는 질문도 있었다. '서○○' 교사는 시골학교에서 3~6학년 체육교과를 전담하고 있다. 서 교사는 체육 시간에 교과서에 나오는 활동 외의 내용을 적용하고 싶다고 하였다. 그러나 축구와 피구 외에는 아는 것이 별로 없어서 다른 교사들은 어떤 방식으로 하고 있는지 알고자 하였다.

질문: 교육과정 외 체육 시간에 할 수 있는 것들
서○○(2008-08-23 16:23) 답변:17 | 조회:101
　　안녕하십니까? 저는 시골학교에서 3, 4, 5, 6학년 체육교과 전담을 담당하고 있는 교사입니다. 2년째 체육과목을 교과전담으로 담당하고 있는데도 체육시간에 교과서외에 할 수 있는 것들이 별로 없습니다. 어떤 선생님들은 교육과정만 충실히 하는데도 시간이 모자란다고 말씀들을 하기도 하지만 교육과정 이외에도 아이들과 재미있게 할 수 있는 활동들이 뭐가 있을까요? 축구하고 피구 외에는 아는 것이 별로 없어서 아이들에게 미안해지네요.

이렇게 교과서만을 고집하지 않고 다양한 활동을 체육 시간에 도입하고자 하는 움직임은 7차 교육과정 시행 이후에 나타난 현상이다. 일단 교사들은 교과서에 나오는 내용대로만 수업을 하지 않아도 된다는 인식을 가지고 있다. 문제는 교육과정 재구성의 여부가 아닌 재구성의 방식과 내용이라고 생각하고 있다. 이 질문에는 지식교류 사상 가장 많은 17건의 답변이 이루어졌다. 분량이 많아서 정보 제공자 교사가 답변한 내용이 아닌 경우 핵심적인 내용만 남기고 삭제하였다.

[답변1] 민속놀이 추천이요.
답변자: 에너자이저(2008-08-24 00:30)
　(전략) 교육과정에 나오면서 아이들과 해 볼 수 있는 체육 활동으로 저는 민속놀이를 추천해 드립니다. (후략, 민속놀이에 관련된 자료 첨부)

[답변2] 줄넘기 추천합니다.
답변자: 토끼(2008-08-24 12:56)
　교육과정 외에 할 수 있는 것이라면 줄넘기가 어떨까요? 제가 알기로는 고학년 교육과정에는 줄넘기가 없는 것으로 알고 있습니다. (후략)

[답변3] 깡통차기를 알려 드릴게요.
답변자: 배○○(2008-08-24 23:49)
　저도 3, 4, 5, 6학년 체육을 전담하고 있습니다. 그중에 특히 재미있는 것 하나를 소개해 드리겠습니다. 다름 아니라 깡통차기입니다. 선생님께서도 아마 어렸을 때 해 보셨으리라 생각됩니다만, 게임의 방법은 다음과 같습니다. (후략)

[답변4] 생활체육 중심의 교육

답변자: 봉산(2008 - 08 - 25 13:41)

(내용 생략)

[답변5] 운동장 놀이

답변자: 양가(2008 - 08 - 26 14:51)

안녕하세요! 저는 전주에 근무하는 5학년 교사입니다. 8년 전 체육 전담할 때가 기억이 나는 군요. 민속놀이 및 운동장 놀이가 있어서 몇 가지 자료를 올립니다. (자료 첨부)

<BA10>

[답변6] 교육과정 외에 할 수 있는 체육수업

답변자: 이○○(2008 - 08 - 26 16:47)

안녕하세요. 저는 인천에서 근무하고 있는 경력 10년차의 교사입니다. 지금은 6학년을 맡고 있습니다. 제 자신이 체육을 무척 좋아하여 체육시간을 충실히 지도하려고 노력하고 있습니다. 물론 교육과정 대로만 한다면 아이들의 입에서 실망 어린 답변이 금방 나올 것이라고 생각합니다. 그렇다고 교육과정을 무시하고 놀이 형태로 가르치기도 부담이 가는 것은 사실입니다. 그래서 단원별 3시간 중에서 2시간 정도는 교육과정을 수행하고 나머지 한 시간 정도를 심화할 수 있는 게임형태의 진행을 많이 합니다.

예를 들어 달리기 단원의 심화형 게임으로는 옛날에 제가 어릴 적 했던 놀이들입니다. 시골 출신이라…… 진돌이(?)라고 지방마다 조금씩 용어는 다를 수 있는데요. 적정 수(5 - 7명 정도)를 두 편으로 나눠서 진을 정합니다. (중략)

또 하나는 '오징어 놀이'라고 선생님들께서도 많이 해 보셨으리라 생각합니다. 오징어 모양의 그림을 그리고 한쪽 발을 들고 한쪽 발만으로 상대편을 넘어뜨리는 경기입니다. 물론 공격과 수비를 하게 되지요. 이 외에도 땅따먹기, 주먹야구, 테니스공 축구 등 교육과정을 변형시킨 놀이들이 많이 있을 것 같습니다. (후략)

[답변7] 다양한 체육 활동 동영상 시청
답변자: 나눔샘(2008 - 08 - 26 18:24)
  (전략) 직접 운동장에 나가서 하는 활동이 가장 중요하지만 가끔씩
은 교실에서 TV를 통해 흔히 접할 수 없는 경기 장면을 보여주는 것
도 유익할 것 같아요.

<AA07>
[답변8] 우유갑 딱지치기 어떠세요?
답변자: 한○○(2008 - 08 - 27 01:13)
  안녕하세요? 체육교과를 맡아 지도하고 계신다니 무척 힘드실 것
같습니다. 저는 서울에서 초등학교 4학년을 지도하고 있습니다. 저도
한두 시간 정도 짬이 나거나 특히, 몹시 더운 여름에 운동장에서 뛰
는 것이 무리가 되는 날씨인 경우에 (우리 학교에는 체육관이 없어서
요) 스탠드 그늘에서 우유갑 딱지치기를 시도해 보았습니다. 소근육
활동으로 만들기와 함께 딱지치기를 통한 게임 활동까지 곁들이니 아
이들이 무척 좋아했던 기억이 납니다. 딱지를 만들면서 발로 꾹꾹~
밟아가며 나름대로 이기기 위한 전략을 짜는 모습이 귀엽더군요. (중
략) 딱지를 잃으면, 자기의 소중한 것을 빼앗긴 듯 아까워하는 모습
을 보면서 자원 재활용 교육도 함께…… 일석이조랍니다. 또한, 우유
를 먹기 싫어하던 아이들도 딱지를 만들기 위해서 맛있게 우유를 먹
기 시작했답니다. 위 여러 선생님들의 답변을 참고로 저도 여러 민속
놀이를 시도해 보려고 합니다.

[답변9] 티니클링은 어떠세요?
답변자: 우야(2008 - 08 - 27 21:07)
  (전략) 어느 날 인터넷 검색 중 '티니클링'이라는 무용에 관심을
갖게 되어 학생들과 수업시간에 적용해 보았습니다. (후략)

[답변10] 원반, 부메랑 던지기
답변자: 김○○(2008 - 08 - 28 14:46)
  (전략) 저는 요즘 중간놀이, 점심시간에 원반과 부메랑 던지기를
학생들과 자주 합니다. (후략)

[답변11] 티볼 재미있습니다~.
답변자 : 노○○(2008-08-28 20:04)
(전략) 공문을 보면 뉴스포츠라는 이름으로 여러 게임이 오는데, 그것보단 제가 실제로 해 보았던 활동을 소개해 드리려고 합니다. 게임 이름은 티볼이구요, 홈에 'ㅗ' 자 모양의 지지대를 두고 그 위에 공을 올려놓은 후에 야구방망이로 치는 게임입니다. (후략)

[답변12] 배드민턴 야구 어떠세요?
답변자: 스마일(2008-08-29 01:04)
(전략) 저는 배드민턴 야구를 하시면 어떨까 제안해 봅니다. 배드민턴 야구는 배드민턴 라켓이 야구 배트로, 셔틀콕이 야구공으로 대체되는 것으로 생각하시고 야구에서의 규칙을 적용하여 진행하는 방식입니다. (후략)

[답변13] 생활에서 할 수 있는 종목들
답변자: 수선화(2008-08-29 07:44)
(전략) 체육시간이나 아침활동시간을 활용해서 연날리기, 제기차기, 구슬치기, 공기놀이 등 교육과정을 재구성하여 다양하게 가르치고 있습니다. 학생들과 학부모님들 반응이 아주 좋습니다. (후략)

[답변14] 새로운 시대에 맞는 현대 스포츠 제안
답변자: 스마일(2008-08-29 18:09)
(전략) 부메랑 던지기를 하는데 여러 가지로 교육적 효과가 있습니다. 또 S-board를 추천하고 싶습니다. 학생들이 너무나 흥미로워합니다. (후략)

[답변15] 체육수업 여유시간에 할 수 있는 활동
답변자: 양○○(2008-08-29 23:23)
(전략) 날씨가 무더워져서 아이들이 늘어져 체육수업이 어려울 때 하는 물총놀이……. (후략)

　　[답변16] 다양한 방법과 자료
　　답변자: 참매미(2008 - 08 - 30 15:21)
　　　(내용 생략)

　　[답변17] 다양한 놀이거리를 알려 주세요.
　　답변자: Grace(2008 - 08 - 31 17:23)
　　　(전략) 스포츠 이외에 레크리에이션도 빠질 수 없는 부분이죠. (후략)

　　무려 17명의 답변자가 나섰던 '교육과정 외에 할 수 있는 체육 수업'에 대한 교류는 여러 가지로 의미 있는 해석이 가능하다. 우선 여기 답변에 참여하고 있는 교사들의 지역적 분포이다. 질문자는 '시골 학교'라고만 밝혔고, 자신이 근무하고 있는 지역을 밝힌 답변자 11명 중에서 광주 지역이 3명이었고 그 외에 전주, 인천, 서울, 경남, 울릉도, 대전, 제주, 울산 등 전국 각지의 교사들이 교류에 참여하였다. 질문이 올라온 것이 2008년 8월 23일이었고 마지막 답변이 이루어진 것이 8월 31이었으니 불과 8일 사이에 전국의 교사들이 하나의 주제를 가지고 체육 교육과정의 재구성 방법과 내용에 대하여 이야기를 나누었다. 답변에 참여한 교사들은 자신들의 생생한 경험에 근거하여 교육과정 외에 흥미 있게 할 수 있는 체육 수업 방법을 소개하고 있다.

　　17명의 답변자 중 정보 제공자는 A교사와 B교사 등 두 명이 참여했다. A교사는 몹시 더운 여름에 운동장에서 뛰는 것이 무리일 때 스탠드 그늘에서 '우유갑 딱지치기'를 시도해 보았다고 했다. 딱지치기를 통한 게임 활동까지 곁들이니 아이들이 무척 좋아했다고 했다. A교사는 딱지 만드는 방법까지 상세하게 소개를 하였고 딱지를 잃으면, 자기의 소중한 것을 빼앗긴 듯 아까워하는 모습을 보면서 자원 재활용 교육도 함께했다는 것이다. 특히 우유를 먹기 싫어하던 아이들도 딱지를 만들기 위해서 맛있게 우유를 먹기 시작했다는 것이다. 기본적으로 질문자는 '교육과정 재구성'에 대한 아이디어를 구하였지만 A교사는 답변을 통하여 교육과정 재구성 아이디어는 물론이고 자원 재활용 및 우유 마시기에 대한 교육까지 통합적인 교수 방식을 시도하고 있다. 이는 교육과정 재구성이 단원 재배치나 차시 조정 등 형식적인 것뿐만 아니라 환경이나 건강 교육 등 다른 영역과 연계되어 일어날 때 효과적임을 시사한다.

한편 B교사는 '교육과정대로만 한다면 아이들의 입에서 실망 어린 답변이 금방 나올 것이라고 생각한다.'며 동기유발 측면이 부족한 정규 교육과정을 비판하였지만 '교육과정을 무시하고 놀이 형태로 가르치기도 부담이 가는 것은 사실'이라면서 최소한의 재구성 방안을 제시하고 있다. 즉 '단원별 3시간 중에서 2시간 정도는 교육과정을 수행하고 나머지 한 시간 정도를 심화할 수 있는 게임 형태의 진행'에 대한 제안이다. B교사는 교육과정의 전반적인 틀을 유지하면서도 재구성 방안을 부분적으로 삽입하는 방법을 택하고 있다.

위 교류에서는 많은 지역의 교사들이 자신들의 경험에 근거한 교육과정 재구성 방안을 제안함으로써 지역 간 연계가 함께 일어나는 효과가 있었다. 17명의 답변자가 모두 다른 조건과 다른 경험 속에서 사례를 공유함으로써 '교육과정 외 체육 수업 방안'에 대한 훌륭한 방법론을 생성하였다. 이는 온라인 문화에 익숙한 교사들에 의하여 이루어진 '집단적 지식 생성' 사례라 할 수 있다.

(5) 시험 후 교육과정 운영

교육과정 재구성의 현실적 필요는 중고등학교에서 기말고사 이후의 수업 진행에 대한 고민에서도 그대로 묻어 나오고 있다. D교사는 기말고사 이후에 학생들과 학습의 측면에서 수업으로 진행할 수 있는 내용을 찾고 있다. 이러한 문제 역시 교육과정을 다소간 재구성해야 풀릴 수 있는 것들이다.

<DQ06>
질문: 중3 기말고사 이후의 수업
황○○(2008-11-11 21:53) | 답변: 3 | 조회: 18
　　안녕하세요. 저는 중학교 3학년 교과를 맡고 있는 교사입니다. 3학년 학생들은 요즘 기말고사 기간이지요. 진도도 거의 다 끝나고 남은 기간 동안 무엇을 할지 고민이 됩니다. 학습적인 내용으로 수업을 할 때 선생님들은 가장 편하고 바람직하다고 느끼지만 아이들은 그렇지 않을 것입니다.
　　그동안 공부에 힘들었다며 뭔가 부담 없으면서도 즐거운 시간을 원합니다. 그렇다고 무작정 재미만 찾으면 안 되겠지요. 허송시간을 보냈다는 인상을 주어서도 안 되고요. 꼭 학습에 관련된 내용이 아니더라도 그동안 다소 소원했던 인성교육 면에서 도움이 될 수 있는 수업시간이 되었으면 합니다. 딱딱한 교훈적인 내용보다 학생들이 보고 스스로 느끼고 감동을 받을 수 있는 내용의 수업으로 보람된 시간을 갖고 싶습니다. 이에 적합한 내용의 자료나 사이트가 있으면 알려 주실 것을 부탁드립니다. 또한 선생님들의 생생한 경험담도 곁들여 주시면 더욱 감사하겠습니다.

닉네임 '한백성' 교사는 교과 진도를 위주로 하는 수업 대신 영상자료를 상영하는 방식으로 운영하고 있다고 했고 닉네임 '아틈실' 교사는 중 3 기말 고사 후에는 과목별로 심화 공부를 해야 한다고 생각한다며 그동안 배운 내용의 기본을 정리한 후 국영수를 중심으로 심화 학습을 할 수 있도록 프로그램을 짜서 운영하면 좋을 것이라고 제안하였다. 닉네임 '두꺼비' 교사는 시간표상의 교과수업 담당 선생님은 그대로 하고 교육과정은 별도로 편성하여 운영하고 있음을 밝히면서 1주일에 한 번 정도의 외부 체험학습, 고등학교 학습에 대비한 복습 및 예습, 강당에서의 예체능 학습 등이 이루어진다고 소개하였다.

> **[답변1] 기말고사 이후의 수업에 대하여**
> 답변자: 한백성(2008 - 11 - 12 10:22)
> (내용 생략)
>
> **[답변2] 과목별 심화 학습 프로그램 운영**
> 답변자: 아름실(2008 - 11 - 13 13:14)
> (내용 생략)
>
> **[답변3] 특별 면학지도 계획을 수립하여 시행**
> 답변자: 두꺼비(2008 - 11 - 23 23:56)
> 안녕하세요. 저는 서울의 중학교에서 3학년부장을 맡고 있는 교직 20년차 남교사입니다. 중3의 경우 기말고사를 끝내고 수업을 진행하는 데 많은 어려움이 있습니다. 때문에 단위학교마다 약간의 차이가 있겠지만, 대체로 별도의 교육과정을 편성하는 경우가 많습니다. (중략) 지식교육과 인성교육을 충분히 기를 수 있도록 별도로 교육과정을 재구성하여 운영하고 있습니다. (후략)

기말고사 후 방학 전까지의 교육과정 운영은 거의 모든 학교에서 고민거리가 될 정도로 교육과정 재구성의 필요가 있는 사항이다. D 교사의 경우 사립학교에 근무하기 때문에 이런 방식으로 폭넓게 다른 학교의 의견을 청취해 보는 것은 큰 도움이 될 것이다.

위에서 알아본 바와 같이 수집된 지식교류 사례에서는 '교육과정 개발'에 대한 사례보다는 '교육과정 재구성' 사례가 압도적으로 많았다. 이 같은 결과는 수업전문성의 재개념화 논의와 관련하여 시사하는 바가 크다고 하겠다. 서경혜(2006)는 교육과정을 바라보는 관점이 '교육과정 전달자'와 '교육과정 개발자'로 양극화되어 있다고 진단하고 공식적 교육과정을 재구성하여 교육 상황을 적절하게 운영해야 한다고 주장한다. 그러나 교육과정 재구성은 교육과정 전달 관점과 달리 교육과정이 교육 상황에서 재해석되고 변형되는 것을 자연스런 현상으로 이해해야 한다는 것이다. 여기에서 필요한 교사의 능력은 '교육과정 재구성 역량'이라 하였다. 아울러 교사의 역할을 실질적인 교육과정 개발자의 측면에서 이해하는 것은 무리가 따른다고 보고 개별 교사는 교육과정 실행에서 '제한된 교육과정 재구성자'로서의 역할을 수행하는 것으로 보는 것이 타당하다는 주장(박윤경, 2003) 역시 비슷한 문제의식이라고 할 수 있다. 수업전문성은 일부 교사들이 가진 특수한 능력이 아니라 모든 교사들이 두루 갖추어야 할 역량이기 때문이다. 정보 제공자 A교사는 교사의 교육과정 개발 및 재구성 능력에 대하여 다음과 같이 의견을 피력하였다.

> (지식교류 활동을 통하여) 서로 학습지도안을 주고받으면서 수업을 좀 더 효과적으로 진행하기 위해 많은 노력을 합니다. 이때 제공받은 학습지도안이든지 답변 내용이든지 나의 처지에 맞는 지도안이나 답변이 있을 수 있고, 나의 처지에는 적용하기 어려운 과정이나 답변이 있을 수 있습니다. 그러므로 이런 지식교류 활동에서 필요한 것은 교육과정 재구성 능력이라고 봅니다. 본인의 교실 환경, 학습자의 조건에 맞게 재구조화해서 쓸 수

있는 능력이 요구된다는 것이고, 지식교류 활동에서 교육과정 재구성 능력
이 신장되어 나가는 교사들의 모습을 기대할 수 있습니다. (A교사, 2차 온
라인 면담, 2009년 3월 9일)

4) 내러티브적 수업담화

교사는 교육과정에 기초하여 수업을 진행하지만 예측이 불가능하
고 역동적인 교실 상황에서 나타나는 다양한 문제들에 대하여 교사
는 그때그때 판단하고 결정하며 수업을 이끌어야 한다. 교과지식에
능통한 교사라고 해서 교실 상황에서 나타나는 문제들에 대하여 항
상 최적의 판단을 내리는 것은 아니다. 그럼 교사들은 교과지식 외
에 어떤 것으로 교실 수업을 이끌어 가는 것일까? 교사는 개개인이
가지고 있는 이론적 지식을 그가 관여하는 실제 상황에 맞도록 자신
의 가치관이나 신념을 바탕으로 종합하고 재구성한다(강현석, 2007).
Elbaz(1983)는 교사들은 자신들이 가르치는 일의 모습을 결정하고
방향을 짓기 위해 적극적으로 사용하는 복잡하고 실제적으로 지향된
일련의 이해 체계를 가지고 있는데 이를 '실천적 지식'이라 명명하
였다. 내러티브 관점에서 볼 때 지식은 우리 자신 및 다른 사람에게
설명하기 위해 우리 자신의 경험을 이야기할 때 구성되고 재구성된
다(강현석, 2007). 교사교육에 있어 개인적 이야기를 강조하는 것은
1990년대 이후의 변화, 즉 교사를 학교교육의 생산 수단으로 보지
않고 아동 교육을 위한 지적 행위자로 보는 시각의 전환을 반영한다
(박순경, 2003).

이와 같은 맥락에서 교사 개인의 경험을 드러내어 타인과 교류하

는 행위는 서로의 성장을 촉진할 수 있는 촉매제가 될 수 있다. 그러나 정보 제공자 교사들이 지적하듯이 학교 안에서는 여러 가지 이유로 인해 교사들 간의 수업지식 교류가 이루어지지 않기 때문에 수업담화를 나눌 기회가 없다. 연구자는 온라인 지식교류 활동에서 교류되는 교사들의 수업담화에 주목하였다. 수업담화가 의미 있게 진행되기 위한 조건은 두 가지다. 그 하나는 우선 내 수업을 타인에게 고백해야 한다는 것이다. 학교 안에서 동료교사들과의 대화에서는 이것이 매우 힘들었지만 온라인 지식교류에서는 비교적 스스럼없이 자신의 수업 이야기를 풀어 나갔다. 두 번째 온라인 수업담화의 조건은 경험을 나누는 것이다. 수업담화는 이미 정리된 자료를 교환하는 것이 아닌 '나와 타인의 경험'이 소재가 된다. 수업을 통하여 경험한 사례를 고백하고 의견을 제시하는 가운데 교사들은 자기에게 적합한 개인적, 실천적 지식을 구성해 가는 것이다.

(1) 내 수업의 고백

다음은 '본문이 긴 차시의 읽기 수업에서 내용 파악과 지도 방법'에 대한 경험을 구하고 있는 질문이다. 6학년 읽기 수업을 하다 보면 본문의 내용이 길어서 시간 배분의 문제, 내용 이해의 문제, 흥미의 문제가 발생하더라는 것이다. 이는 수업 모델이나 지도안 작성의 문제가 아니라 교사 개인이 특정 상황에 대하여 어떤 안목과 경험으로 대처할 것인가 하는 개인적, 실천적 지식의 문제이다. 이럴 때 다른 사람의 실제 경험을 들어 보는 것은 큰 도움이 된다.

질문 : 본문이 긴 차시의 읽기 수업에서 내용 파악과 지도 방법
문○○(2008-08-29 17:45) 답변: 6 | 조회: 20

　　안녕하십니까? 부산에 근무하는 초등학교 교사입니다. 6학년 읽기 수업을 하다 보면 본문의 내용이 너무 긴 차시가 있습니다. 물론 2차시에 걸쳐 지도하게 되어 있지만 문제점은 ① 수업 시간에 그 장문의 내용을 읽는 것이 시간이 많이 걸리고, ② 본문을 1~2번 읽어도 그 짧은 시간에 글의 내용을 정확하게 이해하는 것이 어렵고, ③ 미리 예습을 해 오게 했더니 수업 시간에 본문을 읽는 것이 너무 재미없고, ④ 문제 풀이에만 급급합니다. 선생님들께서는 본문이 긴 차시의 읽기 수업에서 내용 파악을 위해 어떤 방법을 사용하시나요? 그리고 어떻게 수업을 하시는지요? 이에 대한 좋은 방법이나 아이디어가 있으시면 답변 부탁드립니다. 감사합니다.

　　질문을 올린 '문 교사'는 초등학교 6학년 읽기 수업에서 본문의 내용이 너무 길 때 수업시간에 그 장문의 내용을 읽는 것이 시간이 많이 걸리며, 본문을 1~2번 읽어도 그 짧은 시간에 글의 내용을 정확하게 이해하는 것이 어렵고, 미리 예습해 오게 했더니 수업시간에 본문을 읽는 것이 너무 재미없고, 문제 풀이에만 급급하더라는 자신의 수업 경험을 이야기한다. 문 교사는 본인이 할 수 있는 이런저런 방법을 적용해 보았으나 큰 효과가 없었다는 말과 함께 다른 교사들이 본문이 긴 읽기 수업에서 어떻게 내용 파악을 하고 있는지 듣고 싶어 하였다. 문 교사의 질문에 대하여 여섯 명의 답변자가 자신의 경험을 올렸다.

[답변1] 이런 방법은 어떨까요?
답변자: 서당할머니(2008-08-29 21:33)
　　(내용 생략)

[답변2] 이야기 피라미드를 통한 요약하기 지도
답변자: 아이사랑(2008 - 08 - 29 19:20)
　(내용생략)

<EA20>
[답변3] 본문이 긴 차시의 읽기 수업 시 내용 파악과 지도 방법
답변자: 해오름(2008 - 08 - 29 23:13)
　선생님, 안녕하세요? 저는 ○○고 국어교사 백○○입니다. 고등학교에 있기에 초등교육에 대해서는 아는 것이 없지만, 읽기 교육에 대한 것이라서 답글을 써 봅니다. 초등학교 6학년 아이들의 경우 이제 얼마 후면 중학교에 들어가게 됩니다. 중학교에 들어가게 되면 아마 더 장문의 글을 많이 읽게 될 것입니다. 긴 글이라고 해서 안 읽고 넘어가거나 중심내용만 알려 주거나 하는 것은 아이들의 사고력 신장이나 읽기 능력 신장에 많은 방해가 된다고 생각합니다.

　따라서 긴 글을 읽는 것에 시간이 많이 걸리더라도 같이 읽어 보는 것은 의미가 있다고 봅니다. 다만, 아직 긴 글에 익숙하지 않은 아이들이기에 힘들어하고 흥미를 잃을 수 있습니다. 이런 경우에는 동기유발이 아주 중요하다고 봅니다. 글에 흥미를 느낄 수 있도록 수업 전에 충분히 흥미유발을 할 수 있도록 시청각 자료를 만들어 보여 준다든지, 글을 다 읽고 퀴즈 대회를 하겠다고 한다든지 한다면 긴 글을 읽는 것에 그리 힘들어하지는 않을 것이라 봅니다. 저의 답변이 선생님께 조금이라도 도움이 되었길 빕니다. 다른 선생님들의 도움말씀도 기대해 봅니다.

[답변4] 본문이 긴 차시의 읽기 수업의 방법
답변자: 나누미(2008 - 08 - 30 01:03)
　(내용생략)

[답변5] 독서를 통한 빠른 읽기 지도
답변자: 수선화(2008 - 08 - 30 08:14)
　(내용생략)

[답변6] 재미있는 Story(이야기)로 다가가기
답변자: Grace(2008 – 08 – 31 16:23)

　　읽기 수업은 단순히 학생들에게 돌아가면서 읽게만 맡겨 두어선 그리 효과적인 수업을 이끌어 낼 수 없는 것 같습니다. 읽기 수업은 개인적으로 제가 좋아하는 파트인데 그 이유는 '이야기(Story Telling)'의 시간이기 때문이지요. 아이들은 이야기에 목말라합니다. 예전처럼 할머니들께서 아니면 소일거리가 별로 없는 놀이 문화가 빈약한 시대에 그것을 대체해 줄 이야기들이 넘쳐나는 시대도 아니기에……

　　아이들은 이야기 듣기를 참 좋아합니다만 실제론 이야기 들을 기회가 없는 것이죠. 읽기 시간은 책 읽기의 문자 읽기와 더불어 그 문자 내용이 살아 움직이는 스토리로 이어져 생생한 감동을 주는 소리 문자로서의 발전을 체험하는 듣기 시간으로도 훌륭한 소재가 됩니다. (중략) 교사는 전체의 이야기 흐름을 아이들이 놓치지 않도록 환기시켜 주고 소주제의 이야기들을 전체 이야기 흐름으로 연결하는 노력을 게을리하지 말아야 합니다. 그렇게 하게 되면서 점점 읽기와 그 읽기 내용이 전개되는 큰 흐름의 이야기는 아이들에게 많은 상상력과 생각들을 불러일으키면서 그 다음이 기대가 되고 연결을 보고 싶은 마음을 불러일으키게 되지요. 그런 선생님과 친구들의 노력이 곁들여진 구수한 이야기들이 함께 어우러지면서 어느덧 읽기의 긴 페이지들은 생생한 감동으로 학생들에게 다가갈 것입니다.

　　질문자가 요청한 내용은 다른 교사들이 '본문이 긴 차시의 읽기 수업'에서 내용 파악을 위해 어떤 방법을 사용하는지, 그리고 이 경우 어떻게 수업을 하는지에 대한 좋은 방법이나 아이디어였다. 모두 여섯 명의 교사들이 자신의 경험을 토대로 답변에 나섰는데 닉네임 '서당할머니' 교사는 각 단계별 이야기를 간추려 기록하고 이를 활용하여 스토리보드를 제작하자는 아이디어를 제안하였고(답변1), 닉네임 '아이사랑' 교사는 이야기 속의 복잡한 인물, 사건, 배경을 요약하는 방법으로 이야기 피라미드(답변2)에 대한 경험을 기술하였다.

정보 제공자인 E교사는 좀 더 다른 각도에서 조언을 하였는데(답변 3), "긴 글이라고 해서 안 읽고 넘어가거나 중심 내용만 알려 주거나 하는 것은 아이들의 사고력 신장이나 읽기능력 신장에 많은 방해가 된다."고 하면서 "긴 글을 읽는 것에 시간이 많이 걸리더라도 같이 읽어보는 것은 의미가 있다."고 조언하였다. 다만, 아이들이 지루해할 수 있으므로 글에 흥미를 느낄 수 있도록 수업 전에 충분히 흥미 유발을 할 수 있게 시청각 자료를 만들어 보여 준다든지, 글을 다 읽고 퀴즈대회를 하겠다고 한다든지 하는 아이디어를 제공하였다.

마지막으로 답변을 올린 닉네임 'Grace' 교사는 본인의 경험을 살려 '이야기(story telling)'의 중요성을 강조하고 있는데, 질문자가 가진 고민의 취지에 비추어 상당한 시사점을 주는 답변이었다. Grace 교사는 읽기 시간은 책 읽기의 문자 읽기와 더불어 그 문자 내용이 살아 움직이는 스토리로 이어져 생생한 감동을 주는 소리 문자로서의 발전을 체험하는 듣기 시간으로도 훌륭한 소재가 된다고 말한다. 이는 전형적인 내러티브적 이해를 가지고 있는 답변이라고 말할 수 있다. 그렇게 하여 점점 읽기와 그 읽기 내용이 전개되는 큰 흐름의 이야기는 아이들에게 많은 상상력과 생각들을 불러일으키면서 그 다음이 기대가 되고 연결을 보고 싶은 마음을 불러일으키게 된다는 Grace 교사의 답변은 이야기와 서사 구조의 중요성을 쉽게 풀어 가며 접근하고 있는데 이는 '내러티브 관점'에서의 지식은 개인이 자신의 경험을 다른 사람에게 이야기하는 가운데 형성되며 이는 지속적으로 재구성(강현석·이자현, 2006)해 간다는 내러티브적 사고의 흐름을 보여 주고 있다.

다음은 초등학교 6학년 수학교과의 원과 원기둥 수업에서 아이들의 이해를 돕기 위한 노하우를 요청하는 질문이다.

<BQ26>
질문: 6학년 수학 – 원과 원기둥에서
이○○(2008 – 12 – 18 17:08) 답변: 4 | 조회: 16
　안녕하세요. 저는 초등학교 6학년 담임을 맡고 있는 경력 10년차의 교사입니다. 이제 방학도 얼마 남지 않았고 아이들 졸업도 얼마 남지 않아 조금은 시원섭섭합니다. 아이들하고 무지 많이 싸웠거든요. 6학년 수학을 가르치다 보면 참 어렵다는 생각이 많이 듭니다. 그리고 아이들이 많이 알고는 있는 것 같은데 제대로 하지 못한다는 생각 역시 가지고 있습니다.
　특히 4단원 '원과 원기둥'에서는 더욱 그렇습니다. 아이들의 이해를 돕기 위해서 다양한 그림과 자료들을 동원해 보지만, 설명하고 나면 "왜 그래요?"라는 질문을 합니다. 그렇다고 무조건 원의 넓이, 원주, 원기둥의 부피 구하는 공식을 외우라고 할 수는 없어서 일단 이해를 시키고 나서 외우게 하고 있습니다, 그러나 이해를 하지 못한 상황에서 외우기만 하니 금방 잊어버리기 일쑤입니다. 선생님들께서는 어떻게 지도하시나요?

　B교사는 그동안 다양한 그림과 자료들을 동원해서 설명을 해 보았지만 설명하고 나면 학생들은 "왜 그래요?"라는 질문을 한다는 것이다. 또 원리를 이해하지 못한 상황에서 외우기만 하니 금방 잊어버리기 일쑤라는 것이다. 이 같은 고민은 수학교과를 담당하는 교사라면 누구나 접하게 되는 문제이다. 교과서나 지도서에 나와 있는 내용만 가지고서는 아이들에게 '공식에 대한 이해와 함께 적용까지 하는 것'으로 나아가기에는 한계가 있었다는 것이다. 이에 대하여 모두 네 명의 교사들이 답변을 등록하였다.

[답변1] 경험적이고 직관적인 교수방법
답변자: 김○○(2008-12-18 17:57)

　안녕하세요? 저는 고등학교 수학교사입니다. 원의 넓이는 원이 덮고 있는 부분을 재도록 안내하시면 어때요? 잘게 쪼개어 직사각형 또는 평행사변형에 가까운 꼴로 바꾸어 계산하면서 공식과 동일한 식이 나오는 것, 잘게 쪼갠 원이 덮고 있는 부분이 직사각형의 넓이와 같다는 점, 그리고 그 계산이 가로세로의 곱으로 되는데 그것이 넓이 계산공식이라는 것, 다음으로 원기둥은 원판이 쓸고 지나가는 부분을 강조하는 거지요. 그러려면 자연스럽게 공식과 똑같은 계산이 눈에 보이게 되지요.

[답변2] 원의 넓이, 원주, 원기둥의 부피 구하는 공식에 대하여
답변자: 새벽목장(2008-12-18 21:47)

　(내용 생략)

[답변3] 실험을 통한 직관적 이해는 어떨까요?
답변자: 솔나리(2008-12-19 11:59)

　안녕하세요. 저도 ○○고등학교에서 수학을 가르치고 있는 조○○입니다. 실험을 통한 수업이 아이들에게 좋은 결과를 유도해 냈던 적이 있었습니다. 서로 협력하는 학습형태를 소개해 보려고 합니다. (후략)

[답변4] 원의 넓이, 원주, 원기둥의 부피 공식 외우는 저만의 방법
답변자: 권○○(2008-12-19 16:39)

　안녕하세요? 저는 서울에 있는 초등학교에서 6학년을 담당하고 있는 교사입니다. 선생님과 마찬가지로 저도 졸업을 앞두고 아이들을 보고 있으면 시원섭섭한 감정을 느낀답니다. 큰 아이들과 논쟁을 하기도 하고, 때로는 아이들이 삐지고, 때로는 제가 삐지고(물론 연기이지만)……. 하지만 그래도 초등학교에서 가장 말이 통하는 학년이 6학년이 아닌가 싶어 벌써 몇 년째 6학년만 담당하고 있지요. 선생님이 지도하기 어려워하시는 부분 저 또한 지도하는 데 많은 고민을 해 왔던 부분입니다. 위에 다른 학교급 선생님께서 조언해 주신 좋은 의견 저도 공감합니다. 하지만 선생님이 지적하신 대로 이것저것 자료를 다양하게 이용해도 아직 초등학생들이 이해하기에는 좀 어려운 것 같아요(물론 이해하는 아이들도 많지만요……). 그래서 최상의 방법은 아니지만 저 나름대로의 방법을 이용해 지도하고 있지요. 1. 우선 책에 나와 있는 대로, 그리고 다른 선생님들이 조언해 주신 대로 원리적인 설명부터 하지요. 단, 이때 구체적인 조작물을 이용해서 아이들이 직접 만져볼 수 있도록 지도를 합니다. 초등학생이라 그림이나 화면만으로 지도하기에는 이해가 부족한 것 같아요. 그래서 예를 들어 원 넓이 공식을 이끌어 내기 위해 직접 잘려진 원모양을 사각형모양으로 변형시켜 옮겨 보도록 합니다. (후략)

B교사의 고민은 '원과 원기둥' 학습에서 아이들의 이해를 돕기 위해서 다양한 그림과 자료들을 동원해 보지만, 설명하고 나면 아이들이 이해하지 못하고 "왜 그래요?"라고 질문을 한다는 것에 있다. 이는 교과서 위주 수업의 한계일 수도 있고 선행학습을 통해서 원리나 개념보다는 문제 풀이 위주로 공부하는 습관이 배인 학생들의 문제이기도 하다. 이런 경우 교과서에 제시된 대로 반복 설명한다고 해서 학생들의 이해력을 높이기는 힘들다. 이때 다른 교사의 경험을 듣는 것은 매우 의미 있는 일이다. 답변에 나선 '김 교사'와 '권 교사'의 경우 비슷한 고민 속에서 자신만의 독특한 방법을 소개하고 있다. 이러한 방법들은 서로 교류되지 않으면 해당 교사의 수업에서만 사용되는 방법으로 남지만 타인과의 교류를 통해서 교류되는 순간 '집단 지식'의 성격을 갖는다. 교사의 개인적, 실천적 지식은 지식교류 활동에서 '집단 지식'이 된다. 이를 추동하는 힘은 자신이 가르치는 학생들과의 경험을 솔직하게 이야기하고 타인의 이야기를 듣는 내러티브적 사고 활동이다.

(2) 수업경험 나누기

교사의 경험이 개인 차원에 머물러 있을 때에는 죽은 경험에 불과
하다. 내러티브 차원에서 경험은 타인과의 소통 속에서 빛을 발한다.
Kneller(1984)는 "경험에 대하여 우리가 실제로 만나는 것은 대상
자체가 아니라 대상물과의 경험이며, 우리의 개념을 통하여 구조화
된 경험"이라고 말한다(진권장, 2005: 161). 소통의 방식은 말이거나
텍스트이다. 같은 단원, 같은 주제를 가지고 수업을 하더라도 각 교
실에서 일어나는 상황과 교사가 경험하는 상황은 제각각일 수밖에
없다. '제각각의 경험'이기 때문에 경험에 의미가 부여된다. 온라인
지식교류 공간에서 교사들은 자신의 수업 경험을 이야기하고 타인과
교류하는 과정을 통해서 자신들이 가지고 있는 개인적, 실천적 지식
을 풍부하게 만들어 갔다. 다음은 학생들의 발표력 향상을 위해 사
용하는 방법에 대한 경험을 묻는 초등 교사의 질문이다. 질문을 올
린 '임○○' 교사는 발표를 하는 아이들은 많으나 목소리가 크지 않
고 또 앞에 나와서 하는 것을 더욱 어려워하기 때문에 이를 개선해
줄 수 있는 적절한 아이디어를 구하고 있다.

[질문] 다양한 발표 방법?
임○○(2008 - 08 - 26 18:43) 답변: 15 | 조회: 66
　선생님 안녕하세요. 오늘도 선생님들의 도움을 얻고자 지식교류를
찾아온 6학년을 담당하고 있는 초등교사입니다.^^ (항상 감사드려요)
방학 동안 열심히(?) 놀고 나온 학생들에게 학기 초 학습 훈련을 다
시 시키려고 하는데요. 가장 잘 안 되는 부분이 '발표'인 것 같아요.
저희 반 아이들의 경우 발표를 하는 아이들은 많으나 목소리가 크지
않고 또 앞에 나와서 하는 것은 더욱 어려워하거든요. 선생님들께서는
발표력 향상을 위해 어떠한 방법들을 사용하고 계시나요? 자신감을

가지고 목소리를 크게 키울 수 있는 방법도 절실합니다. 또 다양한 발표 방법들에는 어떤 것이 있을까요? 여러 선생님들의 도움 말씀을 듣고 싶습니다.[26]

발표력 향상은 학습 주제 및 학습 환경, 특히 학습자 개인의 특성과 많은 부분 연관을 맺는 주제이다. 따라서 발표력을 향상시키는 지침서나 안내서를 본다고 해서 해결되는 문제는 아니다. 질문자는 다른 교사들이 사용하는 방법, 즉 경험과 사례를 듣고 싶다고 말하였다. 이 질문에 대하여 무려 15명의 답변이 있었는데 이 문제가 교사들의 공통 관심사라는 점을 반영하고 있다. 분량이 많아서 정보제공자 교사의 답변을 제외하고 다른 교사들의 답변은 내용을 생략하거나 핵심적인 내용만을 제시하였다.

[답변1] 책이나 신문을 활용해 보세요.
답변자: 오○○(2008-08-26 19:12)
　저는 충북 ○○고에 재직 중인 오○○입니다. (중략) 가장 좋은 방법은 책이나 신문을 자주 읽는 습관을 학생들이 갖도록 도와주는 것이더군요. (후략)

---

26) 가령 이와 같은 질문을 '학생들의 발표력 향상을 위한 방법'을 구하는 것에만 주목한다면 모든 답변은 '발표력 향상을 돕는 수업기술'이 된다. 또 질문자의 의도를 보았을 때 발표력 향상 기술(skill)을 궁금해하고 있는 것도 사실이다. 따라서 이 같은 교류는 질문과 답변 모두를 총체적으로 해석하는 과정을 통하여 '내러티브적 사고'의 요소들과 시사점을 추출하는 것이 중요하다고 보았다. 답변자들이 올린 답변은 단순히 기법 하나를 공유하는 차원을 넘어 본인의 경험에 근거하여 담화에 참여하는 행위이며 이러한 행위 속에서 질문 및 타인의 답변을 통하여 자신의 수업 지식을 구성해 가는 방식을 택하고 있다. 이는 동일한 사례에 대하여 기술적으로 혹은 내러티브적으로 접근할 수 있음을 뜻한다. 문제는 이러한 경험과 사례로부터 어떤 관점으로 어떤 대안을 이끌어 낼 것인가이다. '수업기술'을 중시하는 시각이라면 본 교류는 '발표력 향상 기법 공유' 이상의 어느 것도 아니다. 그러나 교사들의 내러티브적 사고에 주목하는 순간 이와 같은 교류는 단순 질의응답을 넘어 '수업담화'가 되며 단순한 답변이 아닌 경험 나누기를 통한 질적 개선의 과정이 된다.

[답변2] 소리통을 사용하고 있어요.

답변자: 스마일(2008-08-26 21:49)

　1학년 담임을 맡고 있는 교사입니다. (중략) 저희 교실엔 소리통이라는 물건이 있습니다. (후략)

[답변3] 아주 간단한 팁 하나!

답변자: 배○○(2008-08-26 23:06)

　저는 부산 초등학교에서 근무하는 교사입니다. 저는 아이들에게 다른 사람 목소리가 들리지 않으면 "더 크게"라고 말하도록 시키고 있지요. (후략)

[답변4] 다양한 발표 방법 소개할게요.

답변자: 최○○(2008-08-27 00:38)

　안녕하세요! 저는 고등학교에서 음악을 가르치고 있는 교직 13년 차의 교사입니다. (중략) 그래서 제가 가끔 흥미롭게 학생들의 발표 및 참여를 유도하는 방법이 있는데 혹시 도움이 될까 해서 올립니다. (후략)

<AA09>

[답변5] 교사의 위치를 바꿔 본답니다.

답변자: 한○○(2008-08-27 00:41)

　안녕하세요? 아이들의 발표력 신장에 관심을 갖고 지도하시는 분이신가 봅니다. 저는 서울에서 초등 4학년 담임을 맡고 있습니다. 저도 수업 중에 기어들어 가듯이 발표하면서 시간을 끌어 학습 분위기를 어정쩡하게 만드는 아이들에 대해 많은 고민을 해 왔습니다. 선생님 덕분에 위에 주신 여러 선생님들의 답변 내용이 많은 도움이 되었습니다. 아이들은 자기가 가장 관심 있고 신나하는 이야기를 할 때 가장 자신 있고 큰 목소리로 발표하게 됩니다. 그래서 저는 재미있는 내용, 기발한 내용으로 발표한 어린이가 있을 경우 크게 칭찬해 줍니다. 그러다 보면 발표에 두려움이 없어지고 자신감이 붙게 되는 듯합니다.

　이때, 교사는 교실 앞에만 서 있지 않습니다. 아이들이 발표할 때, 대부분 교사를 바라보며 발표하는 경향이 있기 때문에 한 아이가 발표할 때에는 교실 맨 뒤쪽에 서 있기도 하고, 또 다른 아이가 발표할 때에는 교실 출입문 쪽에 서 있기도 하면서 선생님에게 잘 들리도록 발표하게 유도합니다. 선생님이 늘 앞에만 서 계시다가 내가 발표할 때 교실 뒤에 서 계신다? 아이들 입장에서도 재미있고 또 멀리 서 계신 선생님에게 들리도록 발표하려면 큰 소리를 내지 않을 수 없겠지요? 이 방법 말고 저도 새로운 방법을 시도해 보고 싶습니다. 선생님 질문에 감사드리고, 저도 올라오는 답변들을 참고하여 지도해 보렵니다.

[답변6] 손들기 연습에서 칭찬으로
답변자: 문○○(2008 - 08 - 27 10:24)
　(내용 생략)

[답변7] 발표방법 소개
답변자: 옥돌이(2008 - 08 - 27 11:15)
　(내용 생략)

[답변8] 저는 이렇게 발표를 시킵니다.
답변자: 양○○(2008 - 08 - 27 14:47)
　저는 울산에서 근무하고 있습니다. 다른 선생님들의 글을 읽어 보니 많은 것을 배울 수 있어 좋습니다. 저희 반에서 하고 있는 것은 2가지입니다. (후략)

[답변9] 편지 써서 발표하기
답변자: 양가(2008 - 08 - 27 14:52)
　안녕하세요. 저는 전주에 근무하는 교사 양○○입니다. 발표하는 방법 중에 편지 써서 발표하기를 하면 어떨까요? (후략)

[답변10] 역할극으로 자신감을
답변자: 아틀라스(2008 - 08 - 27 16:04)
　안녕하세요. 저도 항상 쉬는 시간엔 목소리가 크다가도 일어나서 책을 읽거나 발표를 하려하면 목소리가 작아지는 아이들 때문에 속이 좀 상하기도 했었습니다. 저는 역할극을 많이 사용합니다. (후략)

<BA13>

[답변11] 발표하게 하는 방법

답변자: 이○○(2008-08-27 16:22)

안녕하세요. 저는 인천에서 근무하고 있는 초등학교 교사입니다. 위의 많은 답글을 읽으면서 질문하신 분 못지않게 많은 것을 배운 것 같습니다. 저는 지금 6학년을 맡고 있는데요. 그나마 하던 발표도 방학이 끝나고 개학을 하니 아이들이 질문을 하면 남의 집 뭐 보듯 합니다. 이래서는 안 되겠다 싶어 나름대로 세 가지 정도의 방법을 혼용하고 있습니다.

첫째, 하루에 꼭 한 번씩이라도 발표를 하고 집에 가자. 아이들과 학기 초부터 끊임없이 말해서 약속을 했습니다. 그것도 자발적으로 발표를 하라고 하지만 잘되지 않습니다. 하여튼 하루에 한 번씩 발표를 하지 않으면 남아서 큰 소리로 책을 5분간 읽고 갑니다. 아이들의 자신감을 위해서지요. 아이들이 특히 고학년이 발표를 하지 않는 가장 큰 이유는 발표한 내용이 틀려 아이들에게 질책을 받을까 두려워서인 것 같습니다.

둘째, 발표를 잘하기 위해서 간단한 쪽지를 사용합니다. 자기의 생각을 미처 생각하지도 않고 손을 드는 친구들이 간혹 있는데요. 그러면 일어서서 횡설수설하다 그냥 앉기가 일쑤입니다. 우선 자기의 생각을 간단하게 정리하고 그것을 보면서 발표할 수 있도록 합니다. 그러면 약간의 자신감만 있으면 무난히 발표를 해내는 것 같습니다.

셋째, 칭찬을 활용합니다. 고학년의 경우 이것도 잘 먹혀들지 않지만 하루에 발표를 한 번이라도 하면 칭찬을 해 주고 바로 스티커 보상을 합니다. 일정량의 스티커를 모으면 더 큰 보상을 주구요. 특히 다른 친구들 앞에서 더 큰 보상을 부각해 줍니다. (중략) 다른 선생님들의 노하우도 배우고 싶군요.

[답변12] 칭찬을 아끼지 말자

답변자: 수선화(2008-08-28 12:31)

칭찬을 하되 막연하게 무엇을 잘했는지 모르게 칭찬하지 않고 구체적으로 무엇이 잘되었는지를 분명하게 말해 주면……. (후략)

[답변13] 이런 방법은 어떨까요?
답변자: 이○○(2008-08-28 13:44)
　안녕하세요? 저는 충남 ○○초등학교에 근무하는 교사 이○○입니다. (중략) 학생들의 자발적인 참여와 반응이 있을 때에 즉각적인 보상과 격려가 동원되니 한결 윤활유 역할을……. (후략)

[답변14] 다양한 발표 방법 자료
답변자: 오동잎(2008-08-30 15:57)
　(내용 생략)

[답변15] 하루에 한두 명씩 1분 스피치!
답변자: Grace(2008-08-31 17:06)
　여러 가지 발표력을 높이는 방법이 나열되어 나와 있지만 그중 하나 1분 스피치를 추천합니다. (후략)

　유난히 답변자가 많았던 위 교류 활동에서 정보 제공자는 A교사와 B교사가 답변에 참여하였다. 대부분의 답변들이 '학생들에게 어떤 방법을 쓸 것인가'에 초점을 둔 반면 A교사의 경우 교사의 위치를 바꾸는 아이디어를 제시하였다. 질문 내용과 크게 벗어나지 않으면 장난꾸러기 발표도 일단 수용하여 발표에 두려움이 없어지고 자신감이 붙도록 도움을 주기, 아이들이 발표할 때 대부분 교사를 바라보며 발표하는 경향이 있기 때문에 한 아이가 발표할 때에는 교실 맨 뒤쪽에 서 있기도 하고, 또 다른 아이가 발표할 때에는 교실 출입문 쪽에 서 있기도 하면서 선생님에게 잘 들리도록 발표하게 유도하기 등을 제시하였는데 아이들 입장에서는 선생님이 늘 앞에만 서 계시다가 내가 발표할 때 교실 뒤에 서 계시니까 아이들 입장에서도 재미있고 또 멀리 서 계신 선생님에게 들리도록 발표하려면 큰 소리를 내지 않을 수 없을 것이란 점을 강조하고 있다. 한편 B교사는 나름대로 세 가지 정도의 방법을 혼용하고 있다고 하면서 하루에 꼭 한 번씩이라도 발표를 하고 집에 가기, 발표를 잘하기 위해서 간단한 쪽지를 사용하기, 칭찬 활용하기 등의 방법을 제시하였다.

본 교류의 특징으로 답변자들이 본인의 답변으로 완결되기를 바라는 것보다는 더 많은 교사들이 참여하기를 권하고 있다는 것이다. 예를 들어 "다른 선생님들이 저와 다른 의견이 있으시면 답변을 남겨주시면 감사하겠습니다(답변1).", "선생님 덕분에 저도 올라오는 답변들을 참고하여 지도해 보렵니다(답변5).", "부족하나마 제가 하고 있는 방법을 안내해 드렸는데 선생님들의 많은 노하우들이 공유되어 선생님의 고민이 잘 해결되었으면 합니다(답변6).", "이에 다른 선생님들의 노하우도 배우고 싶군요(답변11).", "저도 선생님 덕분에 새롭게 좋은 정보를 많이 얻을 수 있었습니다. 다른 선생님들의 더 좋은 자료와 정보 제공을 바랍니다(답변14)." 등의 맺음말은 완결 구조로서의 교류 활동이 아닌 항상 진행형인 모습으로 남아 있도록 하는 작용을 하였다. 본인의 경험에 기초하여 답변을 진행하고 타인의 이야기를 이끌어 내는 맺음말로 교류를 더욱 풍부하게 한 사례라고 할 수 있다. 내러티브의 조건은 나의 이야기를 풀어냄과 동시에 타인의 이야기를 끌어내어 '대화'가 있게 하는 것이다.

아울러 하나의 질문에 15개의 답변이 등록되어 단일 교류 사례 하나가 '발표 방법'을 잘 정리할 매뉴얼이라 할 수 있을 정도로 복수의 교사들에 의하여 수업지식이 생성되는 과정을 보여 주고 있다. 교과서 속에 정리되어 있는 지식이 아닌 교사들의 경험과 사례에 기초하여 협력적으로 생성되는 지식이기 때문에 교사들의 생활 세계를 반영하는 내러티브적 사고 과정을 보이는 사례이다.

　　정보 제공자 중 '내러티브적 사고 주체'의 영역으로 가장 많은 교류활동을 했던 A교사의 답변 내용들은 거의 모든 것이 A교사가 직접 경험한 내용을 기초로 하고 있었다. 교육현장은 이론적 지식이 그대로 적용될 수 있는 안정되고 통제된 상황이 아니라 불확실성, 불안정성, 특수성, 가치갈등을 특징으로 한다(강현석·이자현, 2006)는 측면에서 보았을 때, A교사가 답변 내용으로 언급하고 있는 내용들은 강한 '상황성'을 갖는 문장들이다.

<AA31>

　　……그동안 저는 아이들에게 "독서해라. 책을 많이 읽어야 한다."라고 수없이 지도하면서 많은 다양한 독후 활동 프로그램들을 적용하기에만 바빴고, 정작 그렇게 지도하는 제 자신은 독서를 하고 있지 않다는 것을 깨달았던 것입니다. 그래서 그 다음부터는 교사가 먼저 책을 읽는 모습을 보여 주었습니다. (2008년 10월 22일 지식교류 내용 중)

<AA36>

　　……그래서 저는 많이 듣게 하는 방법으로 지도합니다. 일단 저는 합창 지도를 먼저 하지 않습니다. 리코더로 연주하기를 먼저 지도합니다. 소프라노 부분, 알토 부분을 따로따로 악기로 연주하는 연습을 먼저 하고 그 다음 파트를 나누어서 함께 연주합니다. 노래로 부를 때는 소프라노를 따라가던 아이들도 리코더로 연주를 하면 절대 소프라노를 따라가는 법이 없습니다. 따라서 소프라노와 알토의 화음이 아름답게 어우러지게 됩니다. 이때 아이들의 연주를 녹음해서 들려주면 무척 자신감을 느끼게 되지요. (2008년 10월 29일 지식교류 내용 중)

　　지식교류 활동을 통해서 본 A교사는 자신의 생활과 수업을 주어진 상황 속에서 일치시켜 나가는 모습을 보이고 있었으며 그 결과 거의 모든 답변을 자신의 경험에 기초하여 이야기식으로 풀어갔다.

질문자의 요청에 대하여 도움을 주는 방식은 바로 쓸 수 있는 자료를 제공한다든지, 자료가 있는 사이트를 안내한다든지 하는 등의 다양한 방식이 있을 수 있지만 A교사의 경우는 먼저 자신의 경험을 소개하고 제안하는 방식을 택한다.

특히 A교사는 내러티브적 사고를 기반으로 반성적 실천 및 교육과정 재구성 관점을 종종 함께 드러냈다. 내러티브적 사고의 주체로서 교사가 가지는 특징이 자신의 수업 활동에 대한 반성적이고 고백적인 성찰이기 때문이다. 아이들에게 "독서해라. 책을 많이 읽어야 한다."라고 수없이 지도하면서 많은 다양한 독후 활동 프로그램들을 적용하기에만 바빴고, 정작 그렇게 지도하는 제 자신은 독서를 하고 있지 않다는 것을 깨닫게 된(AA31) 과정을 따라가 보면 독후 활동 프로그램을 적용하던 단계에서는 이미 잘 만들어진 프로그램을 본인의 교실 상황을 무시하고 적용하려고 했다는 점에서 '모범틀 따라하기'라는 기술적 합리성 관점으로 접근되는 단계를 보여 준다. 그 이후에 자신은 정작 독서를 하고 있지 않다는 것을 깨닫게 되는 과정은 '반성과 성찰'의 단계이다. 그리고 이 모든 과정은 자신의 삶과 경험 속에서 녹아드는 내러티브적 사고의 전형이다. <AA36>의 경우에도 교과서나 지도서에 언급되는 내용으로서가 아니라 자신의 실천 경험 속에서 나름대로 터득한 현장 지식이다. 서로 교류하지 않는다면 '누가 어떤 좋은 방법을 사용하고 있는지 모른 채 개별 실천에 머무르고 마는' 그러한 지식이다. 즉 내러티브적 수업담화는 개인의 경험을 집단적으로 공유하고 서로의 의견을 교환함으로써 더 풍부한 지식을 생성해 가는 지식교류 활동의 커다란 특징 중 하나이다.

5) 연계와 통합

교사들의 역할이 고립적인 교과 전공에 기초한 교과 전문가에서 연계적 전문가로 전환되어야 한다는 Young(1998)의 주장은 교과 구획을 뛰어넘어 교사들이 직면하는 실제적 문제의 새로운 관계를 개발하는 측면에서 재개념화해야 함을 시사한다. 소경희(2003)는 교사의 전문성을 '설계자'와 '연계적 전문가'로 재개념화할 것을 주장하였는데 이는 기존의 교사 전문성의 개념을 좀 더 확대해야 함을 의미한다.

온라인 지식교류 커뮤니티는 학교급이나 교과별로 구획되어 있지 않기 때문에 여기에서 교류하는 교사들은 기본적으로 이곳에 올라오는 모든 자료를 열람하고 활동에 참여할 수 있다. 일단 물리적 구조 측면에서는 학교급, 교과, 지역에 구애받지 않고 자연스럽게 교류 활동에 참여할 수 있는 상황이다. 이 같은 물리적 특징으로 인해 특히 교과를 중심으로 자료나 조언을 구하던 중등 교사들은 초기 접속에서 어색함을 느꼈지만 이내 적응하는 모습을 보였다. 교류 데이터들을 분석해 보면 한 교과를 중심으로 다른 교과를 연계시키는 방법, 학습 주제를 중심으로 여러 교과를 연계하는 방법, 실생활과 교과 내용의 연계, 학교급 및 지역 간 연계 등이 발견되었다. 대체로 한 학습주제에 대하여 초중고 교사들이 각기 자기 수준에서 참여하는 것이 부자연스러워 보이지는 않았으며 오히려 그러한 방식의 참여가 서로의 조건이나 환경을 이해할 수 있는 기제로 작용하였기 때문에 도움이 된다고 하였다.

(1) 교과 연계

　아래는 국어교과 시간에 교과지도와 병행할 수 있는 논술자료를 개발하고 싶은데 이에 대한 방법을 구하는 질문이다. "국어교과와 연계시킬 수 있는 자료면 어떤 자료도 좋다."고 적고 있는데 이는 국어과를 중심으로 다른 교과를 연계시키는 방식의 통합논술자료 개발이라고 할 수 있다. 한 교과를 중심으로 다른 교과를 연계시키는 방식의 교육과정 개발 방식은 일선 교사들의 현실적인 고민이 되고 있음을 질문을 통하여 알 수 있다.

질문: 고등학교 국어교과 시간에 할 수 있는 논술 지도
황○○(2009 - 01 - 04 21:48) 답변: 1 | 조회: 27
　선생님, 안녕하세요? 저는 이번 방학 동안에 아이들 논술 지도에 대한 방법론에 대해 여러 훌륭하신 선생님들의 조언을 구합니다. 방학을 이용해서 국어교과 시간에 교과지도와 병행할 수 있는 논술 자료를 개발하고 싶습니다. 대상은 고등학교 1학년이나 2학년입니다. 요즘 대학입시에서 통합논술을 실시하고 있기에 국어과 관련 자료가 아니어도 좋습니다. 국어교과와 연계시킬 수 있는 자료면 어떤 자료도 좋습니다. 도움 부탁드립니다. 감사합니다.

<EA01>
[답변1] 고등학교 국어교과 시간에 할 수 있는 논술 지도
답변자: 백○○(2009 - 01 - 07 18:14)
　선생님, 안녕하세요? 저는 ○○고등학교 국어교사 백○○입니다. 방학 중인데도 아이들을 더 잘 지도하시기 위해 이렇게 열심히 연구하시는 모습이 보기 좋습니다. 선생님께서는 국어교과 시간에 1학년과 2학년을 대상으로 논술자료를 개발해서 지도하고 싶다고 하셨지요? 진도 나가는 것에만 급급하지 않으시고 대입 통합논술을 염두에 두고 논술지도를 하시려는 선생님을 뵈니 저에게도 그 열정이 전달되는 것 같습니다.

우선, 저는 아이들의 수준을 파악하시라는 말씀을 드리고 싶습니다. 아무리 좋은 학습자료도 아이들에게 이해가 안 되거나 흥미를 끌지 못해 외면을 당한다면 무용지물이 되기 때문입니다. 그런 다음 시간이 좀 걸리시겠지만 통합논술을 위해서 해당 학년의 다른 교과내용을 보시고 논술의 주제를 뽑아보시기 바랍니다. 제가 연수에서 강사님께 들은 얘기인데 논술 주제로 '환경문제'가 많이 나왔는데요. 고등학교 교과에서 '환경 관련 내용'이 나오지 않은 것은 음악 교과뿐이었다고 합니다. 미술 교과에서도 환경 관련 내용이 있다고 합니다. 이렇게 각 교과에서 배운 내용을 학생 스스로 통합하고 체계화하고 다각도로 검토해 보는 것이 통합논술입니다. 그런데 교사가 각 교과의 내용을 잘 모르기에 아이들에게 자세히 알려 줄 수는 없지만 연결고리만이라도 언급을 해 주신다면 아이들에게 많은 도움이 될 것입니다. 또한 가장 기본적으로 요약하기 능력과 주장과 근거 찾기 훈련을 시키는 활동도 아주 필요하다고 봅니다.

이제 논술고사가 어느 정도 자리를 잡아 가고 있고, 대입 자율화에 따라 다른 형태로 변화해 나갈 것이라 예측하고 있습니다만, 기본적인 논술고사의 취지와 목적은 변함이 없이 학생들의 창의적 사고력 측정에 있을 것입니다. 선생님께서 좀 더 구체적인 자료를 원하신다면 다시 질문을 올려주세요~~. 선생님께서 참고하실 만한 자료를 소개해 드리겠습니다. 다른 선생님들의 도움 말씀도 기대해 봅니다. 감사합니다.

통합논술 교육과정 개발에 대한 의견을 구하는 질문에 대하여 E교사가 답변을 달았다. E교사는 인문계 고등학교에서 국어 교과를 담당하고 있기 때문에 질문자의 처지에서 답변을 하고 있다. '학생들의 수준을 고려하여 해당 학년의 다른 교과내용을 보고 논술의 주제를 뽑아보라.'는 것으로 답변을 시작하고 있는데, 한 교과를 중심으로 다른 교과의 내용을 검토하여 논술의 주제를 뽑는 것은 확실히 과거에는 절실하지 않았던 교사의 능력 범주이다. 이러한 교사의 능력은 해당 교과지식에만 해박하다고 해서 갖출 수 있는 문제가 아니

라 특정의 학습주제를 중심으로 여러 교과를 두루 조망할 수 있는
안목을 필요로 한다.

　국어과 교사가 미술과 교사에게 의견을 청하는 사례도 발견되었다.
아래 질문을 올린 국어교사는 미술 수업 시간에 영상 매체나 인터넷
매체에 대한 수업이 있는지, 있다면 어떤 내용으로 이루어지는지를
궁금해하고 있다. 미디어 학습은 국어과뿐만 아니라 다른 교과 시간
에도 이루어진다. 교과별로 다양한 학습 방법을 듣는다면 미디어의
통합적 이해는 물론이고 학생들에게도 보다 높은 안목을 키워 주는
데 도움이 될 수 있을 것이다.

[질문] 매체에 관련된 수업
김○○(2008-01-24 14:22:55) 답변: 2 | 댓글: 1 | 조회: 33
　저번에 시화에 대해 질문 드렸던 국어교사입니다. 제가 대학원에서
공부하는 분야가 매체 언어에 대한 것인데, 매체에 관련된 수업은 사
실 많은 교과에서 다루고 있는 것 같습니다. 혹시 미술 수업 시간에
영상 매체나 인터넷 매체에 대한 수업이 있는지요. 있다면 어떤 내용
으로 이루어지는지요. 미술이야말로 영상 매체나 인터넷 매체와 밀접
한 관련이 있을 것 같네요. 답변 부탁드립니다. 감사합니다.

　질문자는 다른 국어과 교사에게 답변을 요청할 수 있었음에도 불
구하고 미술 교과 담당 교사의 답변을 청함으로써 교과 간 연계에
의한 지식 생성을 도모하고 있다. 질문자가 '교과 연계'에 대한 문제
의식을 가지고 있는가 하는 것과는 별도로 질문자는 자신의 궁금증
을 '미술교사'에게 이야기하는 것이 원하는 내용을 더 쉽게 얻을 수
있다고 생각하고 있는 것이다. 이에 대하여 고등학교 미술교사와 초
등학교에서 미술 전담 교사 경험이 있는 교사가 답변에 응하였다.

[답변1] 영상 및 인터넷 매체 관련 수업은 필수

답변자: 정○○(2008-01-24 16:52:13)

　　안녕하세요. 저는 전주 ○○고등학교 미술교사 정○○입니다. 말씀하신 대로 우리 미술과에서는 영상 매체 및 인터넷 매체와 관련된 내용이 수업 중에 많이 다루어지고 있습니다. 미술 교과서는 크게 미적 체험, 표현, 감상 영역으로 나눌 수 있습니다. (후략)

<BA47>

[답변2] 몇 가지 사례입니다.

답변자: 이○○(2009-04-02 16:58:49)

　　초등학교에서 아이들을 가르치고 있는 경력 10년차의 교사입니다. 몇 년 전에 제가 미술 전담을 했을 때의 사례를 조금 들려 드릴까 합니다. 미술수업에서 활용되는 거의 모든 수업 자료들은 매체의 속성을 가진다고 볼 수 있죠.

　　우선 인터넷 검색을 통하여 화가들의 그림을 감상하고 감상문을 게시판에 쓰는 수업을 했었습니다. 처음에는 단순히 그림만 지정해 주고 본 느낌을 쓰라고 하였고 그 다음에는 작품과 작가에 대한 해설을 들려준 후 감상문을 수정해 보라고 하였습니다. 그리고 무엇이 달라졌는지 왜 달라지게 되었는지 발표하게 하였더니 아이들이 처음에는 어려워하더니 나중에는 곧잘 자기의 느낌을 말로 옮기더군요.

　　또 한 가지는 다양한 사진이나 그림의 일부분을 켄트지 위에 붙이고 나머지 여백은 학습자가 채워 넣도록 하는 방식입니다. 간단한 예시를 함께 제시해 주시면 더욱 좋지요. 아이들이 나름대로 상상력을 발휘해서 그림을 완성해 나가는 모습이 보기 좋습니다.

　　마지막으로 '페이퍼 페이스(paper face)'라는 것인데요. 광고 사진 등에서 얼굴 일부를 잘라 본인의 얼굴 부분에 맞게 대고 다시 '디카'로 찍는 것입니다. 이런 예시 사진은 인터넷에도 많이 있는 것으로 알고 있습니다. 이 활동은 아이들이 무척 즐겁게 할 수 있습니다. 꼭 한 가지 활동 후에는 느낌 나누기와 반성의 시간을 갖도록 하는 것이 중요하겠지요. 제 답변이 선생님의 고민에 도움이 되었으면 합니다.

　　첫 번째 답변에 나선 고등학교 미술과 '정○○' 교사는 주로 미술과에서 매체가 다루어지는 과정을 크게 미적 체험, 표현, 감상 영역으로 나누어 소개하였다. 정보 제공자 B교사도 몇 가지의 사례를 소개하였는데 질문의 취지에 비추어 미술 교과 내용으로서의 사례라기보다는 '매체' 자체에 주안점을 두고 경험을 재구성하여 기술하였다. 교과 중심으로 접근한 중등의 사례와 주제를 중심으로 접근한 초등의 사례가 대비되는 대목이다. 위 교류에서는 일차적으로 국어과와 미술과의 교과 간 연계가 이루어졌고 온라인을 통한 지역 연계, 급별 연계가 이루어졌다. 이는 미디어 학습의 속성상 여러 교과에 두루 걸쳐 학습 내용이 구성되기 때문으로 생각되며 그러하기 때문에 학습 주제를 중심으로 수업을 진행할 때에는 교과의 구획에 얽매이지 않고 교과를 넘나들면서 교류할 수 있음을 보여 준다.

아래 사례는 기술과 교사가 올린 '레몬을 이용한 전구에 불 켜기'라는 제목의 질문이다. 질문자인 '조○○' 교사는 "레몬을 이용하여 전구에 불을 켜는 수업을 진행하려고 하는데 이런 수업을 해 보신 선생님이 있으면 방법을 알고 싶다."고 하였다.

질문: 레몬을 이용한 전구에 불 켜기
조○○(2008－12－08 12:21) 답변: 2 | 조회: 17
전국에 계시는 선생님, 안녕하세요? 이곳 에듀넷 지식교류를 통해 여러 가지 필요한 지식들과 경험을 많이 이용하고 있는 고등학교 기술 교사입니다. 수능 이후 학생들에게 좀 특이한 내용으로 강의를 해 보고자 레몬을 이용하여 전구에 불을 켜는 수업을 진행하려고 합니다. 혹시 이런 수업을 해 보신 선생님이 있으면 방법을 알고 싶습니다. 또한 자료도 받아보고 싶군요. 많은 선생님들의 경험을 받겠습니다. 감사합니다.

두 명의 교사가 이 질문에 대하여 답변에 참여하였는데 첫 번째 답변자는 첨부파일을 통하여 자세한 설명을 시도하였고 두 번째 답변자는 경험을 바탕으로 실제적인 과정에 역점을 두어 답변하였다.

[답변1] 다음 자료를 이용하세요.
답변자: 풀빛노을(2008－12－09 13:26)
안녕하세요? 아이들에게 호기심을 자극시키기에 충분한 실험이지요. 다

음 첨부 파일을 열어보세요. 자세한 내용이 들어 있습니다. 좋은 결실 있
으시기를……. (파일 첨부)

<DA39>

[답변2] '발광 다이오드' 사용을 추천합니다.

답변자: 황○○(2008 - 12 - 15 20:28)

　안녕하세요. 저는 서울 ○○여중 과학교사 황○○입니다. 레몬을
이용한 과일전지 만들기 실험을 준비하고 계신다고 하셨네요. 학생들
의 과학적인 흥미와 탐구력을 높일 수 있으며 또한 생활주변의 소재
를 사용하는 면에서 매우 흥미로운 실험 소재라 생각합니다. 앞서 답
해 주신 선생님께서 자세한 실험과정과 학습지를 올려주셨으므로 저는
경험상 몇 가지 말씀을 드리고자 합니다.

　과일전지가 낼 수 있는 전압은 매우 약하므로 꼬마전구를 켜기에는
다소 부족합니다. 꼬마전구를 켤 수 있는 최소한의 전압은 3V인데 그
정도 나오기는 힘들지요. 아주 많은 양의 과일을 연결한다면 가능하겠
지만 학생들과의 실험에서는 전구 대신 발광다이오드를 사용하실 것을
추천해 드립니다. 발광다이오드는 종류에 따라 다르지만 1.8V 정도의
전압으로 불이 켜집니다. 과일 전지 사진을 하나 첨부해 드립니다.27)
학생들과 더불어 재미있고 보람 있는 실험이 진행되시기 바랍니다.

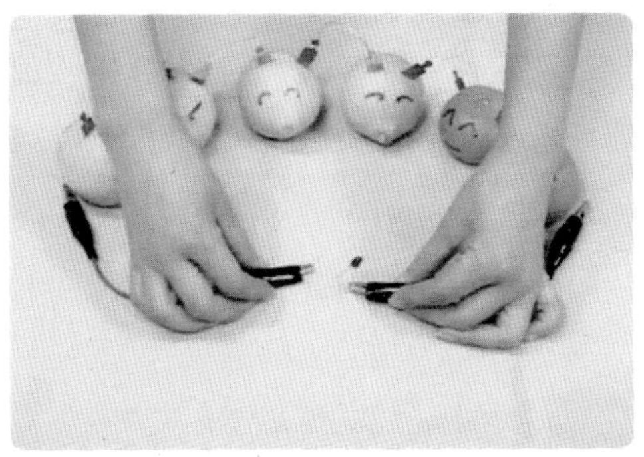

[그림 8] 발광 다이오드로 과일 전지 만들기 사진

---

27) 사진 출처: http://blog.naver.com/dlekdud611?Redirect=Log&logNo=80053043470

첫 번째 답변에 참여한 교사는 자세한 실험과정과 학습지를 첨부하였고 D교사의 경우에는 직접 경험한 바를 토대로 꼬마전구보다는 발광 다이오드를 사용해야 소기의 목적을 달성할 수 있음을 소개하고 있다. D교사의 답변 방식은 직접 경험을 해 보지 않고는 타인에게 설명하기 힘든 것이다. 교류 내용에 대한 연구자의 보충 설명 요청에 대하여 D교사는 다음과 같이 답하였다.

> (전략) 레몬을 이용해서 전구에 불을 켜는 실험이 이론상으로는 가능한데 실제 실험에서는 불이 안 켜지거든요. 레몬을 하나만 연결해서는 불이 안 켜지기 때문에 아주 여러 개의 레몬을 연결해야 하는 실험이에요. 이것은 해 본 사람만이 알 수 있는 문제에요. 저는 예전에 이 실험을 해 보았기 때문에……. 꼬마전구 하나 켜는 데 3볼트가 나와야 하는데 레몬 하나 가지고는 3볼트가 나오지 않는다는 것을 알고 있었거든요. 그래서 발광 다이오드를 이용해서 실험을 하게 된 것이죠. 그래서 이 질문에 대하여 답을 할 수가 있었죠. 그런데 저도 당시에는 사실 굉장히 궁금했어요. 분명히 교과서에는 된다고 나와 있는데 왜 안 되는지……. (D교사, 방문 면담, 2009년 1월 28일)

위 교류 사례는 기술과-과학과를 연계한 교류 사례이면서 실생활과 교과를 연계시킨 것이다. 특히 교과서에 기술된 '이론으로만 가능한 실험'을 실제 실험을 통하여 바로잡은 경우에 해당된다. 특별히 실생활과의 연계는 최근 교육과정에서 강조되고 있는 경향이기도 하다.

(2) 실생활 연계

아래 사례 역시 실생활과 관련된 영화 활용 과학 수업에 대한 질의응답이다. 학생들이 좋아하는 영화의 내용 일부를 수업에서 활용하면서 과학 개념을 설명해 줄 수 있다면 참 좋을 것 같다는 것이다. 실생활 연계는 최근 교육과정에서 강조하고 있는 수업 형태 중 하나이다.

> [질문] 영화를 활용하여 실생활과 관련된 과학 수업하기
> 프리지아(2009 - 03 - 23 10:28) 답변: 2 | 조회: 29
>
> 저는 경기도의 한 작은 학교에서 초등학교 6학년을 지도하고 있는 교사입니다. 이제 경력이 3년밖에 되지 않아서 그런지 6학년 과학 수업을 할 때마다 어려움을 느낍니다. 학생들도 점점 흥미를 잃어 가는 것 같아 고민입니다.
>
> 그래서 한 가지 생각해 낸 것인데요. 학생들이 드라마나 영화를 많이 보는데 그 내용 중에 과학적 지식과 연관이 있는 것이 꽤 많이 나오는 것으로 보았습니다. 영화의 내용 일부를 수업에서 활용하면서 과학 개념을 설명해 줄 수 있다면 참 좋을 것 같습니다. 뿐만 아니라 과학교과가 사회 현상과 무관하지 않으니까 실생활이나 사회적인 문제하고도 연결을 해서 수업을 진행하고 싶은데요……. 그러니까 제 의도는 실생활과 밀접히 관련을 맺으면서 영화나 드라마를 활용하는 수업입니다. 그러면 학생들의 동기유발도 잘되고 이해도 빠를 것 같다는 생각이 들었습니다. 선생님들께서 이미 해 보신 사례가 있다면 저에게도 알려 주시면 고맙겠습니다. 경기도의 한 초등학교에서 프리지아 드림

초등학교에 근무하고 있는 닉네임 '프리지아' 교사는 과학 수업을 좀 더 흥미롭게 진행하기 위하여 실생활에서 소재를 찾고 있다. 학생들이 드라마나 영화를 많이 보므로 그 내용 중에 과학적 지식과 연관이 있는 것을 활용하여 과학 개념을 설명하고 싶어 한다. 기본적으로 '프리지아' 교사는 '실생활과 밀접하게 관련을 맺으면서 영화나 드라마를 활용하는 수업 사례'를 듣고 싶어 한다. 교사를 연계적 전문가로 재개념화하려는 입장은 무엇보다 교과서 안에 정리되어 있

는 지식이 아니라 실생활과 연계된 살아 있는 지식을 강조한다.

'영화 속 과학 찾기'라는 질문에 대하여 정보 제공자인 D교사와 E교사가 답변을 하였다. D교사는 중학교에서 과학과를, E교사는 고등학교에서 국어과를 지도하고 있다. D교사의 경우 영화를 이용한 수업의 경험이 있었다. 영화를 수업에 활용하니 '학생들의 흥미도가 매우 높아 학습 동기유발에 매우 효율적인' 수업이 되었다는 것이다.

<DA46>

[답변1] 영화 속 과학 찾기

답변자: 황○○(2009 - 03 - 26 08:55)

　안녕하세요. 저는 서울 ○○여중 과학교사 황○○입니다. 영화를 이용한 수업을 생각하고 계시는군요. 네~ 저도 이를 이용한 수업을 해 보았는데 학생들의 흥미도가 매우 높아 학습 동기유발에 매우 효율적인 수업이 되었습니다. 학생들은 과학지식이 단순히 교과서 안에만 있는 것이 아니라 실생활에서 찾을 수 있다는 면을 새롭게 깨달으면서 더욱 과학에 흥미를 갖게 됩니다. 문제는 영화 속 내용을 어떻게 과학교과 내용에 접목하느냐 이겠지요. 이를 위한 자료들이 개발되어 있는데 그중 한 자료를 첨부하여 드리겠습니다. (자료 첨부)

<EA56>

[답변2] 영화를 활용하여 실생활과 관련된 수업하기

답변자: 해오름(2009 - 03 - 28 21:24)

　선생님, 반갑습니다. 저는 인문계 고등학교에서 국어를 가르치고 있는 교사입니다. 초등학교 6학년 수업에서 영화를 활용한 수업을 하시고자 고민하시는 선생님의 글을 읽고 요즘 제가 '매체 활용교육'에 관심을 갖고 있어 이렇게 글을 씁니다. 초등학생이나 고등학생이나 매체를 활용해서 수업을 하는 것이 그냥 판서나 학습지로만 수업하는 것보다 훨씬 효과적인 경우가 많습니다. 특히, 학습자의 흥미를 유발하기 위한 경우나 학습내용이 어려워서 이해를 돕기 위한 경우에 아주 효과적입니다. 영화를 활용한 수업을 하고 나서 할 수 있는 학습

지를 첨부파일로 올려 드리겠습니다. 선생님께 많은 도움이 되길 빕
니다. (첨부 파일 탑재)

　D교사는 답변에서 "학생들은 과학 지식이 단순히 교과서 안에만
있는 것이 아니라 실생활에서 찾을 수 있다는 면을 새롭게 깨달으면
서 더욱 과학에 흥미를 갖게 된다."고 본인의 경험을 이야기하였다.
D교사는 "영화 속 내용을 어떻게 과학교과 내용에 접목시키느냐."가
문제라고 하면서 이를 위한 자료들을 참고자료로 첨부하였다. 이러
한 D교사의 사고는 연계적 전문가로서 교사가 갖추어야 할 균형 감
각이다. 실생활과의 연계 시도가 자칫 흥미만을 추구하는 수업으로
변질될 수도 있다는 것을 경험을 통하여 이미 알고 있었기 때문에
실생활을 적절하게 수업에 끌어들이면서도 수업의 맥락과 연결하려
는 노력을 게을리하지 않아야 한다는 것이다.

　국어과를 담당하고 있는 E교사는 '매체활용교육'의 차원에서 접근
하고 있다. E교사는 영화 활용 수업의 효과를 언급하면서 영화를 활
용한 수업을 하고 나서 사용할 학습지를 첨부파일로 올렸다. 요컨대
D교사, E교사 모두 탈맥락적인 영화 활용수업을 경계하면서 연계의
방식은 모두 해당 교과의 학습목표에 부합해야 한다는 점을 강조하
고 있는 것이다. 아울러 위 지식교류는 과학 수업을 흥미롭게 진행
하고 싶은 초등 교사가 질문을 올렸고 이에 대하여 중학교 과학교사,
고등학교 국어교사가 답변을 함으로써 실생활 도입을 바탕으로 자연
스럽게 학교급, 교과 간 연계가 이루어졌다. E교사는 본 답변 후 교
사의 수업전문성에 대한 본인의 의견을 다음과 같이 말하였다.

지식교류에서는 학교급, 교과별로 타 지역에 있는 교사들과의 교류를 통해 폭넓은 안목을 키울 수 있고 다양한 사례를 간접 경험할 수 있습니다. 현재 소속한 학교에서 전혀 예측하거나 경험하지 못한 사례에 대해 다른 교과나 다른 지역의 교사들을 통해 알게 되어 시야가 넓어지고 열린 마음을 가질 수 있으며 좀 더 객관적인 상태에서 교육 활동을 바라볼 수 있어 통합적 수업전문성 신장에 도움이 된다고 봅니다. (E교사, 2차 온라인 면담, 2009년 3월 7일)

E교사는 지식교류에서의 활동 경력이 쌓이면서 연계적 전문가로서의 교사에 대한 상을 보다 뚜렷하게 그려가는 것으로 보인다. 또한 지식교류가 교과지식이나 수업기술을 주고받는 활동을 넘어 교사들의 협력적 공동 실천으로 나아갈 수 있다는 생각을 가지고 있다. E교사는 지식교류를 통하여 반성하고 실천할 수 있는 계기를 지속적으로 마련하게 되었고 통합적 수업전문성 신장에도 도움이 되는 경험을 했다고 밝히고 있다. 이는 본 연구에서 분류한 반성적 실천가로서의 교사, 연계적 전문가로서의 교사 유형에 해당된다고 볼 수 있다. 정보 제공자 C교사는 지식교류 하면 떠오르는 생각으로 '경험을 통한 나와 타인의 수업 이해'를 들었다.

수업 사례에 대한 구체적인 질문을 올리는 여러 교사들의 수업 방법을 살펴보면서 자신의 수업과 비교해 보고, 좀 더 효율적인 방법과 자료에 대해 더욱 깊이 있게 생각해 보는 기회를 갖게 됩니다. 같은 교과는 물론 다른 교과에서도 수업 사례 공유는 좋은 수업을 구상하는 적절한 자극과 도전의 매개체가 됩니다. (C교사, 2차 온라인 면담 자료, 2009년 3월 3일)

(3) 학교급 및 지역 연계

초등학교, 중학교, 고등학교의 교육내용은 큰 틀에서 같다고 볼 수 있다. 학년이 올라가고 상급학교에 진학하게 되면 학생들이 공부하는 내용은 조금씩 심화된다. 현재 교육과정에 의한 학습 방식은 초등, 중등이 단절되어 있기 때문에 초등학교에서는 이 특정 학습내용이 중등에 올라가면 어떻게 심화되는지에 대한 정보가 없다. 또한 중등에서는 이 내용이 초등학교 때는 어디까지 어떤 방식으로 공부를 하고 올라왔는지에 대한 정보가 없기 때문에 효과적인 수업에 난점으로 작용하고 있다. 지식교류 활동에서는 초중고 경계가 없는 상태였기 때문에 자연스럽게 학교급을 넘나들면서 교류가 이어졌다. 다음은 초등학교 교사의 질문에 대하여 중학교 교사가 답변한 사례이다.

> [질문] 슬기로운 생활 4학년 2학기 눈과 얼음 단원에서 스케이트나
> 썰매를 타면 신발보다 얼음 위에서 잘 미끄러지는 이유
> 양○○(2008-12-12 13:50) 답변: 1 | 조회: 23
> 　안녕하세요. 울산에서 근무하는 초등학교 교사입니다. 슬기로운 생활 4학년 2학기 4-2. '눈과 얼음에서 눈이나 얼음 위에서 미끄럼타기를 하여 봅시다.'라는 차시를 공부하는데 스케이트나 썰매를 타면 신발보다 얼음 위에서 더 잘 미끄러지는 이유에 대한 설명을 하려고 합니다.(후략)

　질문자인 '양○○' 교사는 얼음 위에서 스케이트나 썰매를 탈 때 신발보다 더 잘 미끄러지는 이유를 효과적으로 설명하고 싶다는 것이다. 초등학교 교과내용에서 다루는 것은 잘 미끄러지는 이유에 대한 분석보다 잘 미끄러지는 현상 자체에 주목할 뿐 그 원인에 대하여는 다음 학습 과제로 설정되어 있기 때문에 질문자는 설명이 미진하다고 보고 있는 것이다. 이에 대하여 정보 제공자 D교사가 답변에

나섰다.

[답변] 마찰력 때문입니다.
황○○(2008 - 12 - 12 19:58)

　스케이트나 썰매를 타면 신발을 신었을 때보다 얼음 위에서 더 잘 미끄러지는 이유에 대하여 질문하셨군요. 귀여운 아이들이 얼음판에서 즐겁게 미끄러지는 모습이 생각나네요.^^ 스케이트나 스키를 타면 잘 미끄러지는 것은 마찰력이 작아지기 때문입니다. 마찰력은 물체가 운동하는 것을 방해하는 힘을 말합니다. 따라서 마찰력은 운동 방향과 반대로 작용하게 되지요. 그러므로 마찰력이 작아질수록 운동하기 쉬워집니다. 그렇다면 마찰력을 크게 하는 요인은 무엇일까요? 그것은 표면의 거친 정도와 물체의 무게입니다. 즉 접촉면이 거칠고 물체가 무거울수록 마찰력이 커지게 됩니다. 그러므로 얼음판 위에서 미끄럽게 하려면 사람의 몸무게는 일정하므로 변화시킬 수 없고 접촉면을 매끄럽게 해야 하겠지요. (후략)

초등학교 교사의 질문에 대하여 중학생을 지도하는 교사 입장에서 답변을 하였는데 이러한 흐름이 자연스러웠다고 생각하느냐는 연구자의 질문에 대하여 D교사는 다음과 같이 답변하였다.

　초등학교에서 갓 올라온 학생들과 과학 수업을 하다 보면 처음 듣는 것 같은 표정일 때가 많아요. 원인은 모른 채 결과만 봐서 그렇지 않은가 생각이 드는데요. 중학교 내용 정도로 어렵게 할 필요는 없지만 어느 정도 개념까지 쉽게 풀어서 설명을 해 주시면 중학교 공부하는 데까지도 잘 연결이 될 것 같거든요. 실제로 지식교류에 올라오는 질문을 보면 그런 경우가 많았어요. 이럴 때 초등, 중등의 교사들이 서로 정보를 교환할 수 있는 장이 있었으면 하는 생각이 들 때가 있어요. (D교사, 방문면담, 2009년 1월 28일)

D교사의 말에 의하면 과학교과의 경우 초등학교는 주로 '현상에

대한 관찰' 중심으로 수업을 진행하고 중학교, 고등학교에서는 '원리
에 대한 규명' 방식으로 수업을 한다는 것이다. 따라서 초등학교를
졸업하고 중학교에 올라온 학생들의 경우 당황스러워하고 어려움을
많이 느낀다는 것이다. 그런데 실제로 중학교 교사들 중에는 초등학
교에서 어느 정도까지 다루어지는지 자세히 알고 있는 경우가 거의
없기 때문에 지도에 난점이 작용한다는 것이다. 제한적이나마 지식
교류 활동에서는 학교급 간의 경계를 허물고 자유롭게 교류하게 함
으로써 학교급 간의 연계를 도모하였다고 할 수 있다. 초등학교에
근무하는 A교사 역시 처음에는 자신의 질문에 대하여 중등 교사들
이 답변하는 것을 보고 다소 어색하였지만 곧 적응할 수 있었노라고
말한다.

> 지도안 도움 요청을 드렸을 때 제가 초등이기 때문에 초등 선생님께서
> 도움을 주실 줄 알았어요. 그런데 처음으로 답변을 해 주신 분이 중등 선
> 생님이셔서 한편으로는 당황을 했어요. 중등 선생님께서 어떻게 말씀해 주
> 셨을까 읽어 봤는데 제가 도움을 받으면서 느꼈던 것이…… 내용의 깊이
> 차이지 수업에 있어서는 초등이나 중등이나 맥을 같이하고 있지 않나……
> 학교에서는 초등 선생님들만 뵐 수 있고 제가 여쭈어 볼 수 있는 범위도
> 초등 선생님들 범위인데 지식교류 활동에 질문을 올렸을 때 중등 선생님이
> 주신 도움을 받고서는 중등이나 초등이나 학교 수업을 이끌어 가는 맥은
> 같다는 것을 느꼈습니다. (A교사, 그룹 면담, 2009년 4월 26일)

한편 연계는 학교급뿐만 아니라 멀리 떨어진 교사들 간에도 이루
어졌다. 아래 질문은 정보 제공자 B교사가 올린 것으로 초등학교 6
학년 실과에서 경제 동물 기르기에 관한 것이다.

[질문] 6학년 실과 경제 동물 기르기

이○○(2008 - 12 - 18 14:26) 답변: 3 | 조회: 12

　　안녕하세요. 저는 초등학교 6학년을 맡고 있는 경력 10년차의 교사입니다. 6학년을 오랜만에 해 봅니다. 전체 경력에서 반 정도는 6학년을 했는데도 올해는 유난히 어렵다는 생각이 듭니다. 아이들은 점점 변해만 가는데 제 자신이 거기에 나아가지 못해서가 아닐까? 아이들을 자꾸 나에게로 맞추려고 하는 것은 아닐까 반성을 해 봅니다.

　　6학년 실과에는 경제 동물 기르기라는 단원이 나옵니다. 제가 근무하는 곳이 대도시여서 참 난감합니다. 시골이라고 해도 요즘은 직접 동물을 기르는 집이 거의 없는 것으로 압니다. 그래서 아이들에게 간단하게 이론적으로 수업을 하고 학습지로 대체하거나 동영상 자료를 보여 주는 정도의 수업을 진행하고 있는데, 실제로 이해는 하는 것 같으면서도 깊이 있게 다루어지지 않고 있습니다. 실과가 과목으로서 중요도는 떨어질지 몰라도 아이들이 생활하는 데 실제적인 경험과 지식이 필요하다고 개인적으로 생각을 하는데 좀 더 효과적으로 가르칠 수 있는 방법은 없을지 고민을 해 봅니다.

　　B교사는 경제 동물 기르기를 실감나게 가르치고 싶은데 대도시에 있는 학교라서 생생한 경험을 주기에는 역부족이라는 것이다. 실과가 과목으로서의 중요도는 떨어질지 몰라도 아이들이 생활하는데 실제적인 경험과 지식이 필요하다는 것이 B교사의 생각이다. 이는 단지 '실과'라는 교과의 차원에서 접근하기보다 '실제적 경험'에 기초한 학습 내용을 열망하고 있음을 보여 준다. 전형적으로 반성적 실천, 내러티브적 접근 등 대안적 수업전문성 신장을 모색하는 모습이 담긴 질문이라 할 수 있다. 이에 대하여 다양하면서도 흥미로운 답변들이 이어졌다.

[답변1] 계신 곳이 시골이 아니라니까 이렇게 하면 어떨까요?
답변자: 애완이(2008-12-18 21:07)

　　안녕하세요? 저는 시골에 근무하는 19년 경력의 초등교사입니다. 현재 6학년을 맡고 있습니다. (중략) 모둠에서 애완동물 토끼, 햄스터 등을 사서 모둠원들이 2-3일씩 길러 보게 합니다. 길러 보고 다음 친구 집에 넘기고……. 길러 본 후 보고서를 작성하고 모둠끼리 길러 본 경험을 공유합니다.

[답변2] 생산물과 가공품의 적극적 이용
답변자: 경제동물(2008-12-19 02:26)

　　제 학교도 도시에 있는 관계로 직접 견학을 가기가 어렵고 학생들이 가정에서 접할 기회가 많지 않기에 동영상 자료 등을 이용하여 간접적으로 다룰 수밖에 없었는데요. 대신 학생들의 관심과 흥미를 유발시키기 위해 경제동물의 생산물과 가공품을 수업 시간에 직접 가져와서 공부하는 '거꾸로' 학습을 했습니다. 우리 주변에서 흔히 볼 수 있는 생산물과 가공품(치즈, 우유, 요구르트, 소가죽 지갑, 닭고기, 오리훈제 등)을 가져와서 먹어보고 만져보고 서로 이야기해 보면서 이것은 도대체 어떤 동물로부터 어떻게 얻어지게 되었는지에 대해 공부해 보는 식으로 말이지요. (후략)

　　닉네임 '애완이' 교사의 경우에는 애완 토끼, 햄스터 등 현실적으로 사육이 가능한 동물들을 예로 들어 협동학습 방식으로 적용한 예를 소개하였다. 닉네임 '경제동물' 교사의 경우 역시 도시 지역에 근무하는지라 지도상의 어려움에 공감을 표하면서 본인의 사례를 소개하였는데 학생들의 관심과 흥미를 유발시키기 위해 경제동물의 생산물과 가공품을 수업 시간에 직접 가져와서 공부하는 '거꾸로' 학습을 했다는 것이다. 우리 주변에서 흔히 볼 수 있는 생산물과 가공품을 가져와서 먹어보고 만져보고 서로 이야기해 보면서 이것은 도대체 어떤 동물로부터 어떻게 얻어지게 되었는지에 대해 공부해 보는 방법을 소개하였다. 이와 같은 교류는 대도시와 시골에 근무하는 교사들끼리의 교류이면서 현실적으로 가능한 수업 방법을 선택하여 가는 교육과정 재구성의 한 방법이기도 하다. 위 교류에서 느낀 점을 묻는 연구자에게 B교사는 다음과 같이 말하였다.

　　두 선생님의 답변 모두 저에게는 큰 도움이 되었는데요. 도시에서도 아이들이 길러 볼 수 있도록 애완동물을 선택하여 사육경험을 하게 할 수 있겠구나……. 그리고 그것이 힘들더라도 생산물이나 가공품을 통해서 거꾸로 추적해 가는 방식으로 수업을 하면 아이들도 꽤 흥미를 느끼겠구나……. 이렇게 생각했죠. 이런 수업 이야기는 온라인이 아니라면 불가능했겠죠? (B교사, 방문면담, 2009년 1월 23일)

지식교류 활동이 거듭되면서 정보 제공자들은 지식교류 공간이 '정해진 답'을 얻는 곳이 아니라는 것을 인식해 갔다. 교류된 경험과 지식은 교사들이 가지고 있었던 선 경험에 비추어 수정, 변용되고 새로운 질의 지식으로 재탄생된다. B교사는 시골 지역에서 구체적인 경제동물 기르기 사례가 궁금했었지만 답변을 통하여 애완동물 기르기로도 대체할 수 있다는 것과 '거꾸로' 추적해 가는 학습을 통해서도 간접 체험을 할 수 있다는 점을 알게 되었다. 연계가 단순한 지식의 합이 아니라 그 이상이라는 것을 알게 된 것이다. 아울러 B교사와의 면담에서 나타난 바와 같이 서로 다른 지역에 근무하는 교사들을 대화의 장으로 불러내는 추동력은 온라인에 있다는 것을 확인하였다. 여기에서 사용된 온라인은 단순한 물리적 네트워킹이 아닌 교사와 교사가 실천을 통하여 만나는 인적 네트워킹의 형태를 갖는다. 이와 같이 연계망은 물리적 인적 네트워킹을 두루 포괄하는 개념이다.

학교급과 지역을 초월하여 이루어지는 연계는 실생활 연계와 더불어 학습에 대한 흥미와 수업에 대한 효과를 높여 주는 것으로 파악되었다. 지식교류에 참여하는 교사들은 자연스럽게 자신의 수업을 돌아보고, 진솔하게 수업 경험을 고백하며, 다른 교사들과의 교류를 통해 최적의 교수·학습 방안을 찾아갔다. 이는 대안적 수업전문성 신장 방안이 서로 유기적인 관계 맺음을 통하여 교사들에게는 보다 현실적인 형태로 자리 잡고 있음을 보여 준다. 이 같은 타자와의 사회적 만남은 공동 작업의 기본이 되며 이 '상호주관성'은 어떤 면에서는 쉽게 동의에 이르는 것을 피하고 상태를 더욱 뚜렷이 드러냄으로써 보다 한 차원 높은 수준의 공동 작업을 할 수 있게 한다(진권장, 2005). 이는 교사들의 각기 다른 경험과 사례가 지식교류의 틀 안에서 서로 공유되고 섞이며, 참여하는 교사들의 이전 경험에 비추어 새롭게 재구성되어 다시 현장에서 적용되는 것을 의미한다. 따라서 교사들에게는 자신들의 교과에 대한 전문적 지식뿐만 아니라 다른 교과 및 전체 교과와의 관계를 이해하고 나아가 학교 밖의 사람들과의 관계를 형성하는 능력까지 갖출 것(소경희, 2006)이 요구된다.

3. 수업전문성의 실천적 재개념화, 그 가능성

반성적 실천을 비롯한 대안적 수업전문성 신장과 관련한 연구들은 기존의 수업전문성 신장 방법이 지나치게 기술적 합리성과 도구적 관심에 기초하여 교사 개인의 자질을 키우는 데 집중하고 있다고 비판하였다. 반성적 교사교육이 국내에 소개된 이후 연구자들은 기술적 합리성의 추구에 대비하여 반성적 실천의 중요성을 강조하였다. 원론 수준에서 반성적 교사교육을 소개하고 전파하는 초기 과정을 거쳐, 최근에는 현장의 실제와 접목한 실천 연구들도 많이 발견되고 있다. 그러나 반성적 교사교육의 자의적 해석에 따른 현장 적용은 종종 반성을 교사의 자질 개선이나 수업 개선의 도구로서 사고하는 현상으로 나타나기도 하였다. 이 같은 사고 경향은 개별 교과 전문성의 신장이나 교수기술 향상의 매개로 반성적 실천을 위치시키는 것으로 나타나기도 하였다. 이는 기존 연구 관행을 탈피하지 못하고 전통적 관점과 절충을 시도함으로써 나타나는 반성 개념의 왜곡이라 할 수 있다. 반성은 실천을 돌이켜 살피는 것을 넘어서서 앎, 즉 실천적 앎을 표면화하고 비판하고 재구성하며 이렇게 재구성한 앎을 실천에 옮겨 재구성하는 것이기 때문이다(Schön, 1983).

연구자는 이와 관련하여 무리하게 반성 절차를 도입하거나 반성의 효과를 검증하고자 하는 시도로부터 자유로워야 한다고 생각하였다. 그것은 반성을 하나의 프로그램으로 만들어 도구화했을 때 나타나는 왜곡을 방지하기 위한 것이다. 즉 반성은 교사의 실천과 유리되어 나타나는 의도된 '과정-산출'의 문제로 접근하는 것이 아니라 교사교육의 과정에서 자연스럽게 체화되어 교사들의 인식과 실천을 통합시켜 나가고자 하는 것이다. 교사교육의 환경에 대한 근본적 변화를 고민하지 않고 현행 교수학습 체제와 교육과정 속에서 반성을 그저 도구적 수단으로만 도입하는 방식으로는 위에서 지적한 왜곡을 피할 수 없다. 전통과 관행의 답습은 교사들에게 한편으로 안정감을 주지만 정체와 답보에 머물게 하는 것 또한 사실이다. 연구자는 이 같은 딜레마에서 벗어나기 위하여 수업전문성 신장의 문제를 교사 개인의 문제로부터 '협력적 공동 실천'의 문제로 접근하고자 했으며 이를 위하여 교사의 학습 공동체, 보다 구체적으로는 온라인 지식교류 활동을 적극적으로 사고하고자 하였다.

온라인 지식교류 활동에서 반성적 실천은 절차의 문제가 아니라 반성을 가능하게 하는 환경의 문제이다. 다시 말하여 교사들의 반성적 절차에 주목하고 반성적 효과를 보고자 함이 아니며 개인 반성, 집단 반성이 가능한 환경을 제공함으로써 교사들이 자유롭게 접근하고 자신의 수업을 타인과 더불어 돌아볼 수 있는 시스템에 대한 고민이다. 그것은 관행과 형식으로부터 최대한 자유로운 공간을 만들어 주는 것이라 생각했으며 실제로 교사들은 학교 안에서 동료교사들과 함께 나누기 어려운 수업 고민을 온라인을 통하여 다른 지역의 교사들과 적극적으로 소통하는 모습을 보였다.

1) 온라인 지식교류와 수업전문성의 실천적 재개념화

온라인 지식교류 활동 사례와 정보 제공자 교사들과의 면담을 통해서 알아본 결과 교과지식의 심층적 이해, 수업에서 바로 효과를 볼 수 있는 자료나 기술에 대한 선호가 높게 나왔지만, 이에 못지않게 교사들 사이에서 새롭게 생성되는 수업 지식, 교사의 개인적, 실천적 지식을 공유하는 사례도 상당수 발견되었다. 이는 온라인이 교사들의 실천과 경험을 공유하는 장으로서 기능했기에 가능한 것이었다. A교사의 발언은 지식교류 활동 과정에서 어떻게 생성적 지식이 작동하는가 하는 점을 함축적으로 보여 준다.

> 일방적으로 해결책을 얻는 것이 아니라, 서로 고민이나 어려움을 공유하고 경험을 이야기해 나가는 과정에서 다양한 해결책을 찾게 됩니다. 마찬가지로 지식교류에서는 질문자의 고민에 대해 답변자의 일방적인 고민 해결 및 자료 제공만 이루어지지 않는다는 것이 매력이죠. 수업 지식의 생성, 축적, 확대의 과정에서 공동의 참여와 노력이 필요한 '협력적 지식 공동체' 모델인 것입니다. 그러므로 '1질의 1응답' 형태가 아닌 '1질의 다응답'의 형태로서, 다양한 답변 중 취사선택은 질문자의 몫이라 생각합니다. (A교사, 2차 온라인 면담, 2009년 3월 9일)

A교사의 면담 내용 중 '다양한 답변 중 취사선택은 질문자의 몫'이라는 것은 지식교류 활동을 통해 교류되는 지식의 성격을 압축적으로 표현하고 있다. 지식교류는 정답을 찾는 곳이 아니라 '본인에게

맞는 최적의 수업 방법을 구성하는 곳'이라는 것이다. 이 같은 지식 구성 활동은 사회, 문화적 배경이 전제되어 이루어지는 작업이다. 학습은 지식의 전달과 습득 차원이 아니라, 다른 구성원과 경험을 나누면서 지식을 구성하고 내면화하는 과정(Lave & Wenger, 1991; 이승희·유영만, 2002: 178)이기 때문이다.

정보 제공자 교사들은 지식교류 활동을 하기 전과 상당 기간 활동 경험을 쌓은 후에 달라지는 본인의 의식에 대하여 말하였는데 "교과나 지역이 다르더라도 답변에 참여할 수 있는 열린 활동이 가능했다(A교사), 현실에서는 어려운 수업 상황 공개 및 교사의 전문성 신장을 위한 갈증 등을 어느 정도 해소할 수 있었다(B교사), 쌍방향 활동 경험을 풍부하게 할 수 있었다(C교사), 순수하고 자발적인 의지로 이루어지는 활동이다(D교사), 학교에서 면대면으로 만나는 교사들과의 어려웠던 소통이 지식교류를 통하여 어느 정도 해결되었다(E교사)."고 말한다.

> 비록 교과나 지역이 다르더라도 답변에 참여할 수 있고 그런 방법으로 수업을 개선해 갈 수 있었습니다. 이런 활동이 계속적으로 반복되고 수업에 대한 반성과 성찰의 모습을 보이는 과정이므로 내 교실, 내 학교에서 확대된 교류의 모습이라 볼 수 있습니다. 지식교류는 우물 안 개구리 활동이 아니라 드넓은 대해의 자원 보고에서 많은 자원을 활용할 수 있는 활동입니다. (A교사, 2차 온라인 면담, 2009년 3월 7일)

> 교사들의 어려운 점(수업공개 및 교사의 전문성 신장을 위한 갈증 등)을 온라인에서 교류하는 것이 상당한 장점으로 작용한다고 생각합니다. 우선 온라인이라는 편안함은 교사들이 자기의 전문성을 다른 사람에게 공유할 수 있는 장을 마련해 주고 또 전문성을 신장하려는 교사들도 자존심이 상하지 않는 범위 내에서 자기가 필요한 부분에 대한 전문적인 능력을 기를

수 있는 장으로서 상당히 효과적이었다고 생각합니다. (B교사, 2차 온라인 면담, 2009년 2월 25일)

쌍방향 활동이 이루어지는 정보 공유의 장으로서 의미가 매우 크다고 생각합니다. 수업은 물론 교육 활동 전반에 걸쳐 자신의 부족한 부분에 대해 솔직하게 접근하여 도움을 요청하는 저경력 교사와 자신의 경험을 바탕으로 스스로 활용하고 있는 노하우를 공개함으로써 상호 정보의 공유 및 대화의 장으로 자리매김하여 매우 유익한 사이버 공간이 되었습니다. (C교사, 2차 온라인 면담, 2009년 3월 3일)

지식교류는 교사들의 순수한 자발적인 의지로 이루어지는 교류 활동입니다. 교육활동에 필요한 유익한 정보와 문제 해결 방법 등 실제적인 내용들을 교류할 수 있는 곳입니다. 그러므로 교사들의 실제적인 소통의 장이라고 할 수 있습니다. (D교사, 2차 온라인 면담, 2009년 2월 23일)

교사들이 수업을 하거나 학생들을 지도하면서 주위에 있는 동료교사에게 문의하기가 어렵거나 곤란한 문제에 대해 전국의 많은 교사들에게 도움을 요청하여 답을 얻을 수 있는 곳이며 자신이 갖고 있는 좋은 수업자료나 수업방법을 함께 나눌 수 있는 공간이라고 생각합니다. (E교사, 2차 온라인 면담, 2009년 3월 7일)

요약하면 모든 정보 제공자 교사들은 지식교류 활동에 참여하기 이전보다 일정 기간 참여한 이후에 수업을 보는 안목이 신장되었으며 지식교류 커뮤니티가 정답을 해결하는 공간이라기보다 집단적 고민이 용해되어 각자 자신에게 맞는 수업 방법을 스스로 구성해 나가는 자율적 공간이라고 인식하게 되었다는 것이다. 아울러 같은 수업기술을 적용하더라도 반성적 실천의 입장에서 적용되는 수업기술은 기술적 합리성으로 빠질 수 있는 위험성을 최소화시켜 준다는 것이다.

'반성적 실천'이라는 수업전문성의 재개념화 방식에 대하여 정보 제공자들은 '반성', '성찰', '수업을 되돌아보고' 등으로 표현하였으며 지식교류에 참여하기 전보다 훨씬 더 자연스럽게 언급하였다. 아울러 정보 제공자들은 지식교류 경험을 통하여 반성과 수업, 더 나아가 반성과 수업전문성을 연결하여 사고하였다. 교류 사례에서 확인되는 바와 같이 반성적 실천은 수업전문성의 포괄적 대안으로 자리 잡아 가고 있었다.

> 수업에 대한 자신감이나 능력은 교육 경력이 많아진다고 비례하는 것은 아니라고 생각합니다. 늘 고민하고 늘 찾고 늘 연구하면서 하나하나 수업의 비밀을 벗겨 나가는 것이겠지요. 이런 수업에 대한 반성과 성찰 능력이 지식교류 활동을 통해 가능하다고 생각합니다. 서로의 교류 속에서 자신의 수업을 반성하고 또한 수업에 대한 여러 생각들을 교류함으로써 나의 수업을 되돌아보고 새롭게 시도해 보고 그런 과정을 가능하게 하는 것이 바로 지식교류 활동이라고 생각합니다. (A교사, 2차 온라인 면담, 2009년 3월 9일)

> 다른 교사들의 고민과 답변 글을 통해 자신의 수업에 대해서도 뒤돌아볼 수 있는 기회가 되었습니다. 수업 형태는 물론 수업에 활용하는 자료 등을 통해 수업 반성 및 성찰 능력이 향상되는 것을 느꼈습니다. (C교사, 2차 온라인 면담, 2009년 3월 3일)

반성은 본인의 수업을 녹화한 후 분석하거나 반성 저널을 통해서도 가능하지만 진정한 반성은 협력적으로 일어날 때 그 효과가 배가된다. 이는 반성이 도구의 문제가 아니라 환경의 문제와 밀접히 관련되어 있음을 말한다. 현행의 학교구조나 학교 안 동료교사들과의 관계 속에서 의미 있는 반성이 이루어지기 힘들다는 것은 반복적으로 지적된 사항이다. 온라인 지식교류는 이러한 환경적 제약을 극복하는 장으로 작용하였고 교사들은 다른 교사들을 만나 서로의 수업을 성찰함으로써 반복적으로 집단 반성의 모습을 보였다.

'교육과정의 개발 및 재구성자'라는 대안적 입장은 교사의 주체적 역할에 비추어 여전히 유효하지만 지식교류 사례에서는 교육과정 개발보다는 재구성 사례가 압도적으로 많이 발견되었다. 이 같은 결과는 '교육과정 개발자로서의 교사'라는 명제가 어느 정도는 당위성에 기초하여 주장되고 있음을 보여 준다. 물론 선행 연구를 통해서는 '교육과정 개발'에 대한 가능성이 상당 부분 타진되었지만 대안적 관점이 특정한 소수의 교사들에게만 필요한 것은 아니라는 점에서 '교육과정 개발자'로 자리매김하고 여기에 덧붙여 '현장 연구자로서의 교사'를 상정하는 것은 아직 희망사항과 현실과의 거리가 있는 접근 방식임이 확인되었다. 단원을 재배치하는 재구성 방식마저도 제약 사항이 많았다. D교사는 교육과정 재구성에 대한 경험을 다음과 같이 말하였다.

> 제가 가르치는 과학 같은 경우엔 재구성을 하고 싶은 생각이 많이 들어요. '이 부분은 이렇게 바꾸고 싶다.'는 생각은 많이 있는데요. 염려되는 것이 '전체 평가'가 있어요. 국가 단위 평가 고사가 생겼는데, 과학과 같은 경우는 단원을 바꿔서 실험하는, 진도를 나가는 경우가 많이 있어요. 비슷한 주제끼리 묶어서 수업을 하는 것이 훨씬 더 효율적이더라고요. 그래서 단원을 바꾸어서 진도를 나가고 있는데 아주 당황했어요. 시험 범위가 달라진 것 때문에……. (D교사, 그룹 면담, 2009년 4월 26일)

교사 입장에서는 분명히 재구성하여 지도하면 효과적일 것으로 판단하였는데 학업성취도 평가 같은 것은 특정 시기까지 공통의 진도를 요구하기 때문에 제약 사항으로 작용하더라는 것이다. 이와 관련하여 김평국(2004)은 교육과정 재구성 실태에 관한 연구에서 교사들은 교육과정을 전혀 재구성하지 않고 있었으며 일부 교사들만이 소극적으로 재구성을 하고 있다고 하였다. 교사들이 보여 준 소극적인 수준의 교과 내용 재구성 유형에는 전개 순서 변경, 내용 추가, 내용 축약, 내용 생략, 내용 대체 등이 있었고, 다소 적극적인 유형으로 타 교과와의 통합을 들었다. 김평국은 이처럼 재구성을 하지 않거나 소극적 수준의 재구성에 머무르게 한 요인으로는 교사 요인, 교수·학습 자료 요인, 환경 요인 등이 있는데, 이 중 환경 요인으로 '학급당 인원수'와 '시설 부족'을 들었다.

김평국의 연구 결과, 그리고 D교사가 언급한 평가의 문제 등에도 불구하고 온라인 지식교류 사례에서는 교육과정 재구성 사례가 꽤 많이 발견되었다. 교과 내용 재구성 유형으로 전개 순서 변경, 내용 추가, 내용 축약, 내용 생략, 내용 대체 등은 상당히 빈번하게 발견되었으며 더 적극적인 유형인 타 교과와의 통합도 몇 사례가 발견되었다. 학습지도안을 지식교류 커뮤니티에 올려 반복적인 교류 활동을 했던 A교사는 지식교류 활동을 통해 교사들이 '교육과정 설계 및 재구성 능력'을 신장할 수 있다고 말한다.

> ……서로 학습지도안을 주고받으면서 수업을 좀 더 효과적으로 진행하기 위해 많은 노력을 합니다. 또한, 자신의 고민에 대해 많은 다른 사람들의 답변을 접하기도 합니다. 이때, 제공받은 학습지도안이든지 답변 내용이든지 나의 처지에 맞는 지도안이나 답변이 있을 수 있고, 나의 처지에는 적용하기 어려운 과정이나 답변이 있을 수 있습니다. 그러므로 이런 지식교류 활동에서 필요한 것은 교육과정 설계 및 재구성 능력이라고 봅니다. 본인의 교실 환경, 학습자의 조건에 맞게 재구조화해서 쓸 수 있는 능력이 요구된다는 것이지요. (A교사, 2차 온라인 면담, 2009년 3월 9일)

'내러티브 관련 사례'는 지식교류 활동 전반에 걸쳐 폭넓게 발견되었다. 다만 교사를 '내러티브 탐구의 주체'라고 명명할 때에는 '연구자로서의 교사'를 상정하는 것이기 때문에 본 연구에서는 용어의 폭을 넓힐 것을 제안한다. 왜냐하면 일반적인 교사들은 모두 '연구자'라는 생각을 가지고 있지 않으며, 교사의 모든 활동이 '연구의 방식'으로 이루어지지 않는다는 것이다. 따라서 본 연구에서는 '내러티브 탐구의 주체'를 대신하여 '내러티브적 사고의 주체'로 명명할 것을 제안한다. 교사를 '내러티브적 사고의 주체'라고 명명하는 것은 시기와 장소를 가리지 않고 일상적 방식으로 자신의 수업전문성을 신장하는 교사들의 모습에 더 적합하다고 보았기 때문이다. 다시 말하여 지금 교사들에게 필요한 것은 '내러티브적 사고'이지 '내러티브 연구'는 아니라는 관점인 것이다. B교사의 이야기를 들어본다.

> ……다양한 수업 이야기를 나누면서 자기의 수업 스타일과 다른 사람의 수업 스타일을 비교해 보고 거기에서 다른 사람의 수업을 이해하고 자신의 부족한 부분도 보완할 수 있는 장으로서 지식교류는 많은 의미를 지닌다고 생각합니다. (중략) 이런 수업사례 나누기를 더욱더 활성화하면 타인의 수업을 보거나 듣고 자기의 수업을 돌아볼 수 있는 계기가 된다고 생각합니다. (B교사, 2차 온라인 면담, 2009년 1월 23일)

내러티브적 사고는 반성적 실천과 더불어 많은 사례들에 녹아들어 있었다. 수업에 대한 조언을 받기 위해서는 자신의 수업을 가능한 자세하게 이야기로 풀어야 하고 답변을 하는 사람의 입장에서도 자신의 경험에 기초한 이야기를 들려주어야 하기 때문에 자연스럽게 '수업담화'의 장면이 연출되는데, 이는 교류 당사자들이 내러티브적 사고라고 스스로 명명하지 않더라도 이미 내러티브적 사고와 실천 행위를 하고 있는 것이라고 볼 수 있다. 한편 교류 사례들을 '내러티 브적 사고를 바탕으로 한 수업비평'으로 보기에는 무리가 따를 수 있다. 수업비평은 어느 정도의 체계와 완결성을 갖는 수업분석의 한 방식이며 수업현상에 대한 해석적인 이해의 과정(강현석, 2007)이라 고 할 때 수업과 관련한 모든 이야기를 수업비평이라 칭하는 것은 적절치 않다는 판단이다. 따라서 본 연구의 교류 사례에서 나온 '수 업 경험 나누기는 수업비평'으로 부르기보다 '수업담화'로 부르는 것 이 적절하다고 생각하였다.

연계적 전문가로서의 교사 관점 역시 지식교류 사례 전반을 통하 여 확인되었다. 연계성은 학습주제를 바탕으로 하는 내용 측면에서 만이 아니라 형식에서도 상당수 발견되었다. 형식을 바탕으로 하는 연계는 다른 교사와의 교류, 다른 학교급, 다른 학년, 다른 교과와의 교류 등으로 나타났는데 지식교류 활동에서 연계가 의미를 갖는 것 은 형식적 연계를 통하여 교류를 지속하면서 내용적 연계까지 도모 하는 질적 통합의 모습을 보였다는 것이다. 이와 같이 연계는 환경 과 조건이 주어지면 충분히 가능한 문제로 판단된다.

> 각 교과의 단편적 지식만을 가르치는 시대는 지났습니다. 한 예로 중학
> 교 기술·가정 교과의 내용 중 과학교과와 연결되는 부분이 많이 있습니
> 다. 이럴 때 타 교과에서 선행된 내용을 서로 교류하여 그것에 기초한 수
> 업안을 계획한다면 훨씬 효율적일 것입니다. 또한 나선형으로 심화되고 있
> 는 초, 중, 고의 학습내용을 각 학교급의 교사들이 서로 소통하면 지도에
> 도움이 됩니다. 실제 교육현장에서는 초중고의 교사 간 교류할 수 있는 기
> 회가 거의 없으므로 지식교류와 같은 온라인 소통공간은 교사들의 필요에
> 부합한다고 생각합니다. (D교사, 2차 온라인 면담, 2009년 2월 23일)

학교급, 교과별로 타 지역에 있는 교사들과의 교류를 통해 폭넓은 안목을 키울 수 있고 다양한 사례를 간접 경험함으로써 통합적 수업전문성이 신장된다고 봅니다. 현재 소속한 학교에서 전혀 예측하거나 경험하지 못한 사례에 대해 다른 교과나 다른 지역의 교사들을 통해 알게 되어 시야가 넓어지고 열린 마음을 가질 수 있으며 좀 더 객관적인 상태에서 교육활동을 바라볼 수 있어 통합적 수업전문성 신장에 도움이 된다고 봅니다. (E교사, 2차 온라인 면담, 2009년 3월 7일)

어떤 교사들은 특별히 교과 전문성을 강조한다. 학교 안에서도 교과의 문제는 해당 교과에서 풀어야 한다는 생각이 지배적이다. 이로 인해 중등학교에서는 교과 구획이 상당히 공고화되어 있는 편이며 다른 교과에 대하여 긍정적이든 부정적이든 언급하는 것이 금기시되어 있다. 이러한 교사들의 인식은 연계적 전문성의 신장을 가로막는 장애가 되고 있지만 지식교류 활동을 경험한 교사들은 인식의 큰 변화를 겪었다. D교사가 말한 "각 교과의 단편적 지식만을 가르치는 시대는 지났다."는 표현은 학교 안에서 하기 힘든 것이다. D교사는 중학교 기술·가정교과의 내용 중에는 과학교과와 연결되는 부분이 많이 있음을 확인하면서 "타 교과에서 선행된 내용을 서로 교류하여 그것에 기초한 수업안을 계획한다면 훨씬 효율적일 것"이라고 언급함으로써 연계적 전문성의 필요성을 언급한다. '현재 소속한 학교에서 전혀 예측하거나 경험하지 못한 사례에 대해 다른 교과나 다른 지역의 교사들을 통해 시야가 넓어지고 열린 마음을 가질 수 있으며 좀 더 객관적인 상태에서 교육활동을 바라볼 수 있어 통합적 수업전문성 신장에 도움이 된다.'고 생각하는 D교사의 발언은 본인의 경험 속에서 교사들과 협력의 필요를 절실하게 느끼고 있음을 보여 준다.

특히 대안적 관점에서 요구하고 있는 '연계망에 의한 지식의 생성'

과제를 수행하기 위해서도 연계적 지식의 교류를 담보할 수 있는 환경적 조건의 마련은 필수적이라 할 수 있다. 연계적 지식의 생성에 중점을 두는 교사교육 방식은 학생들의 연계적 지식 생성에도 큰 도움을 준다. 최근 적용되고 있는 '협력학습', '프로젝트 학습'28) 등은 모두 연계적, 통합적 지식의 생성을 목표로 구안되고 있다.

아울러 대안적 관점의 수업전문성 신장 방식은 독립적 개념을 가지면서도 서로 유기적 관련을 맺는 것으로 확인되었다. 사례를 통하여 알아본 결과 반성적 실천은 교육과정 재구성이나 내러티브적 사고, 연계적 전문성을 넘나들며 전통적 관점에 대비되는 포괄적 개념으로 받아들여졌다. 내러티브적 사고 역시 교육과정 재구성이나 연계적 전문성을 구축해 나가는 데 있어 교사들의 교류 형태에 스며들어 있었다. 가령 '내러티브적 교육과정 재구성', '내러티브적 연계'라는 말은 교류 행위가 지속되면서 어색하지 않은 개념이 되었다. 이와 같은 대안적 관점 사이에서 유기적 연관성이 발견되는 것은 지식의 생성과 통합성을 추구하는 지식관, 수업에 대한 이해와 해석을 추구하는 수업관에 있어 동일한 문제의식을 공유하기 때문이다. 따라서 본 연구를 통하여 확인된 반성적 실천가, 교육과정의 재구성자, 내러티브적 사고의 주체, 연계적 전문가로서의 교사상은 각기 독립적 개념을 가지면서도 상호침투와 유기적 관련성으로 크게 보아 전통적 관점에 대비되는 대안적 관점이라 할 수 있다. 본 연구 과정을 통하여 기술적 합리성에 기초한 수업전문성 신장 방안이 여전히 현장의 지배적 관점으로 자리 잡고 있음이 확인되었지만 대안적 관점

---

28) Laura Parker Roerden(1997)이 '시도해 볼 만한 열두 가지의 웹 활동 유형'에서 '웹 협동학습', '학생중심 프로젝트'로 소개하였다. 국내에서는 'ICT 활용교육의 8가지 유형(한국교육학술정보원, 2000)'으로 정리되어 '협력 연구하기', '정보 만들기' 등으로 소개된 바 있다.

의 수업전문성 신장 방안도 현장에 정착될 수 있는 충분한 가능성이 확인되었다. 특히 대안적 수업전문성이 보다 폭넓게 현장에 뿌리내리기 위해서는 수업전문성 기준을 제시하고 교사의 자질을 개선하라는 요구보다는 '환경적 조건'을 마련해 주는 것이 더 시급한 문제라는 점도 확인되었다.

2) 더 생각해야 할 문제들

(1) 구조와 환경의 문제

수업전문성의 재개념화를 위한 실천 연구들이 겪는 딜레마는 어떻게 기존 학교, 교실 환경 속에서 대안적 수업전문성 신장 방식의 효과를 드러낼 것인가에 대한 것이다. 대안적 관점이 비판한 기술적 합리성 관점의 핵심은 수업을 하나의 '과학적 과정'으로 보고 '투입─산출 모형'에 의하여 교사의 개인적 자질을 높이려 한다는 점이었다. 그러나 대안적 관점에서 수행된 실천 연구들도 과학적 절차 모형과 절충함으로써 효과를 확인하고자 하는 조급한 태도를 보였다. 대안적 관점은 예측이 불가능하며 역동적인 수업 상황에서 교사가 발휘하는 실천적 지식에 주목한다. 그런데 교사 개인이 어떻게 실천적 지식을 생성하고 이를 학습자와 함께 구성해 가는지는 실증적 연구를 통하여 빠른 시간에 확인할 수 있는 문제가 아니다. 그것은 대안적 수업전문성 개념이 가지고 있는 특징이기도 하다. 그렇기 때문에 기존의 학교 환경, 교실 구조, 교사의 일상에 변화를 주지 않고 반성적 장학 모델이나 반성 저널을 쓰게 한다고 해서 반성적 실천 능력이 향상되는 것은 아니다.

현행 학교 기관의 조직적 운영은 제한된 시간에 많은 학생들에게 다양한 교육 경험을 제공해 준다는 면에서는 효율적이지만 학교에서 제공하는 경험의 교육적 의미와 진정성을 감소시키고 교사의 교육과정 재구성 가능성을 약화시키는 장애로 작용하기도 한다(박윤경, 2003). 우리 학교 현실은 교사들의 원활한 소통이 어려운 구조, 안정적으로 수업전문성을 신장하기 위하여 노력하기가 대단히 힘든 구조로 되어 있다. 여기에 대학입시의 문제, 교육과정의 문제 등이 얽혀서 대안적 관점이 정착되는 데 장애로 작용하고 있다. 교사들이 수업에 대하여 폐쇄적 성향을 가지고 있고 고립화되어 있다고 진단하면서 '교실 문을 열어 수업을 공개하면 수업의 결점을 찾아 처방해 주겠다.'는 수업장학 방침은 이미 교사들로부터 신뢰를 잃어버린 지 오래이다. 교사들의 수평적인 관계 속에서 서로의 수업 결핍 사항을 보완해 줌으로써 상호 간의 수업 개선을 도모한다는 '동료장학' 프로그램은 형식화되어 문서상의 프로그램으로 존재하고 있다.

> 저는 항상 다른 학교 공개수업에 가면 평가회에는 참여하지 않아요. 별로 도움이 되지가 않더라고요. 대개 체크리스트 방식의 평가지를 적어 내는데 동료가 수업을 했는데 못 했다고 평가를 할 수는 없는 입장이어서 그냥 형식적으로 적어 내게 되요. (D교사, 그룹 면담, 2009년 4월 26일)

D교사가 언급한 체크리스트 방식의 동료장학 참관록은 거의 모든 학교에서 비슷한 양식을 사용하고 있다. 교사가 가진 수업관, 학습주제 및 환경 조건에 따라 수업은 다양한 형태로 진행되고, 그 효과가 나타나는 시점 또한 다양할 수밖에 없다. 그럼에도 불구하고 교사는

참관록을 의식하지 않을 수 없고, 그에 따라 형식화된 수업이 된다는 지적이다.

교육과정의 일치성과 연계성을 높이는 것은 눈에 드러나지 않게 작동하는 교사들 간의 '비형식적인 이해'와 '의사소통'이다(Fullan & Hargreaves, 1996). 연구자는 교사들이 '비형식적 이해'와 '의사소통'을 가능하게 하기 위해서는 교사를 둘러싼 환경과 구조의 제약을 해소하는 것으로부터 출발해야 한다고 생각하였다. 교실 안에서 고립된 듯이 보이는 교사는 인터넷에 연결되는 교사용 컴퓨터를 통하여 '온라인 학습 공동체'에 참여할 수 있다. 수업 공개에 인색한 교사들은 온라인 지식교류 활동에서 자기의 수업 경험을 고백하였다. 처음에는 아주 어렵게, 그러나 회를 거듭할수록 자신과 타인의 수업 경험 속에서 의미를 찾았으며 이를 다시 재구성하여 자신의 수업에 적용하였다. 네트워크는 교사들을 새로운 방식의 집단 공동체로 묶어 내고 있다. 이 집단 공동체는 보다 느슨하고 보다 비형식적이다. 느슨하고 비형식적인 온라인 공간에서 교사들은 학교 안에서보다 훨씬 편안한 상태에서 상호 작용하였다. 이는 제도와 형식이 주는 부담으로부터 교사들을 자유롭게 하였을 때 훨씬 더 그들이 가진 경험을 공유하기가 쉽다는 것을 뜻한다.

'창의적 재량활동'이나 '범교과 학습'이 대안적 관점을 실험해 보기 위한 교육과정 개발과 실행의 장이지만 이 역시 정규교과와 기계적으로 분리되어 이수해야 할 과정 이상으로 자리 잡지 못하고 있다. 아울러 각급 학교의 독특한 실정과 조건을 반영하는 과정들이 개발되기보다는 이 역시 일회적 매뉴얼 중심으로 운영되고 있는 상황이다. 기계적으로 분리된 재량활동, 범교과 학습에서 대안적 관점을 실천하는 것이 아닌 모든 정규교과를 통하여 반성적 실천과 교육과정 재구성, 내러티브적 사고와 연계적 전문가로서의 교사 모습을 형성해 나가는 것이 중요하다.

(2) 교사의 문제

교사의 문제는 대안적 수업전문성 개념이 현장에 정착하기 위한 가장 중요한 조건 중의 하나이다. 대안적 수업전문성 개념을 사고하고 실행하는 주체는 교사이기 때문이다. 기술적 합리성과 도구적 관심에 의한 수업전문성 신장 방식이 지배적 관점으로 자리 잡은 데에는 교육의 효과를 실증적으로 확인하고자 하는 관점에서 비롯된 것이지만 '교사들의 인식' 또한 무시할 수 없는 변수로 작용하였다.

교과지식과 수업기술의 연마를 통한 교사 자질 향상 방식은 교사들이 선택할 수 있는 가장 손쉬운 방식이었다고 볼 수 있다. 엄격한 교과 구획을 바탕으로 '교과 독립성'을 추구하는 방식의 교과 전문성을 수업전문성의 가장 큰 범주로 사고하는 교사들의 인식은 통합적 이해 능력을 갖추는 데 있어 장애로 작용하였다. 특히 교과를 중심으로 자신의 직무를 수행하는 중등 교사들의 경우에는 교과 중심적 사고가 더욱 두드러지게 나타났다. 교과 중심적 사고를 벗어나야 한다는 말이 곧 교과의 중요성을 훼손하는 말은 아니다. 자신의 전공 교과를 중심으로 전체 교육과정 및 수업 행위를 바라보는 것을 극복하고 전체적인 안목 속에서 자신의 전공 교과를 조명할 수 있어야 한다는 말이다.

수업에 바로 적용하여 즉시적 효과를 볼 수 있는 '수업기술'을 선호하는 교사들의 인식은 수업전문성과 관련하여 큰 문제로 지적된다. 특히 ICT 활용교육의 도입 이후 수업에 적용할 수 있는 기술적 요소들이 풍부해진 것을 바탕으로 탈맥락적이며 기능적인 수업이 성행한 것이 그 예이다. 동기유발이라는 미명 아래 수업 주제를 벗어난 영상물의 제시, 꼭 필요하지 않은 ICT 요소의 도입 등은 수업을 단순 기능화시키는 요인이라고 볼 수 있다. ICT 활용교육의 도입은 많은 긍정적 효과에도 불구하고 매 차시분의 완성된 수업 설계안이나 각종 교수학습 자원을 패키지로 제공함으로써 자료 의존적 교사들을 양산하는 데 일조하였다.[29] ICT 활용교육의 대중화에 따라 상업적 콘텐츠의 범람 현상이 일어났으며 이로 인해 교사의 역할이 축소되고 학생들의 상호작용이 줄어드는 ICT의 역작용이 나타나고 있는 것이다(진영은·함영기, 2005). 이 같은 현상은 교사들이 '즉시적 효과'를 볼 수 있는 완성형 수업 자료를 선호하고 있는 것과 맞물려 수업의 기능화를 조장하는 것이라고 볼 수 있다. ICT 활용교육에서 나타날 수 있는 이러한 부정적 영향은 한편으로 교사들의 탈전문화를 가속화시킨다. 온라인 지식교류 활동에서도 일부 이런 현상이 나타났는데, 수업담화보다는 당장 필요한 수업자료를 구하는 모습, 단 한 번의 검색으로도 쉽게 찾을 수 있는 자료를 질문을 통하여 요청하는 경우가 이에 해당한다.

많은 교사들은 복잡한 교실 상황 속에서도 손쉽게 적용할 수 있는

---

29) 시도 교수학습지원센터는 앞다투어 '완성형 교수학습 자료'를 개발하여 교사들에게 보급하였다. 민간 기업 역시 교사들이 선호하는 차시별 교수학습과정안을 개발하여 판매하였다. 많은 학교에서 이를 단체 계약하는 방식으로 각 교실에서 사용할 것을 권장하였다. 일명 '클릭교사'는 교사들이 수업을 진행함에 있어 잘 만들어진 교수학습 자료를 바탕으로 마우스 클릭만 하면 된다는 자조 섞인 명칭이다. 이 같은 방법이 활성화될수록 또 다른 획일화와 표준화에 따른 위험성을 가진다.

'표준화된 수업 방식'에 목말라하고 있었으며 이른바 '효과적인 사례'를 구하여 바로 적용하고자 하는 모습을 보였다. 이러한 모습은 지식교류 활동에 처음 입문하는 교사의 경우 더 빈번하게 일어났다. 탈맥락적이며 자료 의존적인 수업 관행은 온라인 공간을 통하여 더욱 확산되기도 하였다. 아울러 학력 신장을 위한 교사 전문성 제고라는 내외적 요구 앞에서 교사들이 갖는 조급성은 '효과적 수업 자료'를 찾는 것으로 귀결되기도 한다. '효율적 수업'을 기대하는 만큼 수업은 기능화되고 이에 따라 교사 자신도 효율을 추구하는 수업 관행에 몸을 맡기는 현상이 벌어지는 것이다.

　이러한 교사 인식의 문제를 개선하기 위한 방법이 여러 방편으로 시도되고 있다. 그러나 이러한 시도 역시 교과지식 및 수업기술의 연마를 중심으로 수업 결핍 사항을 처방하는 방식으로 진행됨으로 해서 교사들이 관행적 수업 방식을 탈피하게 하는 것까지는 나아가지 못하고 있다.30) 이런 점에서 교사들의 인식을 바꾸는 것이 교사 개인의 문제를 확인하고 이를 교정하는 쪽으로 유도한다고 해서 이뤄질 수 있는 문제는 아니라는 것이다. 이 경우 교사들에게 필요한 것은 나의 실천과 타인의 실천을 비교하고, 수업담화를 통하여 서로의 수업을 고백하며 이를 다시 교실에 적용할 수 있는 환경이다. 학교 안 동료장학을 통하여 이 같은 과제를 해결할 수 없음은 이미 앞에서 확인된 바 있다. 기존의 일방적 전달 위주의 강의 및 연수는

---

30) 최근 시도 교육청 주관으로 교사 대상 수업 컨설팅 활동이 이루어지고 있다. 수업 컨설팅이 기존의 수직적 장학 활동에서 진일보한 방식에는 틀림이 없으나 이 역시 수업 공개 및 관찰, 처방을 통한 결핍 사항의 보완이라는 전통적 관점을 벗어나지 못하고 있다. 아울러 교사끼리의 수평적 담화를 이끌어 내는 방식이 아닌 전문가의 지도, 조언 방식을 택함으로써 '좋은 수업의 기준'에 교사들을 맞추려고 하는 전통적 관점의 연장선 위에 있다.

교사들의 집단적 대화의 장으로 변화되어야 한다.

　제도적이고 형식적인 개선 노력과 병행하여 느슨한 결합을 바탕으로 하는 비형식적 공간을 제공했을 때 교사들은 자신의 수업을 고백하고 다른 교사들과 관계망을 형성하면서 수업에 대한 성찰과 개선 노력을 기울였다. 즉 교사 인식의 변화는 대안적 수업전문성 신장을 위한 환경의 제공과 함께 해결해야 하는 문제이다.

(3) 다시 묻기: 대체인가, 보완인가?

　연구가 거듭될수록 풀리지 않는 문제 중의 하나는 대안적 관점의 수업전문성 신장 방안은 기존의 전통적 관점을 완전히 대체할 정도로 '현실 적합성'을 가지고 있는가 하는 문제였다. 교사를 주체로 세우고자 하는 노력, 교육 현실 개선에 대한 비전 제시 등은 확실히 대안적 관점이 가지고 있는 미래지향적 모습들이다. 그러나 해방 이후 60여 년 동안 견고하게 형성되어 온 현실의 벽은 만만치 않아 보인다. 또한 즉시적 성과를 요구하는 학습 방식과 대학입시 시스템, 학교와 교실의 구조 등은 대안적 관점이 뿌리 내리기 어려운 장애로 자리 잡고 있다는 것도 확인이 되었다. 아울러 대안적 관점을 주장한 기존의 연구물들이 지나치게 전통적 관점과 대안적 관점을 대립항에 놓음으로써 상호침투의 가능성을 차단하지는 않았던가를 반문해야 할 것이다. 담론의 형성과 정당성의 확인이라는 차원에서는 대안적 관점의 논리가 전통적 관점의 논리를 압도하는 듯 보인다. 그러나 여전히 현장에서는 '교과지식의 효과적 전수와 수업기술의 함양'이 수업전문성의 가장 중요한 항목으로서 영향력을 발휘하고 있다. 결국 '이상화되는 대안적 관점과 현실적인 전통적 관점' 사이에서 교사는 자기에게 당장 필요한 것을 선택해 나가는 방식으로 수업을 진행하려 한다.

이와 관련하여 연구자는 대안적 관점에 선 연구들을 검토하면서 두 가지의 아쉬운 점을 발견하였다. 그 하나는 이론 연구들에서 발견되는 것인데, 기존의 수업전문성 개념화 방식을 비판하고 대안을 제시하는 것은 바람직한 방향이었으나 지나치게 정당성에 의존하여 '이상적 모습'을 제시하는 데 그치고 있다는 점이었다. 또 하나는 실천 연구들에서 발견되는 점이었는데 방향은 대안적 관점을 가져왔으되, 실천은 기능적 관행을 차용하여 대안적 관점의 효과를 입증하려고 하는 기존 연구 관행의 답습이었다.

대안적 관점이 '이상적 선언'에 머물지 않기 위해서는 정당성의 확인 이상으로 '현실 적합성'을 가져야 한다. 그러나 현실 적합성이 곧 기존의 전통적 관점과의 적당한 절충을 의미하는 것은 아니다. 논리로는 '대체'를 주장하고 있으나 실제에서는 '절충과 타협'을 통해 '마음 따로 몸 따로'인 관행을 양산하는 것을 피해야 한다. 따라서 연구자는 현 시기 수업전문성의 재개념화 방식이 완전한 대체이기보다는 '보완'이어야 한다고 생각한다. 현장의 상황과 교사들의 문화 등 현 시기가 상당 부분 과도적 성격을 띠고 있다는 점은 이 같은 보완 관점에 설득력을 더한다.

보완 방식은 먼저 지식관에 있어 지식 생성 관점을 적극적으로 사고하는 가운데 수업관에서는 수업기술과 수업이해의 공존을 도모하는 것이다. 공존은 기계적인 것이 아니며 대안적 관점에서 재조명되는 수업기술이라야 한다. 똑같이 구사되는 수업기술이라 할지라도 무엇을 활용하고 어디를 향하는지에 따라 매우 다른 양태가 될 것이기 때문이다.

지식교류 활동을 분석해 본 결과 많은 다수의 현장 교사들은 수업전문성 신장의 주요한 방법으로 교과지식을 바탕으로 하는 수업기술의 연마를 생각하고 있었다. 교사들의 입장에서는 가르쳐야 할 것과 가르치지 않아도 되는 것을 구분하기 쉽고 단위 차시에서 적용하기 쉽다는 점에서 교과지식 및 수업기술의 연마를 통한 수업전문성 신장 방법을 선호한다. 무엇보다 기술적 합리성에 기초한 전통적 관점의 수업전문성 신장 방법은 그동안 교사들에게 교사 능력의 제고를 위한 주된 방법으로 요구되어 온 방법이기도 하다. 전통적 관점의 수업전문성 신장 방식은 '확인 가능한 수업 효과'에 두고 있기 때문에 발견되기 쉽다는 특징도 가지고 있다. 수업기술을 선호하는 교사들의 생각은 교류 활동의 전반에 걸쳐 광범위하게 분포하고 있다는 점이 발견되었으며 이는 수정이나 재가공 없이 수업에 바로 적용할 수 있는 자료에 탐닉하는 현상으로 드러나기도 하였다.

한편 대안적 관점에 선 교류 활동은 바로 확인하기가 쉽지 않았다. 그것은 대안적 관점이 몇 개의 주제어나 문장으로 확인할 수 있는 것이 아니라 교류 내용 분석을 통한 앞뒤 맥락의 파악, 질문응답 과정에서의 교사들이 주고받는 느낌 등 질적 요소들에 대한 깊이 있는 천착을 필요로 하기 때문이다. 아울러 분석 결과 대안적 관점에 서 있는 교류 내용이라 할지라도 교류 당사자는 관점 중심의 접근을 하고 있는 것이 아니라 본인의 수업을 중심에 둔 사고를 하고 있기 때문에 그것이 어떤 관점에 기초한 것인가에 대한 문제의식까지 나아가지 못하는 경우도 많았다. 정보 제공자 B교사의 발언은 기술과 이해가 공존하는 방식을 함축적으로 표현하고 있다.

> 내가 미처 생각하지 못하고 어려워하고 있는 부분에 대한 전문적인 능력을 가진 선생님들의 직접적인 족집게 처방을 통한 수업기술의 향상에 도움이 됩니다. 아울러 다양한 수업 이야기를 통해 자기의 수업 스타일과 다른 교사의 스타일을 비교해 보고 거기에서 다른 교사의 수업을 이해하면서 자기의 수업을 돌아볼 수 있는 계기가 된다고 생각합니다. (B교사, 2차 온라인 면담, 2009년 2월 25일)

'족집게 처방' 혹은 '수업기술의 향상'을 언급한 것은 명백하게 기술적 합리성의 측면을 말하는 것이다. 그러나 '다양한 수업 이야기'와 '수업의 이해', '수업을 돌아본다'는 발언은 반성적 실천과 내러티브적 사고에 의한 것이라 볼 수 있다. 정보 제공자 교사들은 지식교류 활동을 거듭하면서 교류 활동 전에 비하여 본인의 수업을 반성적으로 성찰하게 되었다는 점은 명백하게 인식하고 있었다. 또한 교류 활동 속에서 타인과 나누는 수업담화의 중요성을 강하게 느끼고 있었으며, 수업 행위가 교사, 학생 등 수업 주체들의 일상을 어떤 방식으로든 반영한다는 것, 교과서를 뛰어넘는 통합적 지식이 과거보다 훨씬 필요해지고 있다는 점을 인식하고 있었다. 이는 본인들의 입으로 표현하지는 못하더라도 교사가 내러티브적 사고의 주체라는 것, 점점 더 연계적 전문가로서의 교사 역할이 필요하다는 것, 주어진 교육과정을 창의적으로 재구성하는 교사가 보다 능력 있는 교사라고 인식하는 것이다.

결국, 표면적으로는 여전히 교과지식과 수업기술에 대한 선호를 보이면서도 내용적으로는 대안적 관점에 대한 수업전문성 신장 방식을 부분적으로 수행하고 있거나 그 필요성을 절실하게 느끼고 있는 것이다. 현재 교사들은 전통적 관점과 대안적 관점이 혼재된 가운데에서 과도기적 전환기를 맞고 있다고 하겠다. 선행 연구를 통해 알아본 결과 대안적 관점에 선 연구들은 전통적 관점의 수업전문성 신장 방식을 강력하게 비판하였지만 '실천적으로 의미 있는 대안'을 제시하는 데는 힘이 부치는 듯했다. 여러 이유가 있지만 관점이 실천을 동반하기 위해서는 그에 걸맞은 사전 조건이 충족되어야 한다는 것이다. 즉 현행의 학교 구조나 교실 환경, 교육과정 등은 '교과 지식과 수업기술의 연마'를 통한 수업전문성 신장 방식이 힘을 발휘할 있는 조건이지 대안적 관점이 바로 적용될 수 있는 환경은 아니라는 것이다. 이 같은 환경적 조건은 대안적 관점이 교사들에게 실천적으로 다가가지 못하는 한계로 작용하고 있다.

수업에 대한 기술공학적 접근은 모두 몰가치하거나 지양해야 할 대상이라고 보고, 수업기술 중심 사고가 교사를 교육과정의 단순한 실행자에 머물게 한다는 가정 역시 어느 정도는 편향된 사고이다. 교사는 단지 지식을 전수하는 입장이라고 사고하는 관점에서의 수업기술은 당연히 투입-산출의 효과에 기댄 것이라고 할 수 있겠지만 대안적 관점에서 조명되는 수업기술은 그 자체가 목적이 아니라 반성적 실천가로서, 교육과정의 개발 및 재구성자로서, 내러티브적 사고의 주체로서, 연계적 전문가로 교사를 다시 서게 하기 위한 수단과 도구의 역할을 하는 수업기술이라고 볼 수 있기 때문이다. 즉 수업기술이 대안적 수업전문성의 관점에서 수업 이해를 위한 것으로 재조명될 때 수업기술 역시 자기 영역을 확고히 구축할 수 있다.

제6장 |

결론 및 제언

1. 결론

지금까지 수업전문성의 재개념화에 대한 연구들은 각 유형을 중심으로 개별적으로 진행되어 온 측면이 강하다. 본 연구에서는 이들 대안적 연구들을 체계적으로 분류하여 범주화시키고 이를 토대로 통합적 이해의 바탕을 마련하고자 하였다. 지금까지 발표된 대안적 관점의 연구들은 전통적 관점에 대응하는 재개념화의 방안을 '반성적 실천가'로 제시하고 있었다. 좀 더 세부적으로는 교육과정 개발 및 재구성자, 내러티브 탐구의 주체, 연계적 전문가 등으로 재개념화의 방향을 설정하고 있었다. 각각의 재개념화 유형들은 지식관, 수업관에 있어 동일한 문제의식을 공유하고 있었으며 상호 유기적인 연관을 포함하였다.

지금까지 발표된 수업전문성 재개념화의 방향은 이론적 당위성과 시대적 요구에도 불구하고 기술적 합리성에 기초한 전통적 관점에 비하여 현장에 정착되는 데는 많은 한계를 가지고 있었다. 현행 학교 및 교실 구조, 교육과정, 교사교육, 교사들에게 기대되는 역할, 교사들의 인식, 입시 시스템을 비롯한 평가의 방식 등은 대안적 관점이 현장에 정착되는 데 장애 요소로 작용하고 있었다. 교육과정은 이전과 비교했을 때, 상당한 변화에도 불구하고 여전히 교사들을 교과지식 및 수업기술에 매달리게 하는 요인이 되고 있었으며 교사교육 방식 역시 일방적인 강의와 전달 방식으로 새로운 관점이 끼어들 여지가 별로 없었다. 아울러 고립화와 상호 불간섭으로 특징되는 교사문화는 교사들 간의 의미 있는 교류를 가로막는 심각한 장애였다. 이러한 교사문화의 형성은 교사들 스스로의 인식에서 비롯되기도 하였지만 수업보다는 행정 업무를 중심으로 배치되어 있는 단위학교 근무환경에도 원인이 있었다.

수업전문성 재개념화를 위한 실천적 연구들이 많이 있었으나 위에 열거한 여러 제약 요인을 극복하지 못했거나, 전통적 관점과 절충함으로써 재개념화의 가능성을 확인하는 데 한계를 보였다. 대안적 관점이 수업의 효율성을 담보하기 위한 수단으로 변질되거나 '반성의 도구화'와 같은 왜곡이 기존의 실천적 연구물에서 나타나는 문제점들이었다. 실천 연구들이 의미 있는 성과를 남기지 못한 이유로는 대안적 관점이 스며들기 힘든 학교 환경, 교사문화, 교과중심의 교육과정 운영 등도 큰 몫을 차지하였다.

이 연구에서는 위와 같은 문제점들을 극복하기 위하여 취할 수 있는 여러 방법들 중에서 '환경적 조건'이라는 요인에 변화를 주고자 하였다. 온라인에서 이루어지는 교사들의 교류가 고립과 폐쇄로 상징되는 교사문화를 극복하고 자신의 수업을 고백하고 타인의 경험을 듣는 장을 마련할 수 있는지가 연구자의 일차적 관심사였으며, 더 나아가 그러한 공간이 주어졌을 때 교사들이 대안적 관점을 바탕으로 수업전문성을 신장할 수 있는지를 보는 것 또한 주된 관심의 대상이었다. 이를 위하여 본 연구에서는 중앙교수학습센터 지식교류 커뮤니티에 축적된 수업담화 데이터를 분석하였다.

연구의 결과 온라인 지식교류 활동을 통하여 연구자는 기술적 합리성 관점에 기초한 사례들을 다수 확인하였다. 기술적 합리성 관점에 기초한 사례들은 주로 즉답 구하기, 교과지식 및 수업기술을 강조하는 경향으로 나타났다. 그러나 반성적 실천가, 내러티브적 사고의 주체, 교육과정 재구성자, 연계적 전문가로서 교사의 모습 등 대안적 관점의 사례들도 상당수 확인할 수 있었다. 지식교류 사례와 정보 제공자들의 발언을 통하여 확인해 본 결과 교사들은 온라인 공간에서 다른 교사와 수업담화를 나누는 행위가 수업전문성 신장에 대단히 유익한 방식이라는 것을 인식하였다. 또한 좋은 수업이란 모범적인 기준을 따르는 것이 아니라 개별 교실의 맥락과 학습자의 조건에 맞추어 교사 개인마다 다르게 나타날 수 있다는 점도 이해하였다. 교류 활동이 거듭됨에 따라 정보 제공자 교사들은 자신의 경험에 근거한 수업담화를 진행하였고 타인의 질문에 답변할 때에도 자신의 현장 실천을 통해 축적된 경험을 중심으로 이야기를 풀어 나갔다.

이와 같은 과정을 통하여 온라인 지식교류 활동은 수업전문성의 실천적 재개념화에 긍정적으로 기여할 수 있는 방안임이 확인되었다. 아울러 온라인 지식교류 활동은 교사들의 수업담화가 의미 있게 이루어지는 환경적 조건이라는 것이 확인되었다. 교사들은 '하이퍼미디어 및 상호작용'이라는 온라인의 특성에 힘입어 자신의 수업 경험을 타인과 나누고 이를 통하여 새로운 수업지식을 생성하였다.

1) 여전히 견고한 관점: '기술적 합리성'

기술적 합리성에 기초한 전통적 관점의 수업전문성 신장 방법은 그동안 교사 능력과 자질을 제고하는 주된 방법으로 요구되어 왔다. 전통적 관점의 수업전문성 신장 방식은 확인 가능한 수업 효과를 강조한다. 기술적 합리성 관점은 지식교류 전반을 통하여, 특히 질문자의 데이터에서 많이 발견되었다. 기술적 합리성에 기초한 교류 사례는 주로 즉답 구하기, 교과지식 및 수업기술에 대한 강조, 수업 결핍 사항에 대한 처방 등으로 나타났다. 수업기술을 선호하는 교사들의 생각은 교류 활동의 전반에 걸쳐 광범위하게 분포하고 있었으며 이는 수정이나 재가공 없이 수업에 바로 적용할 수 있는 자료에 탐닉하는 현상으로 드러나기도 하였다. 또 본인이 자료를 검색하거나 직접 제작하여 쓸 수 있는 능력이 있음에도 불구하고 시간을 절약하려는 방편으로 지식교류에 의존하는 경우도 있었다.

조금 다른 각도에서 조명해 보면 대안적 관점에서의 수업전문성 연구들이 지나치게 전통적 관점과 대안적 관점을 대별하여 제시하지 않았는지 자문해야 할 것이다. 거의 모든 대안적 관점의 연구들은 기술적 합리성을 시대에 맞지 않는 관점으로 지목하고 이를 극복해야 한다고 주장한다. 그러나 대안적 관점이 더욱 설득력이 있는 방향으로 자리 잡으려면 기술적 합리성이 견고한 관행으로 남아 있는 이유를 분석하고 그러한 요인들을 먼저 극복하기 위한 노력을 해야 할 것이다. 가령 다인수 학급 구조와 획일적인 교실, 엄격한 교과 구획, 입시경쟁교육 등은 교사들에게 수업관의 변화를 쉽게 용인하지 않고 있다. 또한 교사들 자신이 전통적 방법에 의한 교사교육을 받아 왔기 때문에 새로운 방법에 대한 인식틀이 확립되지 못한 것도 커다란 요인이다. 이것을 간과한 채로 재개념화 관점만 주장하면 필연적으로 선언적, 구호적 담론에 머무르게 되는 것이다.

한편 지식교류 활동 사례를 분석해 본 결과 표면적으로는 여전히 교과지식과 수업기술에 대한 선호를 보이면서도 내용적으로는 대안적 관점에 대한 수업전문성 신장 방식을 부분적으로 수행하고 있거나 그 필요성을 절실하게 느끼고 있다는 점도 발견되었다. 또 모든 교사들이 전통적 관점과 대안적 관점을 확연히 구분하여 적용하는 것은 아니라는 것도 확인되었다. 연구자는 이와 같은 문제의식을 바탕으로 '기술적 합리성' 관점은 단기간에 '대체'되어야 할 대상이 아니라 '보완'되어야 할 개념이라고 판단하였다. 보완의 방식은 기계적 절충이 아닌 대안적 관점에서 바라보는 교과지식과 수업기술로 재정립되어야 한다고 생각한다. 가령 같은 교과지식, 수업기술이라 할지라도 투입－산출의 관점에서 효과성에 집착하는 방식이 아닌 반성적 실천과 내러티브적 사고에 대한 교과지식과 수업기술이어야 한다는 것이다.

2) 포괄적 재개념화: '반성적 실천가'

'반성적 실천가'는 대안적 관점의 각 유형에서 두루 나타나는 포괄적 개념으로 확인되었다. '반성적 실천' 관점은 대부분 '내러티브적 사고' 관점과 연동되어 나타났고 '교육과정의 재구성자'나 '연계적 전문가'로서의 교사상과 중층적으로 나타났다. 부분적으로는 '수업관찰, 처방, 교과지식의 강조'와 같은 전통적 관점과도 연계되어 나타났다. 이는 수업이 갖는 맥락성과 역동성이 그만큼 복잡하다는 것을 뜻하는 것이다. 또한 대안적 관점이 전통적 관점과 완전히 독립되어 형성되는 개념이 아니라 상호보완적인 관계 정립이 가능하다는 점을 시사한다.

반성적 실천 개념은 지식교류 사례를 통하여 문장 표현이나 정보 제공자들의 행위를 통하여 확인하는 것이 쉽지 않았다. 그것은 반성적 실천 개념이 가지고 있는 추상성과 포괄성 때문이다. 본 연구에서는 반성 저널이나 절차적 반성과 같은 반성의 도구화를 경계하였다. 교사가 적는 온라인 텍스트를 통하여 '반성적 실천'을 특정하고자 하는 시도는 그만큼 위험성을 내포한다. 따라서 문장이나 단어를 보고 반성적 실천을 유추하는 것보다는 분석 과정에서 정보 제공자들과의 반복적인 면담을 통하여 교류 과정에서 변화해 가는 교사들의 인식에 더 주목하였다. 이러한 일련의 과정 속에서 정보 제공자 교사들은 지식교류 활동 초기보다는 후반부에 수업을 바라보는 인식 틀에 상당한 변화가 있었음이 확인되었다. 교사들은 반성이 단순하게 수업을 되돌아보는 기계적 행위가 아니라 본인의 지식관, 수업관, 학생관과 관련하여 총체적인 인식의 변화를 가져와야 하는 문제라는 것을 인식해 갔다.

한편 반성적 실천이 그 취지를 제대로 살리기 위해서는 '집단 반성'이 필수적이다. 집단 반성을 위해서는 집단 반성의 조건이 충족되어야 한다. 온라인 지식교류는 복수의 교사들이 한 주제에 대하여 수업담화를 나누게 함으로써 집단 반성이 용이한 환경적 구조를 제공하였다. 온라인 지식교류 활동을 통하여 단순히 자료나 정보를 주고받는 기계적 집단 활동이 아닌 경험의 고백, 대화, 생각의 공유로 이어지는 협력적 공동체로서의 모습이 확인되었다.

3) 현실적 재개념화: '교육과정 재구성자'

온라인 지식교류 데이터를 분석한 결과 교육과정 개발 및 재구성 사례는 적극적 개발 사례보다는 소극적 재구성 사례들이 더 많이 발견되었다. 소극적 재구성 사례에는 창의적 재량활동 및 범교과 학습 계획, 학습 시기 재조정, 교과서 단원 통합, 교과 내용의 일부를 더하거나 제외하기, 방학 전 특별학습 계획의 수립 등이 있었다. 이와 같은 소극적 재구성 사례는 7차 교육과정 시행 이후에 부분적으로 도입된 것으로 단위학교 차원에서 재구성이 가능하다는 것을 교사들은 거의 알고 있지만 실제 장면에서는 소수의 교사들에 의하여 적용되고 있는 것으로 확인되었다.

일단 교육과정 재구성의 경험이 있거나 효과를 알고 있는 교사들은 좀 더 적극적인 관심을 가지고 폭을 넓혀 갔다. 이는 교사를 '교육과정 개발자'로 보는 관점이 보다 세밀한 사전 과정과 준비가 필요한 것임을 시사한다. 교육과정 개발에 관심을 가지고 있는 교사는 극히 소수였으며 이 경우 역시 일반적인 수업전문성 신장 차원이 아닌 '연구과제의 수행' 등 필요에 따라 제한적으로 이루어졌다. 교사를 '현장 연구자'로 보는 시각도 아직은 폭넓게 확산되어 있는 개념이 아니었다. 교사들은 '교육과정 개발'에 완전하게 참여하는 것을 타당한 방향이라 생각하고 있었지만 현 단계에는 다소 이상적인 방향이라는 점에도 인식을 같이하였다. 다수의 정보 제공자들도 자신의 학교에서 교육과정이 개발되는 사례는 창의적 재량활동에서 이미 개발된 자료를 학교 실정에 맞게 수정하여 쓰는 정도라 하였다. 이는 엄격히 말하여 교육과정 개발 영역이 아니라 재구성 영역이다. 따라서 본 연구에서는 현실적인 수업전문성 재개념화의 방향으로 '교육과정 재구성자'를 제시하게 되었다.

4) 폭넓은 가능성: '내러티브적 사고의 주체'

지식교류 활동 사례 분석 결과 교육과정 재구성의 경우 참여하는 교사들에 의하여 명확하게 '교육과정 재구성'이라는 용어로 표현되었지만 '내러티브'라는 말은 교사들의 발언을 통하여 표현되지 않았다. 용어의 관점에서 본 내러티브는 아직 연구물에만 나타나는 수준이었고 실천에서 거론되는 수준이 아니었다. 내러티브적 관점에서 교류되는 '개인적, 실천적 지식' 등의 용어 역시 교류 데이터에서는 발견되지 않았다. 그러나 교류 내용에서 '내러티브적'이라고 판단할 수 있는 사례들은 다수 발견이 되었는데 이들 사례의 특징은 '수업과 관련한 자신의 경험을 담화 방식으로 풀어내고' 있다는 것이었고, 교과서나 지도서 속에 제시된 것이 아닌 자신의 현장 경험을 통해서 독특하게 쌓아온 '실천과 경험에 대한 이야기'를 하고 있다는 것이다. 정보 제공자 교사 중 A교사의 경우 거의 모든 답변 내용이 '본인의 실천 경험 속에서 형성된 수업 지식'을 다른 교사와 더불어

'듣고 이야기하는' 방식으로 교류하였는데 이는 내러티브적 교류의 전형이라 볼 수 있다.

다만, 교사를 '내러티브 탐구의 주체'로 보았던 기존의 재개념화 방향을 본 연구에서는 '내러티브적 사고의 주체'로 보는 것이 더 적절하다고 판단하였다. 그 이유는 내러티브 탐구는 하나의 연구방법론 차원에서 접근되는 개념이기 때문에 교사들에게 일반적으로 적용되기에는 무리라는 것이다. 내러티브가 가진 본래 의미에 비추어 교사의 삶과 생각에 기초한 이야기가 교류되는 모습을 표현하는 용어가 '내러티브적 사고의 주체'이다. 이 재개념화 방향은 온라인 지식교류 활동에서 상당수의 사례가 발견되었으며 시간이 갈수록 풍부해지는 양상을 보였다.

교사문화의 특징으로 거론되는 '고립화'와 '상호 불간섭주의'는 학교 안에서 해소되기 어려운 난제로 여겨져 왔다. 그러나 온라인 공간에서는 다른 교사와 더불어 보다 적극적인 수업담화를 생성함으로써 일정 부분 해소되는 모습을 보였다. 이는 온라인 공간에 대한 논의가 주로 컴퓨터를 정보 제공의 매체로서 활용하는 데 필요한 기술적 처방에만 주목해 왔을 뿐, 온라인 공간의 의미와 가능성, 한계 등을 교육의 구조나 본질에 비추어 해석하려는 노력은 매우 부족하였다는 지적(양미경, 2002)을 생각할 때, 온라인 네트워크의 도입이 내러티브적 사고와 활동의 가능성을 한층 높여 주는 매개가 될 수 있음을 시사한다.

5) 시대의 요구: '연계적 전문가'

온라인 지식교류 활동을 통하여 교사들은 서로 다른 교과, 다른 지역, 다른 학교급의 교사들과 교류를 시도하였다. 처음에는 다른 교과 전공의 교사와 공동으로 지식을 구성한다는 것에 대하여 어색함을 느꼈지만 한두 번 경험을 해 본 뒤로는 자연스럽게 받아들였다. 오히려 수개월이 지난 시점에서는 다른 교과나, 다른 학교급, 다른 지역의 교사와 교류를 적극적으로 요청하기도 했다. 실명을 밝히지 않아도 되는 온라인 공간이어서 좀 더 부담 없이 접근할 수 있었던 것이 한 요인이긴 했지만, 오히려 형식과 통제를 배제한 '비형식적' 공간이 필요함을 시사한다.

미래학교 교육과정은 교과 간, 더 나아가 교과와 학교 밖 세계 간의 새로운 관계를 개발할 필요성을 강하게 요구하므로 교사의 전문성도 연계적 전문성 측면에서 개발되어야 한다(Young, 1998). 즉 교사의 수업전문성은 교과 간, 그리고 교사들이 직면하는 실제적 문제 간의 새로운 관계를 개발하는 측면에서 재개념화되어야 한다. 이런 측면에서 교사들의 연계적 전문성을 신장하기 위한 일차적 환경은 교사들이 다른 교과, 다른 지역의 교사들을 만날 수 있도록 장이 마련되는 것이다. 온라인 지식교류 활동 공간은 이런 장으로서 기능할 수 있음이 사례를 통하여 확인되었다.

한편 연계적 전문가를 지향하는 교사의 모습은 '집단 반성'과 함께 일어났다. 연계적 활동이 다른 교사와 협력적 공동 활동을 통해서 진행되기 때문에 교사들은 다른 교사들과의 수업 담화를 통하여 자신의 수업을 돌아보고 때로는 교과 통합적인, 때로는 학교급을 연계해 나가는 사례들을 보여 주었다. 지식교류 활동 초기에 중등 교사들 사이에서는 여전히 엄격한 교과 구획을 선호하는 경우도 있었지만 점차 시간이 갈수록 새로운 시대의 교사에 대한 요구로 '통합적 전문성', '연계적 전문성' 신장이라는 과제를 받아들였다.

2. 제언

　연구의 결과 온라인 지식교류 활동은 수업전문성의 재개념화에 실천적으로 기여할 수 있는 방식임이 확인되었다. 수업전문성의 실천적 재개념화는 당위적, 선언적 주장만으로 되는 것이 아니라 엄격한 교과 구획, 교사교육 방식, 학교 및 교실의 구조를 개선하는 것과 함께 이루어져야 함도 확인되었다. 아울러 수업과 관련한 이야기를 주고받는 '수업담화'가 결코 소홀히 다루어질 수 없는 영역이라는 것을 인식하였다. 수업담화는 최대한 자연스럽게 이루어지는 것이 중요하다. 온라인 공간은 자연스러운 수업담화를 보장하기 위하여 인위적 통제를 배제한 '비형식적 공간'이어야 한다. 대안적 수업전문성 개념의 정착을 위하여 연구자는 교사교육 방향의 전환, 교수·학습의 재개념화 연구, 교사 학습공동체의 활성화를 제언 사항으로 정리하였다.

1) 교사교육 방향의 전환

지금까지 교사교육은 주로 일방적인 전달 연수 방식으로 이루어졌다. 내용 역시 수업기술에 대한 강의, 수업자료 제작 방법, 교과교육에 대한 심화 등이었다. 이들 대부분은 전통적 수업전문성 신장의 관점에서 교사 개인의 자질을 키우는 방식이다. 그러나 이러한 방식으로는 변화하는 교육환경에 부응하는 교사들의 통합적, 연계적 수업 능력을 키울 수 없다. 교사들이 반성적 실천, 교육과정의 재구성, 내러티브적 사고, 연계적 전문성을 신장하기 위해서는 교사교육 역시 이를 충족시킬 수 있는 형식과 내용으로 이루어져야 한다. 이를 위하여 교사교육은 교사들이 협력적으로 사고하고 실천할 수 있는 '의사소통의 장'으로 제공되는 것이 필요하다. 우리나라에도 소개된 바 있는 피어코칭(peer coaching),[31] e-PBL 및 e-멘토링[32] 등 수업담화를 바탕으로 한 교사교육의 활성화는 교사들이 집단적 대화의 장에서 교류할 수 있게 할 수 있을 것이다.

2) 교수·학습의 재개념화

수업전문성의 재개념화는 필연적으로 교수·학습의 재개념화를 동

---

[31] 교사끼리 짝을 이루어 온라인, 오프라인을 기반으로 서로의 수업전문성을 신장하기 위하여 의사소통에 중점을 두고 과정을 이수하는 프로그램을 말한다. 이때 코치역할을 맡은 교사를 피어코치, 조언을 받는 동료교사를 '협력교사'라고 한다. (http://mspil.co.kr 참조)

[32] e-PBL은 '웹기반 문제중심학습'으로 ICT와 교수·학습 과정을 통합하는 데 관심을 둔다. 교사 간 협력의 방법으로는 '멘토링' 방식을 도입하고 있으며 전문가 역할을 하는 교사를 멘토(mentor), 연수에 참여하는 교사를 멘티(mentee)로 구분한다. (http://mspil.co.kr 참조)

반한다. 교사에게 필요한 능력이 변화한다는 것은 곧 학생들이 지식을 구성하는 방식이 변화되는 것을 의미한다. 재개념화의 방향에서 본 교사의 역할은 전달자이기보다 학습의 '촉진자'이다. 학습자는 스스로 수업에 참여하고 지식을 구성해 가는 능동적 주체가 되어야 한다. 학습은 설명과 전달이 아닌 이해와 해석으로 이루어져야 한다. 교사 역시 학습하는 주체의 일원이 되어야 하고 교육과정은 '학습하는 교사'를 지원하는 내용으로 바뀔 필요가 있다. 본 연구에서는 교사-교사 간 교류를 통한 수업전문성의 재개념화를 다루었지만 후속 연구에서는 교사-학생, 학생-학생 간의 교수·학습 재개념화 방식에 대한 주제가 다루어지길 기대한다. 대안적 수업전문성 개념에 기초하여 이루어지는 교사의 실제 수업을 연구하는 것은 교수·학습 과정의 실천적 재개념화를 앞당길 수 있을 것이다. 여기서는 교사 간 교류를 중심으로 수업전문성의 재개념화에 접근하고자 하였지만 진정한 재개념화는 교수·학습 과정에 녹아들어야 하는 것이기 때문이다.

3) 온라인 교사 학습공동체의 활성화

대안적 수업 전문성 신장은 교사 개인의 힘으로 이룰 수 있는 과제가 아니다. 또한 일회적, 단편적으로 이루어지기보다 지속성과 통합성을 기초로 해야 한다. 교사들에게 필요한 것은 지속성을 갖는 집단적 경험의 공유이다. 교사 학습공동체의 활성화는 교사들에게 집단적 경험과 지속성을 담보할 수 있는 장으로 기능할 것이다. 교사 학습공동체는 기본적으로 지역과 교과를 초월하여 자발적으로 구축, 운영되어야 한다. 또한 비형식적이며 느슨한 결합을 기초로 해야 한다. 교사들의 반성과 내러티브가 '형식적 관리' 속에서는 고유의 속성을 상실할 것이기 때문이다.

더 나아가 교사 학습공동체는 교사들의 수업 자료를 모아 놓은 것 이상이어야 한다. 수업자료의 교환은 기본이고 교사들의 '수업 이야기'가 있는 공간이어야 한다. 아울러 지식의 흐름이 형성되는 공간이어야 한다. 지식의 흐름은 상호 협력을 전제로 한다. 협력의 효과를 경험한 교사가 학습자에게 협력의 방법을 가르칠 수 있다.

참고문헌

강인애(2003). 우리 시대의 구성주의. 서울: 문음사.

_____, 김은정(2003). "하이퍼미디어의 사회·문화·교육적 함의" 경희대학교 교육문제연구소 논문집, 19, 1－24.

강명희, 임병노(2002). "평생학습시대의 학교담론: 미래를 준비하는 학교" 서울: 학지사.

강현석(2006). 교과교육학의 새로운 패러다임. 서울: 아카데미프레스.

_____(2007). "교사의 실천적 지식으로서의 내러티브에 의한 수업비평의 지평과 가치 탐색" 교육과정연구, 25(2), 1－35.

_____, 이자현(2006). "내러티브를 통한 교육과정 개발자로서의 교사 전문성의 재개념화" 교육과정연구, 24(1), 153－180.

강현석 외(2005). "내러티브 활용을 통한 교과교육론 구성 방향의 탐색" 한국교원교육연구, 22(3), 215－241.

계현아(2000). "학교교육과정 편성운영의 주체자로서 교사의 전문성과 자율성에 관한 연구" 박사학위논문. 건국대학교 대학원.

고진호(1998). "한국교육에 있어서 탈교과서주의적 경향성 분석" 교육과정연구, 16(1), 245－276.

교육과학기술부(2010). 2010학년도 교원능력개발평가 표준 매뉴얼. 서울: 교육과학기술부.

곽병선(1999). "21세기 새 학교문화와 교육과정" 교육과정연구, 17(1), 1－14.

곽영순(2005). "과학 교사의 수업전문성 신장을 위한 지원 방안 및 수석교사 제도에 대한 연구" 열린교육연구, 13(1), 47－61.

김대현, 박경미(2003). "학교 교육과정 운영에 관한 교사의 내러티브 탐구" 교육과정연구. 21(2), 23－49.

김병찬(2000). "교사교육에 대한 구성주의적 접근" 교육행정학연구, 18(4), 275－304.

김진국, 남상준(2007). "지리교사 전문성 제고 방안: 교수·학습 측면을 중심으로” 대한지리학회지, 43(3), 453－467.

김평국(2004). “초등학교 교사들의 교과 내용 재구성 실태와 그 활성화 방안” 교육과정연구, 22(2), 135－161.

김헌수(2000). 교과교육의 이론과 실제. 서울: 동문사.

노명완(2001). “중등교육과 교사의 수업전문성” 교원교육연구, 18(1), 45－68.

노종회(1996). “교육개혁을 위한 학교 공동체 구축” 교육행정학연구, 14(3), 64－79.

모경환, 박영석(2004). “사회과 교사의 전문성 제고를 위한 교과 장학 개선에 관한 연구” *Social Studies Education,* 43(10), 61－85.

박균열(2007). “교사의 수업전문성 영향 요인에 대한 구조적 분석” 박사학위 논문. 고려대학교 대학원.

박민정(2007). “통합교육과정 실행 경험에 대한 내러티브 탐구: 세 초등교사의 이야기” 교육과정연구, 25(1), 69－93.

박성선(2004). “수학교육 연구 공동체를 통한 수학교사의 전문성 신장” 초등수학교육, 8(1), 13－22.

박세원(2007). “교사의 교육활동에서 내러티브 탐구 과정이 가지는 의미” 교육인류학연구, 10(1), 37－62.

박순경(1998). “메타 교육과정으로서의 cross－curricula에 대한 일고” 교육과정연구, 16(2), 165－184.

＿＿＿＿(2003). “교육과정 탐구 주체로서의 교사 전문성 논의에 대한 대안적 관점” 교육학연구, 41(2), 75－92.

박윤경(2003). “교육과정 변화기 사회과 교사의 교육과정 실행에 대한 사례 연구” 박사학위 논문. 서울대학교 대학원.

변영계, 김경현(2005). 수업장학과 수업분석. 서울: 학지사.

서경혜(2005a). “반성과 실천: 교사 전문성 개발에 대한 소고” 교육과정연구, 23(2), 285－310.

＿＿＿＿(2005b). “반성적 교사교육의 허(虛)와 실(實)” 한국교원교육연구, 22(3), 307－332.

＿＿＿＿(2006). “교사의 학습과 교육과정” 교육과정연구, 24(2), 267－276.

소경희(2003). “교사 전문성의 재개념화 방향 탐색을 위한 기초연구” 교육과정연구, 21(4), 77－96.

＿＿＿＿(2006). “교사 전문성으로서의 ‘연계적 전문성’ 논의가 중등교사양성 교육과정에 주는 함의” 교육과정연구, 24(2), 277－297.

손승남(2005). “교사의 수업전문성 관점에서 본 교사교육의 발전 방향” 한국교원교육연구, 22(1), 89－108.

안효일(2007). "수업전문성의 근거: 지식의 통합성" 초등교육연구, 20(1), 119－144.

안미리(2001). "교과교육 방법적 지식과 컴퓨터교사의 전문성" 한국컴퓨터교육학회지, 4(2), 135－243.

양미경(2002). "사이버 공간에서의 교육적 관계 형성의 가능성과 한계" 교육과정연구, 20(3), 173－190.

양옥승(2002). "유아교육과정의 패러다임 분석에 따른 교사교육과정의 탐구" 교육과정연구, 20(2), 252－279.

염지숙(2007). "내러티브 탐구를 통한 교수경험에 대한 성찰" 한국교육행정연구. 24(20), 243－260.

유솔아(2005). "반성을 통한 교사 전문성 신장을 위한 교사 교육: PDS" 한국교원교육연구, 22(3), 97－121.

＿＿＿(2006). "교사 반성에 대한 관점 정립을 위한 재고(再考): 교육과정 실행 주체자로서의 교사 역할을 중심으로" 교육과정연구, 24(3), 173－197.

＿＿＿(2006). "PDS에서의 교육과정 연구 및 개발에 참여한 교사들의 반성과 전문성 변화에 대한 연구" 박사학위 논문. 이화여자대학교 대학원.

유한구(2001). "수업전문성의 두 측면: 기술과 이해" 한국교원교육연구, 18(1), 69－84.

유현숙(2002). "교사교육에 대한 새로운 요구와 방향" 한국교원교육연구, 19(3), 127－145.

윤정일, 신효정(2006). "교사 전문성에 관한 교사, 학생, 학부모의 인식 연구" 한국교원교육학연구, 23(2), 79－100.

원효헌(1997). "교사의 수업 수행 평가 준거의 타당화 연구" 교육문제연구, 9, 263－283.

이동주(2004). "온라인 수업에서 학습자들의 상호작용 증진을 위한 공동체의식 형성에 관한 고찰" 교육공학연구, 20(3), 51－71.

이미호(2006). "수준별 교육과정 운영을 위한 동학년 교사들의 학습공동체 형성에 관한 반성적 연구" 박사학위 논문. 경남대학교 대학원.

이상수, 김회수(2003). "새로운 실천적 교육패러다임으로서의 온라인 학습공동체 구축 방안－광주·전남지역을 중심으로－" 교육정보방송연구, 9(3), 97－117.

이성은, 권리라, 윤연희(2004). "초등교사의 전문성에 관한 참여관찰 연구" 한국교원교육연구, 21(3), 5－27.

이성흠(2006). "수업전문성 개발을 위한 교사평가 구성요소의 이론적 기초" 한국교원교육연구, 23(1), 235－262.

이승희, 유영만(2002). "성찰적 실천의 관점에 비추어 본 수업설계자의 전문성 개발방안 탐색" 교육정보방송연구, 8(2), 173-193.

이정선(2000). "초등학교 교직문화에 대한 이해" 교육인류학연구, 3(3), 51-87.

이종일(2003). "반성적 실행을 통한 사회과 교사 자질 개선" 사회과교육, 42(2), 5-27.

이진향(2002). "교사의 수업개선을 위한 반성적 사고의 의미 고찰" 한국교원교육연구, 19(3), 169-188.

이진희(2006). "e-Learning에서의 커뮤니티 활성화와 학습참여도에 관한 연구" 한국콘텐츠학회, 4(1), 39-42.

이혁규 외(2007). 수업, 비평을 만나다. 서울: 우리교육.

이홍우(2000). "이십 일세기 학교교육의 과제" 교육과정연구, 18(1), 1-19.

______(2001). "교과와 실재" 도덕교육연구. 13(1), 1-25.

장이채 외(2003). "중학 수학의 연계적인 교수 학습 방법에 관한 연구-함수 영역을 중심으로" 한국수학교육학회논문집, 6(2), 21-37.

정민승(2000). "온라인 학습공동체에 대한 성인교육학적 해석" 박사학위논문. 서울대학교 대학원.

정양수(2008). "CMC 기반의 성공적인 영어학습을 위한 요인분석" *Multimedia -Assisted Language Learning*, 11(3), 128-150.

정영수(2006). "미래의 교사교육 탐구" 한국교원교육연구, 23(1), 331-348.

조덕주(2002). "학교 교육과정 개발의 의의 및 개발방안에 재고 ― 교원의 전문성과 자율성을 중심으로 ― " 교육과정연구, 20(3), 23-44.

______(2006). "초등교사의 일상이 전문성 향상 프로그램 개발에 주는 시사" 초등교육연구, 19(1), 53-79.

조석훈(1998). "수요자 중심 교육체제의 입장에서 교육의 전문성에 대한 재해석" 교육행정학연구, 16(3), 422-455.

주상덕(2002). "학교 교육과정 개발에 대한 교사의 태도 변화" 한국교원교육연구, 19(3), 235-252.

진권장(2005). 교수·학습 과정의 재개념화. 서울: 한국방송통신대학교출판부.

진영은(1993). "중학교 교육과정의 전개에 관한 문화기술적 연구" 교육과정연구, 11, 131-153.

______, 조인진(2001). 교과교육의 이해. 서울: 학지사.

______, 함영기(2005). "ICT 활용교육과 상업주의적 요소의 관련성에 대한 교사들의 인식 연구" 한국교원교육연구, 22(1), 153-176.

______, 함영기(2009). "수업전문성 재개념화 연구 동향 및 과제" 열린교육연구, 17(2), 47-71.

최명선(1998). "지식과 교과" 교육과정연구. 16(1), 493－516.

______(2006). "지식과 교육: Gadamer와 Nietzsche 해석학의 교육적 시사" 교육
　　　과정연구, 24(2), 27－50.

최윤진(2006). "초등학교 교사의 탈전문화 문제의식과 정보통신기술 수용태도와
　　　의 관계" 박사학위논문. 이화여자대학교 대학원.

추광재(2004). "수업전문성 향상을 위한 교사 평가 준거의 이론적 탐색" 학습자
　　　중심교과교육연구, 7, 1－20.

최의창(1998). "학교교육의 개선, 교사연구자, 그리고 현장개선연구" 교육과정연
　　　구, 16(2), 373－399.

최희경, 박선호(2006). "교수일지 작성을 통한 반성적 영어 교수 활동: 그 가능
　　　성과 반성의 초점" *Foreign Languages Education,* 13(1), 361－385.

한국교육과정평가원(2006). 수업전문성 일반 기준. 서울: KICE.

한국교육학술정보원(2000). 정보통신기술 활용교육 운영지침. 서울: KERIS.

한승희(2002). "사이버 시대와 지역사회" 청소년 정책토론 연구논문. 서울: 한국
　　　평생교육원.

함영기, 양정호(2003). "인터넷의 일상화에 따른 초등학교 교사 문화 연구" 교육
　　　행정학연구, 21(4), 299－320.

허신혜(2006). "전문성 개념으로 본 역사교사 양성과정 연구" 박사학위논문. 한
　　　국교원대학교 대학원.

허희옥(2007). "사이버학습환경에서 '교육적 경험'을 지원하는 교사자의 역할 모
　　　형 설계" 교육정보미디어연구. 13(2), 195－223.

황정규(1992). "교수의 측정과 평가: 과제와 방향" 교육학연구, 30(3), 1－10.

Bailey, K. M., Curtis, A., & Numan, D. (2001). *Pursuing professional
　　　development: The self as source.* Massachusetts: Heinle & Heinle.

Berg, B. L. (1998). *Qualitative research methods for the social sciences.*
　　　Boston: Allyn & Bacon.

Berge, Z., & Collins, M. (1995). *Computer－mediated communication and the
　　　online classroom(Ⅲ): Distance learning.* New York: Hampton Press.

Bruner. J. (1960). *The process of education.* New York: Vantage.

Clandinin, D. J. & Connelly, F. M. (2000). *Narrative inquiry: Experience
　　　and story in qualitative research.* San Francisco: Jossey Bass.

Connelly, F. M. & Clandinin, D. J. (1988). *Teachers as curriculum planners:
　　　Narratives of experience.* New York: Teachers College Press.

Clark, C. & Peterson, P. (1987). Teachers' thought processes. In M.
　　　Wittrock(Ed.), Handbook of research on teaching(3rd ed., pp.225－

296). NY: Macmillan.

Darling－Hammond, L. & Bransford, J. (Eds.)(1995). *Preparing teachers for a changing world: What teachers should learn and be able to do.* San Francisco, CA: Jossey－Bass.

Denzin, N. K. (1978). *The research act: A theoretical instruction to sociological methods.* 2nd. ed. New York: McGraw－Hill.

Elbaz, F. (1983). *Teacher thinking: A study of practical knowledge.* New York: Nichols.

Ferdi Serim & Melissa Koch(1996). *NetLearning: Why teachers use the internet.* Songline Studios, Inc. and O'Reilly &Associates, Inc.

Goetz, J. P., & LeCompte, M. D. (1984). *Ethnography and qualitative design in educational research.* New York: Academic Press.

Hargreaves, A. & Michael Fullan(2000). Mentoring in the New Millennium. *Theory onto Practice,* 39(1), 50－56.

Hargreaves, A. (2000). Four ages of professionalism and professional learning. *Teachers and Teaching: History and Practice,* 6(2), 151－182.

Herring, S. (1996). *Computer－Mediated Communication: Linguistic, Social and Cross－Cultural Perspectives.* Amsterdam: John Benjamins Publishing.

Hirst, P. (1967). The educational implication of social and economic change. *Schools Council Working Paper.* No. 12. London: HMSO.

J. Amos Hatch(2002). *Doing Qualitative Research in Education Settings.* 진영은 역(2008). 교육 상황에서 질적 연구 수행하기. 서울: 학지사.

Jonassen, D. M. & Land, S. (2000). *Theoretical foundation of learning environment.* NJ: Rawrence Erlbaum Associates publishers.

Kang, M. H. & Byun, P. H. (2001). A conceptual framework for a web－based knowledge construction support system. *Educational Technology,* 41(1). 48－53.

Laura Parker Roerden(1997). *Net Lessons: Web－based projects for your classroom.* Songline Studios, Inc. and O'Reilly &Associates, Inc.

Lave, J. & Wenger, E. (1991). *Situated learning: Legitimate peripheral participation.* Cambridge University Press.

Litte, J. W. (1990). The persistence of privacy: Autonomy and initiative in teachers' professional relations. *Teachers College Record,* 91(4), 509

－536.

Lortie, Dan C. (1975). *Schoolteacher: A Sociological Study.* 진동섭 역(1993). 교직사회: 교직과 교사의 삶. 서울: 양서원.

McLellan, H. (1997). *Creating virtual learning communities via the web. In B. H. Khan(Ed). Web－based instruction.* (pp.185－190). Englewood Cliffs, NJ: Educational Technology Publications.

Mcdonald, D. et al. (2002). Teacher Knowledge and the Disjunction between School Curricular and Teacher Education. *Asia－Pacific Journal of Teacher Education,* 30(3), 259－275.

Medley, D. (1982). *Teacher competence testing and the teacher educator.* Charlottesville: Association of Teacher Educator and the Bureau of Educational Research. Univ. of Virginia.

Merriam, S. B. (1988). *Case study research in education: A qualitative approach.* San Fracisco: Jossy－Bass.

Michael Fullan & Andy Hargreaves(1996). *Wha's worth fighting for in your school?* 최의창 역(2000). 학교를 개선하는 교사. 서울: 도서출판 무지개사.

Pinar, W. et al. (1995). *Understanding curriculum: an introduction to the study of historical and contemporary curriculum discourses.* New York: Peter Lang.

Richards, J. C., & Lockhart, C. (1996). *Reflective teaching in second language classrooms.* Cambridge University Press.

Robert E. Stake(1995). *The Art of Case Study Research.* 홍용희·노경주·심종희 역(2000). 질적 사례연구. 서울: 창지사.

Schalock, H. D., et al. (1993). Student learning in teacher evaluation and school improvement. *Journal of Personnel Evaluation in Education,* 7(2), 103－104.

Schön, D. A. (1983). *The reflective practitioner: How professionals think in action.* New York: Basic Books.

__________(1987). *Educating the reflective practitioner; Toward a new design for teaching and learning in the professionals.* San Francisco: Jossey－Bass.

Shulman, Lee S.(1986). Those Who Understand: Knowledge Growth in Teaching. *Educational Reseachers,* 15(2), 4－14.

Spradley, J. P. (1979). *The ethnographic interview.* New York: Holt, Rinehart & Winston.

__________(1980). *Participant observation*. New York: Holt, Rinehart & Winston.

Tanner, D., and Tanner, L. (1995). *Curriculum Development: Theory into Practice. Columbus.* OH: Merrill.

van Manen, M. (1991). Reflectively and the pedagogical moment: The normativity of pedagogical thinking and acting. *Journal of Curriculum Studies*, 23(6), 507−535.

__________(1997). Linking ways of knowing with ways of being practical. *Curriculum Inquiry*, 6, 205−228.

Young, M. F. D. (1998). *The curriculum of the future*. London: Falmer.

함영기

▌ 약 력

성균관대학교 대학원 졸업(교육학박사)

▌ 경력사항

교실밖교사커뮤니티(교컴, http://eduict.org) 대표
중앙교수학습센터 지식교류 활동 총괄
온라인 프로젝트 학습자료 개발 연구책임자(KERIS)
피어코칭 프로그램 한국화 연구책임자(KERIS/MS)
한양대학교 국제문화대학 겸임교수
현 서울 양강중학교 교사, 성균관대학교 강사

▌ 주요 논저

「수업전문성 재개념화의 실천적 탐색을 위한 질적 사례연구」
(성균관대학교 박사학위논문, 2009)
「수업전문성 재개념화 연구 동향 및 과제」 (열린교육연구, 2009)
「유비쿼터스 기반의 교실환경 모델 개발과 적용 연구」 (KERIS 공동연구, 2007)
「교육정보화사업 발전방안 연구」 (서울교육청 공동연구, 2005)
「ICT 활용교육과 상업주의적 요소의 관련성에 대한 교사들의 인식 연구」
(한국교원교육연구, 2005)
「인터넷의 일상화에 따른 초등학교 교사문화 연구」 (교육행정학연구, 2003)
『통하는 학교 통하는 교실을 위한 교사리더십』 (바로세움, 2008)
『바람직한 ICT 활용교육 이론과 실제』 (2002) 외 단행본 다수

수업전문성의 재개념화를 위한 실천적 탐색

초판인쇄 | 2010년 8월 12일
초판발행 | 2010년 8월 12일

지은이 | 함영기
펴낸이 | 채종준
펴낸곳 | 한국학술정보㈜
주 소 | 경기도 파주시 교하읍 문발리 파주출판문화정보산업단지 513-5
전 화 | 031) 908-3181(대표)
팩 스 | 031) 908-3189
홈페이지 | http://ebook.kstudy.com
E-mail | 출판사업부 publish@kstudy.com
등 록 | 제일산-115호(2000. 6. 19)

ISBN   978-89-268-1281-5 93370 (Paper Book)
       978-89-268-1282-2 98370 (e-Book)

내일을여는지식 은 시대와 시대의 지식을 이어 갑니다.

이 책은 한국학술정보(주)와 저작자의 지적 재산으로서 무단 전재와 복제를 금합니다.
책에 대한 더 나은 생각, 끊임없는 고민, 독자를 생각하는 마음으로 보다 좋은 책을 만들어갑니다.